学前区域教研机制构建与实践创新

丛 文 翟云萍 ◎ 著

吉林出版集团股份有限公司

版权所有　侵权必究

图书在版编目（CIP）数据

学前区域教研机制构建与实践创新 / 丛文，翟云萍著.
— 长春：吉林出版集团股份有限公司，2023.8
　ISBN 978-7-5731-4020-3

Ⅰ．①学… Ⅱ．①丛… ②翟… Ⅲ．①学前教育—教学研究 Ⅳ．①G612

中国国家版本馆CIP数据核字（2023）第150222号

学前区域教研机制构建与实践创新
XUEQIAN QUYU JIAOYAN JIZHI GOUJIAN YU SHIJIAN CHUANGXIN

著　　　者	丛　文　翟云萍
出版策划	崔文辉
责任编辑	刘　洋
封面设计	文　一
出　　版	吉林出版集团股份有限公司
	（长春市福祉大路5788号，邮政编码：130118）
发　　行	吉林出版集团译文图书经营有限公司
	（http://shop34896900.taobao.com）
电　　话	总编办 0431-81629909　营销部 0431-81629880/81629900
印　　刷	廊坊市广阳区九洲印刷厂
开　　本	787mm×1092mm　　1/16
字　　数	394千字
印　　张	18.25
版　　次	2023年8月第1版
印　　次	2024年1月第1次印刷
书　　号	ISBN 978-7-5731-4020-3
定　　价	78.00元

如发现印装质量问题，影响阅读，请与印刷厂联系调换。电话：0316-2803040

前 言

近年来，随着教育改革不断深化，学前教育实现了跨越式发展。学前教育教研工作是幼儿园发展和质量提升的重要推力，是教师深入探究保教规律，实现专业发展的重要支持。在实际工作中我们发现，学前教研仍然存在区域发展不均衡、教研制度不健全、区域教研指导体系有待完善等问题。加强教研机制建设，完善教研指导体系，实现新时代学前教育"普及、普惠、安全、优质"的发展目标，是学前教研面临的重要任务和挑战。

本书作者在多年的学前教研工作实践研究中，逐渐摸索出拓宽教研方式，转变教研模式的有效路径，完善了四级教研指导网络，创新构建出"234区域教研机制""五引式教研模式"，并在全省率先实施，实现了学前教研指导的全覆盖。实践证明，建立科学、系统、完善的区域教研机制，是增进区域教研活力，提升区域学前教育质量的有效途径。

本书试图通过对学前区域教研机制构建的理论剖析和实践探索，探讨学前区域教研机制构建的价值、意义、策略与方法。全书共分八章。第一章从专业视角总结了学前教育发展的时代特征，客观分析学前教研目标任务和对策路径；第二、三章注重理论与实践的结合，聚焦学前区域教研机制构建，创新区域教研机制理论框架与实践内涵，并从操作层面具体解读学前区域教研实施路径和保障机制；第四、五、六章注意结合典型案例，凝练出适合时代需求的区域学前教研模式，对学前教育改革的热点问题进行本土化开创性的实践研究，并深入探讨区域教研机制在园本教研的指导推动作用；第七章立足学前教育高质量发展，前瞻思考学前教研工作未来的发展方向。

本书主要有以下几个特点：

1.政策、理论与实践相结合

本书在对教研相关政策及国内外教研发展最新研究成果系统梳理总结基础上，以笔者所在地区为研究基地，积极开展教研机制建构和实践研究。努力做到理论研究具有系统性，现状调查具有全面性，典型案例具有代表性，经验做法具有适用性，对策建议具有可行性。

2. 典型性与代表性相结合

本书不仅在教研工作改革发展的历程背景下阐述了学前区域教研机制构建的意义和价值、过程与方法、框架与内涵，还从区域教研机制创新的视角，总结出区域教研机制的实施策略、教研模式，选取区域教研中的优秀经验和典型案例进行剖析，具有典型性和代表性。

3. 指导性与实用性相结合

本书立足于学前教研工作现状、发展需求及主要任务，注重理论分析，并兼顾典型案例，相关研究成果已在本区域应用和推广，取得较理想的效果。

学前区域教研机制构建与实践创新是一项系统工程，承载着教师专业发展、幼儿园保教质量提高、区域学前教育均衡发展等多重使命。当前，区域教研机制构建涉及主体多元化，还需要不断探究并总结教研机制构建的内在规律，不断完善区域教研机制内涵建设，为全面普及高质量的学前教育助力赋能。

本书丛文（牡丹江市教育教学研究院）完成了第一至第四章、第七章撰写工作，计17万字；翟云萍（牡丹江市教育教学研究院）完成了第五、六章撰写工作，计8万字。由于时间和水平有限，本书难免存在不足。不当之处，恳请各位批评指正。

目 录

第一章　学前教育的教研诉求 …… 1
第一节　学前教育发展的时代特征 …… 1
第二节　学前教育改革的现实问题 …… 15
第三节　学前教育教研目标与任务 …… 26
第四节　加强学前教育教研的对策与路径 …… 40

第二章　学前区域教研机制构建 …… 54
第一节　学前区域教研机制构建意义与背景 …… 54
第二节　学前区域教研机制构建过程与方法 …… 64
第三节　学前区域教研机制的框架与内涵 …… 72
第四节　学前区域教研机制研究的成果创新 …… 83

第三章　学前区域教研的实施与保障 …… 85
第一节　行政保障教研机制运行 …… 85
第二节　完善教研指导网络 …… 88
第三节　优化区域教研共同体 …… 94
第四节　培育区域教研文化 …… 100

第四章　学前区域教研模式与创新 …… 106
第一节　"主题引领+合作研评"式 …… 106
第二节　"现场观摩+个案生成"式 …… 120

  第三节　"课题研究 + 成果转化"式 …………………………… 128
  第四节　"研培结合 + 评价指导"式 …………………………… 139

第五章　学前热点问题教研创新 ……………………………………… 153
  第一节　幼小科学衔接研究与优化 ……………………………… 153
  第二节　安吉游戏的应用与推广 ………………………………… 163
  第三节　幼儿劳动教育设计与实施 ……………………………… 172
  第四节　幼儿园质量评估引领与支持 …………………………… 187

第六章　园本教研的指导推动 …………………………………………… 195
  第一节　园本教研的区域规划 …………………………………… 195
  第二节　园本教研的典型培育 …………………………………… 210
  第三节　园本教研的疑难指导 …………………………………… 223
  第四节　园本教研的经验传播 …………………………………… 239

第七章　学前教研的发展前瞻 …………………………………………… 254
  第一节　教育高质量发展背景的教研再出发 …………………… 254
  第二节　为幼儿园发展赋能的教研新定位 ……………………… 266
  第三节　以教学成果推广为主线的教研新路径 ………………… 271
  第四节　探求学前教研数字化转型的新范式 …………………… 279

参考文献 ………………………………………………………………… 285

第一章 学前教育的教研诉求

第一节 学前教育发展的时代特征

一、知识型经济

随着世界经济的飞速发展,传统的工业经济逐渐转型为知识经济,这意味着知识成了创造财富的核心要素。在这个以知识为基础的经济时代,人力资本的重要性得到了进一步的强调,因此教育也变得愈加重要。知识经济的兴起影响着学前教育的推广程度,家长也越来越注重孩子的早期教育。再加上"孩子的教育不能输在起跑线上"理念深入人心,一大批学前教育机构如雨后春笋般涌现在各大中小城市,近年来已经深入到乡镇,以教育带动经济,甚至促进当地政务改革。

(一)关注度提升

在知识型经济的背景下,学前教育成了越来越受到关注的话题。政府高度重视学前教育,为提高全国幼儿园教育水平,推动学前教育事业的发展,目前各省市均在积极推进教育进程,为3岁~6岁儿童提供免费的普惠性学前教育。截至2019年底,全国学前教育覆盖率已经达到了85%,2020年底全面实现普及,国家对学前教育的投资和支持也在不断增加,这些措施包括提高幼儿园和托儿所的质量,支持幼儿教育师的培训和发展,以及增加学前教育的经费投入。

除了政府和社会等外在环境的改善,家庭教育的重要性也不言而喻,在学前儿童的成长中,父母是他们最亲近的伙伴,扮演着重要的角色。通过家庭教育,可以教给孩子们一些正面的价值观念,培养他们的兴趣和爱好,更好地帮助他们成长。在孩子还很小的时候给他们提供全面的学习和发展机会,帮助他们在成长过程中建立各种认知和技能。因此，如何提高家长的教育意识，使家长在家庭教育中发挥更大的作用也是受到关注的一个问题。

（二）教学方法提升

研究表明，学前教育对儿童的智力、语言、社交、情感和身体能力等方面都有较大的促进作用，而其受益更多体现在未来的终身学习能力和职业发展上。传统的学前教育主要以教师为中心，注重知识灌输，而现代的学前教育则更注重基于儿童的兴趣和经验的学习体验，更加注重发展儿童的创造性和探索欲望。

此外知识型经济直接将知识转化为生产力，促进了教育的科技化与现代化。学前教育的重要性和发展前景得到广泛的认识和关注，它已经成为未来教育体系中不可或缺的一部分，因此学前教育也与时代进步紧密相连，在数字化和信息化时代，学前教育也正在进行改革和创新，通过利用创新教学方法、数字化学习资源和虚拟现实技术等手段，为儿童提供更有趣、更富有启发性和更具实践性的学习环境和体验。

学前教育的教师和教育机构对教育质量的影响很大。出色的师资力量、科学的教学方法以及先进的教育设备是保证学前教育教学质量的重要条件，因此学前教育师资培训成了学前教育发展中不可缺少的一个方向。近年来，各教育机构、政府机构都在加强学前教育师资培训方面的支持力度。

（三）经济效益提升

学前教育是一个社会发展的重要组成部分，为未来人才的培养和社会的稳定提供了基石。随着经济的快速发展，人才需求的不断增加，学前教育领域也在不断发展壮大。

首先，学前教育能够为经济的发展打下坚实的基础。通过提高儿童的智力、能力和素质等方面的综合素质，为未来经济发展输送人才和创新源泉，为经济增长注入活力和动力。

其次，学前教育可以缓解经济结构调整和产业升级带来的人力资源短缺问题。随着技术进步和社会形态的转变，经济不断地向人力资本密集型方向发展，从而需要更多具备高素质和创新能力的人才来推动发展，而学前教育可以很好地解决这一问题。

再次，学前教育也可以提高家庭生活质量，激发社会活力。通过提供优质的学前教育服务，可以有效降低家长的压力，提高家庭幸福指数，从而抵御社会的负面影响，为社会发展注入正能量。学前教育与经济密切相关，应该充分发挥其在经济发展中的重要作用，为未来的孩子和社会的美好未来做出贡献。

（四）质量监管机制提升

幼教园所规范化建设是保证学前教育质量的重要一环。在现代化、信息化趋势的带动下，幼儿园的规范化建设势在必行。通过规范化建设，可以解决现有幼儿园普遍存在的规模小、设施简陋、管理混乱等问题，进一步提高学前教育的教学质量。

质量监管机制完善，也是提高学前教育质量的重要一环。在公众的呼声下，政府和教育机构近年来逐渐加强了对学前教育的监管，加大了教育机构的考核力度，同时加强了对教育质量进行监督和评估的力度，以此推动学前教育质量的提高。

二、全球化趋势

全球化的趋势使得人们越来越关注国际化的视野和多元文化的交流，这也带来了学前教育国际化的重要性。随着全球经济的发展，不同国家之间的经济联系越来越紧密，逐渐形成了一个全球性的市场。随着生产力水平的提高和人均收入的增加，家长们越来越关注子女的教育，对学前教育的需求也越来越强烈。同时，越来越多的跨国企业、国际组织也来到中国，为了保证家居教育符合公司员工子女的需求，与地方政府合作开展学前教育项目。

（一）学前教育全球化前提

教育全球化是全球化的重要组成部分，也是各国教育发展的重要趋势之一。学前教育全球化正是在这一背景下发展起来的，在教育全球化的推动下，学前教育积极探索和引进国际化的教育理念和实践，推动学前教育在国际上的交流和合作，并在国际上得到了广泛认可。中国的学前教育正受到了各国和地区的关注和借鉴。

随着文化全球化的到来，不同文明和文化之间的交流与融合日趋频繁。文化多元化的背景下，学前教育也需要适应更多领域的文化，学习并吸收不同国家和地区的优秀教育理念和实践，开展更加丰富、多彩、灵活的教育活动，为儿童全面发展提供更多的机会。

在国际社会和各国政府的关注和推动下，各国学前教育不断加强。2000年联合国在千年发展目标中提出了"全面发展学前教育"的目标，各国也相继出台了一系列政策和措施，促进学前教育的普及和发展。这些因素共同作用，推动了全球教育的交流和合作，为学前教育的发展和进步提供了重要的契机和平台。

（二）全球化缩小学前教育水平差距

随着全球化趋势加快，各国家和地区之间的交流和合作日益频繁。在这个背景下，学前教育全球化趋势的既定目标是推广同一的学前教育标准和方法，以提高全球儿童的教育质量，并减少不同地区之间的差异。在这个过程中，全球各地的学前教育发展呈现出一定的趋同性，其差异也逐渐在减少。学前教育全球化趋势的具体表现主要有以下几个方面：

1. 标准化

随着信息技术的发展以及教育领域的全球化影响，国际上各类教育组织相继制定了学前教育标准和指导方针，如联合国教科文组织的《学前儿童教育方案》《学前教育教师培训指南》，以此来保证各地学前教育的质量和客观性。这种标准化的趋势，使得各国的学前教育更加一致，形成一个与各地传统文化背景相匹配的标准模式，以应对越来越多的跨国儿童的需求。

2. 国际化

学前教育国际化也是学前教育全球化的重要方面之一。在当今世界，各国家之间的经济、文化、教育等领域的联系日益紧密，学前教育也不例外。各个国家的学前教育都在努力实现国际化目标，积极推进英文教学和跨文化教育，以便学生在今后的国际化环境中能够更好地适应和发展。

3. 课程化

在学前教育全球化的趋势下，各国的课程也渐趋相似。越来越多的国际课程被引入，以促进不同背景下的儿童之间的合作、交流和理解。同时，课程的设计也逐渐推崇多方位的发展，强调儿童综合素质的培养，注重培养儿童的社交能力和适应能力，以此来应对全球化时代的挑战。

4. 研究化

学前教育全球化还要求教育者对全球学前教育现象进行更深入、更广泛的研究。这个过程中，国际学前教育研究机构发展和研究成果交流机制的建立都具有重要的作用。这种全球化的研究趋势有助于各国学前教育更为深刻地理解全球化时代的学前教育形势，从而为学前教育的改革和发展提供更好的支持。

总的来说，尽管学前教育发展的趋势在逐渐走向全球化，但不同地区之间的差异仍然存在。这可能是因为各个国家和地区的文化、历史、政治等背景多样，导致不同的学前教育模式和方法的出现。因此，学前教育全球化趋势的关键策略在于减少地区之间的差异，提供更为全面和深入的交流平台，以确立全球学前教育标准和方法的共同性和适应性。

（三）学前教育全球化呈现多样性方式

在当今全球化的时代，各国之间的联系与合作变得越来越紧密，为了更好地适应这种趋势，学前教育领域全球化也呈现多样化。

1. 注重双向交流与合作

国与国之间的学前教育交流不再是单方面地向发达国家学习，而是一种多城市、多国家的交流平台，共同探讨学前教育的最佳实践模式。通过这种方式，可以更好地学习和借鉴其他国家的先进经验，同时也能够将本国的经验和优势介绍给其他国家，实现双方互利互惠的局面。

2. 开启针对性政策研究

不同国家特殊情境和文化背景都需要考虑有针对性地实施适合本土的政策，并研究与其他国家的学前教育政策相关联的议题。这样建立起来的全球学前教育指导方针，将为每个国家最适合自己的教育政策提供有价值的参考。

3. 国际组织与项目的参与

联合国教科文组织为国际学前教育合作提供了一个广泛的平台，帮助各国拓展学前教育资源。另外，一些具有国际影响力的非政府组织，如"儿童国际"，也推动学前教育的全球化，鼓励国与国间的合作与交流，帮助各国提高学前教育的发展水平。

通过发展信息技术与网络社交平台，学前教育全球化得到了进一步的推动。网络社交平台能够帮助学前教育从业者分享经验，学习最新的专业知识，同时也使得全球范围内的学前教育资源得以实现共享。

大量的国际学前教育研究和课程的创新，均为学前教育全球化提供了有力的保证。通过跨国合作，各国在各自的领域进行研究，并积极开展课程创新工作，从而提高了学前教育的国际水平，促进了各国之间在学前教育方面的交流和合作，为各国提供了机会，创造出更加多元化和灵活的合作方式。只有在各国之间积极地进行交流与合作，才能更好地应对全球化的教育挑战，实现学前教育全球化发展目标。

三、科技革新的推动

随着科技的不断革新，学前教育也受到了越来越多的重视，新的教学设备、教学方法和教学手段在不断出现，为学前教育发展提供了无限潜力，使得学前教育方式和方法更加多样化，也提升了学前教育的质量，以满足现代社会对儿童发展要求的不断提高。

（一）科技推动学前教育的数字化发展

随着数字化技术的发展，数字化学前教育成了发展方向。数字化学前教育可以根据孩子的年龄和发展需要，为孩子提供不同层次、不同形式的教育与游戏，满足不同孩子的学习需求。如一些英语学习App，提升学生词汇量和语言表达能力。数字化学前教育是一种全新的教育方式，提高了学前教育的覆盖率和效率，让学前教育更加普及。

1. 数字化教学平台的应用

数字化教学平台是学前教育数字化发展的重要载体，可以提供在线教育课程、学习资源、教师支持、学生评估等服务。例如中国的"智慧校园"项目旨在将数字技术应用到学前教育中，提供在线教育平台，支持教师和学生之间的互动、交流和合作，提高教育效率和质量。

2. 智能家居设备的应用

智能家居设备为学前教育数字化发展提供了更多的学习场所，例如在家学习课程、观看在线教育视频、进行学习游戏等。同时，家长可以通过智能家居设备对孩子的学习情况进行监管和管理，更好地陪伴孩子的学习和成长。

3. 虚拟现实技术的应用

虚拟现实技术可以创建更加真实的学习环境，给孩子带来更多的学习体验。例如一些学前教育机构利用虚拟现实技术开设在线授课课程，通过虚拟的班级、教室、课件等，提供更加真实的学习体验。此外，一些游戏开发商也利用虚拟现实技术，开发了一些学前教育游戏，让孩子们能够在游戏中学习。

4. 人工智能技术的应用

人工智能技术为学前教育提供了更多的自适应和个性化学习方式，例如基于人工智能的学习系统可以根据学生的具体情况，调整课程内容和学习方式，提高学习效果。另外一些基于人工智能的教具也可以给孩子提供更多的学习体验，例如可以帮助孩子更好地理解数学概念，提高阅读能力等。

科技推动学前教育的数字化发展对学生整体发展有着积极影响，提高学习效果和学习质量的同时，让孩子们更加快乐地成长。随着科技的不断进步和应用，数字化教育也将继续发展和创新，为学前教育注入更多的活力和创新。

（二）科技推动学前教育智能化发展

随着科技的飞速发展，智能化已经渗透到了各个领域，学前教育也不例外。科技的应用正在推动着学前教育的智能化发展，带来了许多新的方式和手段，许多数据也证明了这一趋势。通过引入智能化的学前教育设备，如智能化游戏和玩具，可以让孩子在线学习和游戏，从而加强孩子的思维能力和逻辑思维。因此，智能化学前教育可以更好地满足孩子的学习需求，也提高了学前教育的互动性和趣味性。

1. 数字化学习工具的广泛普及

数字化学习工具在学前教育中的使用，是数字化科技在学前教育中的一个重要应用。数字化学习工具丰富多样，如智能屏幕、智能手表、智能玩具、智能绘画板等。2019年，我国市场份额最大的贝贝熊（Beibei）阅读在宣布其在全国、东南亚等多个国家和地区的用户总数超过500万。阅读能力是学前儿童认知和语言发展的重要指标,数字化学习工具可以帮助学生更好地学习,提高学习效率。

2. 智能化教学模板的应用

随着 AI 技术的发展,智能化教学模型的应用越来越广泛,这种模型可以有效提高教学效率,提高教学质量。这种模型运用先进的技术,使用计算机程序来监测学生学习的进程、学习轨迹和方法,为教师提供反馈。2019年一项针对学前教育基于大数据的智能教育研究发现,在教育领域,基于大数据的技术可以帮助教育机构实现课程和学习效果的优化,满足不同类型学生的需求,使教育体系更符合学生的需求和多元化。

3. 智能课堂的应用

智能课堂体系是将智能化技术与传统教育相结合的重要发展,可以提供全面的学生学习资源,支持学生了解各种题目的答案、求解方法并且获得反馈,可以提高教育教学的效率和质量。据不完全统计,2018年我国智能课堂数目约为 42 万,与 2017 年相比增加了 24.1%。据知情人士透露,2019—2021 年,中国的智能课堂保持 20% 左右的增长速度。

学前教育是教育领域中最具有发展潜力和广阔前景的领域之一,当前,学前教育已经成为人们重视和投资的重点,而科技的进步和数字化应用为学前教育提供了前所未有的发展机遇。数据证明,数字化学习工具的广泛应用、智能化教学模板的应用和智能课堂的应用,均是推动学前教育智能化发展的重要因素,有望进一步提升学前教育教学质量并带来更多的机会和挑战。

(三)科技推动学前教育的信息化发展

随着科技的快速发展,各行各业都在积极融入数字化趋势,其中学前教育领域也不例外。科技的应用不仅可以提高学前教育的效率,更可以增加教学的趣味性和价值感,像借助网络科技,学前教育机构可以向家长免费提供信息,让家长能够更好地了解孩子在学校的情况,也能够帮助家长学习如何更好地教育孩子,这在家校合作方面提供了很大的便利。同时,网络科技也为学前教育的跨区域合作提供了很大的可能性。

1. 智能化教育机器人

智能化教育机器人是现代科技的一次巨大突破,它的出现不仅为学前教育机构带来了更多的机遇和变革,也为孩子们的教育带来了新的可能性。

让机器人在学前教育领域扮演老师或辅助老师的角色，利用多媒体和交互式手段满足孩子们的学习需求，教育机器人成为吸引学前教育家长和孩子们的一种新方式。以"艾能智能机器人"为例，它是一款目前国内市场上最火爆的智能化教育机器人，它的主要功能有编程、语音、机器视觉、身体感知和互动等。孩子们可以和机器人进行一对一的英语会话进行模拟学习，并得到语言能力的提升。同时，机器人还可以作为辅助老师，在教授数学、逻辑思维、自然科学等方面给予孩子们帮助。

通过将智能化教育机器人引入教育领域，可以使孩子们在感受安全和舒适的情况下增强自信心，灵活掌握基础知识，有效提高学前教育的质量和效率。

2. 虚拟现实教育

虚拟现实教育应用已经在许多领域被全面应用，学前教育也不例外。借助虚拟现实技术（VR），孩子们可以在虚拟世界中操作和体验，这样可以激发孩子们的好奇心和学习兴趣，提高教育效果。例如，有一种名为"Fisher Price View-Master VR"的VR眼镜，适合4岁至7岁的孩子使用，可以展示各种古生物和实景拍摄，并有相应的音效和文字介绍，孩子们通过移动、触碰等方式进行探索和互动。本质上这是一种可交互的故事书，让孩子们可以亲身参与其中，既增长了知识，又提高了趣味性。

通过虚拟现实技术，孩子们可以更具体、直观地感知知识，能够更好地理解学习内容。同时，这种学习方式可以刺激孩子们的探究精神和创造力，增进他们的主动性和自主性。

3. 智能化评估系统

智能化评估系统可以通过科技手段来评估孩子们的学习成果，这对学前教育非常重要。利用智能化评估系统，可以从成功率、理解程度、思维方式等各个方面来对孩子们进行全方位考核。在评估环节，可以让孩子们感受到自己的优势和短板，并且可以对个人偏差进行准确检测和调整。以"学而思网校"为例，它拥有专为学前教育场景设计的电子评估系统。该系统可以根据孩子的实际表现记录并反馈在系统中，随着孩子不断地学习，系统会形成相应的个体化学习档案，并结合大数据技术来进行分析和评估，为家长和老师在教育方向、教育策略和资源分配等方面提供指导。

科技可以帮助学前教育变得更加高效、趣味性和个性化，赋予孩子们更多的学习方式和途径。科技的应用不仅有助于学前教育机构提升自身的竞争力，同时也能提供一个更好的教育环境和平台，为孩子们提供更加完善的教育体验。

总的来说，科技革新推动了学前教育的发展，提高了学前教育的覆盖率和质量，也让孩子在学习过程中更加智能化、个性化、信息化。相信在未来，科技将继续发挥重要作用，推动学前教育更加全面、多样化地发展。

四、多元化的需求

因为生活方式的变化和价值观的不同，家长对于学前教育的需求不仅仅局限于培养孩子的学业能力，而是会更注重孩子的综合素质和健康成长，学前教育开始向多元化方向发展。现代社会对学前教育提出了更高的要求和期望，当前学前教育多元化需求的现状主要有以下几个方面：

（一）多样化的家庭背景和需求

现在的家庭更加多样化，教育要满足不同家庭的需求，比如异地务工家庭、外籍家庭等。这些不同背景的家庭，对于孩子的教育需求也是不同的，学前教育机构需要根据不同的情况提供不同的服务方案。下面将从家庭背景和需求两个方面展开进行探讨，并结合实例和数据进行阐述。

1. 家庭背景

（1）国内外背景

随着经济全球化的不断深入，越来越多的家庭具有国际化的背景。这些家庭不仅在家庭语言方面存在差异，还会有着不同的文化、教育、社交等方面的习惯和差异。因此，他们对于学前教育的需求也越来越多元化。例如，有些国际家庭需要寻求双语教育、跨文化教育等相关方面的学前教育服务。

（2）家庭结构

随着社会的不断变化和发展，家庭结构也变得越来越多元化。除了传统的核心家庭模式外，单亲家庭、寄养家庭等也需要寻找适合他们家庭结构的学前教育方案。这些家庭的需求和背景也需要被充分考虑到，为他们提供优质的教育服务。

（3）家庭经济状况

家庭经济状况是影响学前教育需求的一个重要因素。家庭经济状况的不同，导致家长对于学前教育的投入也不同。一些家庭可能希望寻找更多性价比高、经济实惠的学前教育方案，而一些家庭则愿意花费更多的财力和时间为孩子提供更全面的学前教育服务。

2. 家庭需求

（1）学术需求

有些家长可能更注重孩子在学前教育阶段的学术力量，认为学前教育是孩子的重要基础，能够帮助孩子在小学阶段取得更好的成绩。因此，这些家长会选择更注重学术性的学前教育方案，例如会重视启蒙教育、提高孩子学习动力、培养学习方法等方面的教育服务。

（2）社交需求

有一部分家长注重孩子的社交技能、人际关系等因素。他们认为，孩子在学前教育阶段能够学会人际交往、团体合作等能力，有助于其成为一个更加独立、自信和具有领袖才能的人。因此，他们更倾向于选择能够提供丰富社交体验、多种交际活动等的学前教育方案。比如学前儿童的各类夏令营和特长班，国学启蒙班、轮滑爱好班、军队小战士体验营等学前教育种类繁多，针对不同需求设置。

（3）实践需求

还有一部分家长比较注重孩子的实践能力、创造力等方面的教育。他们认为，孩子在学前教育阶段应该有机会接触到各种不同的实践活动，例如手工、美术、音乐、体育等，这能够帮助孩子发展出个性化的特长，在未来的学习和工作中充分发挥其潜力。

学前教育的需求和背景越来越多样化，因此，学前教育机构也需要提供更全面、多样化的教育方案和服务，满足不同家庭的需求。只有这样，才能更好地为孩子的成长和发展服务，培养有道德情操、有文化素养、具有创新创造能力的未来人才。

（二）多元化的教育形式和内容

近年来，随着中国经济和社会的发展，人们的生活方式不断改变，家庭结构也日趋多元化，对学前教育的要求也更加多样化。越来越多的家长开始意识到学前教育的重要性，但对于选择教育品牌和教育方式，他们也依然面临着选择困难和挑战。因此，学前教育行业需要多元化的交易形式和内容来满足不同家庭的需求。

传统的幼儿教育注重知识传授，而现在的学前教育越来越注重学生的发展和全面素质的提高，注重多元化的教育形式和内容，比如自主学习、探究式学习、主题式等，培养学生的创造力和课外活动能力，实现学前教育的多元化。

1. 交易形式

（1）幼儿园

幼儿园作为学前教育的主要形式，在中国已经有几十年的历史。幼儿园一般由国家或地方政府或者私人企业投资兴建，按照教育部要求进行设立。幼儿园的优点在于设施完备、师资力量雄厚、教学理念和方法成熟，能够提供安全、健康、愉悦的学习环境和一整套有序的教育体系。但是，幼儿园也存在着学费高昂、班级过大、教育资源分配不均等问题。

（2）家庭托育

家庭托育是指家长请一个有经验的保姆去照顾孩子，一般在家中进行。相比较于幼儿园，家庭托育更加灵活、私密，也能够更好地满足婴幼儿的个性需求。家庭托育的成本也较幼儿园更为便宜，适合不想花费过多费用但又想保证孩子安全的家庭。但是，家庭托育的安全保障和教育质量也相对较弱，需要家长花费更多的心力来进行管理和监督。

（3）亲子教育

近年来，随着中国家庭教育观念的转变，亲子教育成为一种新的教育方式。亲子教育主要由社会组织或个人提供，通过组织家庭亲子活动、开展亲子教育课程、提供家庭教育服务等方式，帮助家长更好了解孩子的成长过程，提升亲子关系和教育素养。亲子教育的优点在于强调家庭教育的重要性，加强了家长和孩子之间的沟通和信任，也为家长提供了更全面的教育信息和支持。但是，亲子教育的劣势在于没有专业的师资队伍和教育系统，难以达到完整的教育目标。

2. 交易内容

（1）多元化教育内容

随着社会的发展，人们对孩子的要求不再仅限于学习成绩上，而是更关注孩子的全面发展。因此，越来越多的学前教育机构开始强调多元化的教育内容，除了重视孩子的语言、数学、科学等学科知识外，也开始注重孩子的体育、音乐、美术等素质教育，以增强孩子的综合素质和能力。例如，某启蒙教育品牌就将美术、音乐、舞蹈等成长元素融入其教育体系中，成为其特色之一。

（2）个性化教育服务

每个孩子的成长和发展过程都是独特的，因此，越来越多的家长开始关注个性化的教育服务。学前教育机构也开始重视针对不同孩子提供个性化的教育方案和服务。例如，儿童英语教育领导品牌英孚教育，研发了一套个性化的课程体系，其能够根据孩子的年龄、能力、兴趣等因素，提供符合孩子发展需求的英语教育服务。

（3）科技化教育手段

随着科技的发展，学前教育也开始采用更加科技化的教育手段。例如，很多学前教育机构开始引入虚拟现实、增强现实等新兴技术，提供更加生动、互动、有趣的教育体验。某英语学前教育机构就推出了一种名为"MagicPlay"的学习方式，通过科技手段设计出一个虚拟英语故事场景，让孩子能够在"玩乐中学习"。

总之，学前教育的多元化交易形式和内容能够更好地满足不同家庭的需求。学前教育机构需要根据市场需求，并结合市场未来发展趋势，制定出合适的教育服务策略，从而实现自身发展和家长满意。

（三）个性化学习需求

随着社会发展，家庭结构的多变化以及孩子们受到的影响越来越多，学前教育也越来越注重个性化学习需求。个性化学习需求是指每个孩子具有不同的学习方式、学习习惯、兴趣爱好、知识背景和文化环境等因素，学前教育应该根据不同孩子个性化需求来设置教育方案。一些家长可能有针对性地为自己的孩子寻找适合的学前教育机构，比如有些孩子可能需要加强语言能力，而有些孩子则需要加强运动能力。教育者需要根据孩子的个性化需求来提供适合他们的教育活动和资源。

1. 了解孩子个性差异

每个孩子都具有不同的天赋、兴趣和特长，所以为了满足学前儿童的个性化学习需求，教育者需要了解孩子的个性差异。首先需要做的就是了解孩子的生活习惯、学习能力及兴趣爱好。有些孩子可能更喜欢以视觉方式学习，而有些孩子则更喜欢以听觉、触觉或口语方式学习。针对这些差异性，教育者可以分别为孩子们提供不同的学习资源，如图片图书、录制的学习材料、动手制作等。同时，教育者可以定期与家长进行交流，了解孩子的家庭背景、性格特点、兴趣爱好等，以便根据孩子的情况进行调整和改进。

2. 提供多样化的学习形式

为了满足个性化的学习需求，学前教育应该尝试提供不同形式的学习内容和活动。例如一些孩子可能喜欢阅读图书，可以设置阅读角落，提供丰富的图书和阅读材料，引导孩子认真思考、理解和探索世界。另一些孩子可能更加喜欢运动，所以学前教育可以设置出活动区域，开展各种体育运动和游戏活动，帮助孩子们锻炼身体、增强体质。此外还可以开展一些音乐、艺术、手工等活动，让孩子们尝试不同的学习形式，感受到不同领域中的乐趣和挑战。

3. 注重教育资源的多样化

学前教育的教育资源应该具有多样化，这样才能满足不同孩子个性化学习需求。在人才培养上，除了传统的教学材料外，保教员还应从学生需求和兴趣出发，开展科技、音乐、体育、美术、写作等课程。同时，家长也应参与到教育活动，提供个性化的课外辅导。例如，擅长诗歌创作的家长可以带领孩子学习写作技巧，爱好音乐的家长可以与孩子一起演奏音乐，擅长绘画的家长可以带领孩子进行手工、绘画等课程。

4. 注重教育评估多样化

为了满足学前孩子的不同需求，教育者需要注重教育评估的多样化。在评估方面，不仅应该考虑传统的考核方式，如笔试、口试、体育、音乐等，还要注重孩子的综合素质和能力。例如可以通过观察和记录维度来评价孩子的学习情况，内容包括他们的智力、注意力、学习习惯、语言表达、社交能力以及精神状态等内容。同时教育者还可以邀请家长参与评估，帮助他们更好地了解孩子的情况，及时介入并调整教育方案，提高学前教育的质量和效果。

综上所述，教育者应着眼于孩子的个性化需求，注重为孩子提供多方面的教育资源和课程，同时也要求教育者和家长与孩子们能够保持良好的交流，以便及时了解和解决孩子的问题，从而帮助他们发挥自身的潜力和创造能力，在早期教育阶段积累更多的知识和经验。

第二节 学前教育改革的现实问题

随着社会发展和经济进步，学前教育已经成为教育体系中不可或缺的一部分，对于儿童的身心健康发展有着至关重要的作用。然而，在当前的实践中，学前教育仍然存在一些问题和挑战，因此，学前教育进行改革尤其必要。学前教育改革是推动全面发展和促进社会进步的关键一环，必须措施得当地进行改革，不断完善学前教育的各项方面，为儿童的发展奠定更加坚实的基础。

一、平衡教育资源不足

随着我国经济的快速发展，一系列改革政策的出台，人们对学前教育的重视度也在不断升高。然而，在这个过程中，大城市和发达地区的优质学前教育资源越来越集中，农村和欠发达地区的学前教育却依旧短缺。学前教育领域面临的重要问题之一就是教育资源分配不均衡。学前教育资源不均衡是指不同地区、不同社会阶层之间在学前教育资源分配上存在严重的不平等现象。

（一）教育资源不均衡原因

首先，让我们看一下现实中学前教育资源分配不均衡的情况。在城市地区，许多富裕家庭的孩子都能上到高品质的、资源丰富的幼儿园。这些幼儿园拥有先进的设施和最新的教学方法，他们的教师也更有资质和经验。相比之下，许多农村地区和贫困家庭的孩子，都无法享受到这样的教育资源。他们所在地的幼儿园设施比较陈旧，教师培训和工资待遇也不如城市幼儿园。

1. 政府投入不足是个重要因素

由于学前教育并没有像中小学一样列入义务教育体系，很多地区的学前教育仍需要由市场机制调节，所以政府对学前教育的投入相对较少。目前，学前教育政策尚未完全落实。全国普惠性幼儿园覆盖率、幼儿园师资结构、儿童入托率等数据存在着较大差距。

2. 管理和监管方面存在问题

学前教育的标准和监管并没有得到足够的重视，主要存在以下两点问题：

资金问题。很多学前教育资源的分配问题都源于资金投入不足。对于很多家庭来说，幼儿园学费费用高昂。而对于幼儿园及其所属学校来说，规模、质量的提高经常与财政、企业等投入直接相关，并需要较多经费。

人才问题。高素质、专业的教育工作者极度匮乏。目前，许多城市及其周边地区幼儿园及相关机构的工作人员极度紧缺。很多幼儿园都存在师资力量较为薄弱的问题。

3. 社会上对学前教育重视度不够

有些地区缺乏对学前教育的基本认识，进而出现了各种问题。不同地区、不同家庭对学前教育的看法和评价程度也有不同。家长对于孩子的教育投入在不同地区、不同家庭中也呈现出差异。一些父母认为学前教育并不重要，可延后到儿童上小学后再进行，因此，在这些家庭中，对学前教育的需求较小，导致选择出现了问题。

4. 区域间基础设施差异

地区不同，学前教育资源往往相差悬殊。由于城市化、经济发展水平等因素的影响，城市、沿海地区和发达地区的学前教育资源一般比较充足，农村、边远地区和经济欠发达地区的学前教育资源则比较匮乏。例如北京市的学前教育资源比较丰富，主城区幼儿园设施完善，师资力量雄厚；而西南地区、西北地区的农村学前教育资源匮乏，幼儿园师资力量匮乏，幼教设施落后。

在今天快速发展的社会背景下，学前教育问题也越来越被重视，各路人士都在为如何推进学前教育的发展出谋划策。但在这个过程中，教育资源的分配不均衡和教育的质量问题仍然困扰着我们，这使得更多的贫困地区孩子没法享受到优质的学前教育，甚至会在未来的发展过程中遇到困境。

当然，这些问题还有很多因素都需要我们共同去解决。只有政府、家庭、社会各个方面齐心协力，才能促进学前教育的平等、公平、全面发展，让每一个幼儿都能受益于优质的学前教育。

（二）教育资源不均衡影响

学前教育资源出现的不均衡现象，这种现象会导致一系列的影响和后果。

1. 影响儿童发展

学前教育资源不均衡会影响儿童的发展，特别是贫困家庭和农村地区的孩子。相比于城市的孩子，他们缺乏优质的学前教育资源，如幼儿园、早期教育中心等。这种情况下，大部分孩子的成长与教育都依赖于家庭的经济条件和父母的文化素养。贫困家庭往往没有足够的条件和知识可以指导孩子的学习，因此孩子的知识水平和综合素质无法得到全面发展。

2. 影响社会稳定

学前教育资源不均衡不仅影响了儿童的个人发展，也影响到了社会的稳定。这种不平等现象导致了区域发展的不平衡，使得教育较为落后的地区难以脱贫致富，同时，也使得城市与农村之间、不同阶层之间的差距加大。这会导致社会的不公与不稳定，甚至导致社会底层群体的不满和对社会秩序的不信任。

3. 影响国家竞争力

学前教育资源不均衡也直接影响到了国家的竞争力。如果不同地区的孩子在学前教育资源上的优劣差距较大，这会导致人口素质的不均衡，从而影响到国家整体的竞争力。毕竟，在知识经济时代的背景下，人才是国家最为重要的资源之一，而优质的学前教育可以提高人才的素质、增加他们的竞争力。

综上所述，学前教育资源不均衡的影响和后果是非常严重的。因此，政府应该采取更强有力的措施，加大对在贫困地区和农村地区的学前教育资源的投入，促进教育资源的均衡分配。只有这样，才能保证每一个孩子都有平等的机会去发展他们的潜力和能力，推动国家整体素质水平的提升。

二、教育保障体系不健全

政府往往只是依赖个别项目或捐赠来提供学前教育的保障，缺少完备的教育保障体系。随着家庭观念和教育意识的提高，越来越多的家庭将孩子送进了学前教育机构，对学前教育的需求也变得越来越重要，学前教育保障体系不健全的问题日益显现出来。下面将通过具体实例分析学前教育保障体系不健全的原因和影响。

（一）学前教育保障体系不健全的原因

1. 学前教育基础设施不足

在一些贫困地区，由于教育经费紧缺，部分学前教育机构基础设施无法满足最基本的服务需求，如幼儿园建在住宅小区楼下，空气不流通，日光不充足，缺乏安全保障等。一些农村地区学前教育机构面积小，设施简陋，儿童容易因环境不良而出现一系列问题。

此外，一些发达城市的学前教育机构普遍拥挤，床位严重不足，学前教育机构的学位远远低于需求。

2. 学前教育教师承受压力大

学前教育从业人员承受的压力相较于其他教育阶段更大。对于学前教育教师而言，他们需要处理家长、幼儿、管理层等各种复杂人际关系，以及应对幼儿心理、身体和情感问题。与此同时，学前教育教师的收入普遍较低，且职业发展空间有限，导致很多学前教育教师无法得到应有的尊重和薪酬。

3. 社会对学前教育的普遍认识有待提高

学前教育机构和教师的尊重程度，很大程度上决定了学前教育的发展水平。目前，一些学前教育机构和教师还无法得到应有的尊重和高度认可，使之工作态度和教学效果都受到影响，整个学前教育行业的形象也因此受损。

除此之外，家长们在选择学前教育机构方面，也普遍缺乏专业知识和信息。因此，在选择学前教育机构时，他们往往无法真正了解到学前教育机构的实际情况，使得机构和家长之间的信任和合作也受到了影响。

4. 学前教育质量不稳定

由于学前教育行业缺乏统一的标准和监管，存在一些不合法、不规范的学前教育机构和从业者，以及教学质量不稳定的情况。在一些地区，接连出现了幼儿遭受虐待等事件，使得家长对于学前教育的信任度不断下降，导致学前教育行业整体形象受损。

以上所述只是学前教育保障体系不健全问题的冰山一角。针对这些问题，政府、学前教育机构和家长们都需要共同努力，采取相关措施加以改善，使学前教育成为优质教育资源的堡垒。

（二）学前教育保障体系不健全的影响

学前教育是一项重要的事业，是孩子们人生中最重要的阶段之一，是打好学生教育基础的关键。然而，在当今的中国，很多地区的学前教育保障体系不健全，导致了很多问题的出现。

1. 对学生的影响

学前教育保障体系不健全的影响和后果，首先是对学生的影响。在当前学前教育保障体系不健全的情况下，许多学校仍然无法提供优质的学前教育，而一些幼儿园则会不顾孩子们的成长和学习需求，不仅环境、教学资源跟不上标准，而且安全、保健问题也很不到位，这些都导致了幼儿教育质量的不断下降，不仅对幼儿的健康和安全构成了威胁，而且也会对孩子们的人格和能力培养造成不良影响。

2. 对社会产生影响

学前教育保障体系不健全还会对社会产生消极作用。由于当前学前教育保障体系不完善，很多城市在招生方面会容易出现歧视性、不公正性等问题，这些都影响到了孩子们接受优质学前教育的权利。比如说，一些私立幼儿园的收费标准较高，显然很多家庭承担不起，而公立幼儿园的招生条件也很高，并且要求家长的户籍必须在该学校所在地，因此有很多的非户籍人口的小孩无法入学。由此，教育资源的扩展不全，社会资源的矛盾也在日益加剧。

3. 对未来产生影响

学前教育保障体系不健全还会对未来的发展产生不利影响。众所周知，学前教育是对儿童智慧的发掘和培养，是培养未来社会各行各业人才的初步基础。因此，如果学前教育保障体系不健全，很多优秀的人才可能因此错过了成年后迅速发展的时机，后果将会极为严重。比如，一家幼儿园只能满足基本保障，而不能提供丰富的多元课程和广阔的学习环境，那么孩子们的智力和能力的提升就会受到限制，这也将对他们未来的职业发展会产生不利影响。

总之，学前教育保障体系不健全所造成的问题非常多，其中最关键的问题在于影响了孩子们的成长。这是非常不可取的，因此我们需要加强学前教育保障体系的建设，使其能够真正地发挥其所具备的应有的作用。

三、教师队伍质量参差不齐

大多教学前教育中心没有固定的教育计划和对教师的培训，导致教师队伍质量参差不齐。

学前教育是一个重要的发展阶段，决定孩子们未来的成长和发展。教师是学前教育的灵魂，他们不仅需要有教学经验和技能，还需要具备丰富的专业知识和心理素质。然而，目前学前教育教师队伍质量参差不齐，存在多种问题，如果问题不及时解决，就会造成学前教育的畸形发展。

（一）教师队伍质量参差不齐原因

1.教师培训机制不完善

教师培训机制是保证教师队伍素质的重要手段之一。但是，由于学前教育教师培训机制不完善，导致了教师培训质量参差不齐。目前，一些教育机构只是在短时间内对教师进行培训，从而忽略了对教师实际能力的考核。这样的教师在实际教学中往往不得法，无法满足学前教育需求。因此，需要完善教师培训机制，加强教师能力的考核，确保其具备良好的专业知识和素质。

2.薪酬待遇不高

目前，学前教育教师薪酬待遇较低，使得许多优秀的教师不愿意从事这份工作。这大大降低了学前教育教师群体的整体素质，更可怕的是，由于教师的工资水平普遍普通，想要招募优秀的教师才能力较难，教师队伍质量层次会愈加不均衡，导致学前教育质量下降。

3.缺乏有效的评估机制

学前教育教师的评估标准非常重要，因为它能够确保教师有条不紊地定向发展。然而，目前依旧缺乏有效的评估机制，缺乏有力的考核标准，导致了一些不够努力甚至存在问题的教师不会受到相应的处罚和奖励，而教育部门也无法对其进行有效的控制和指导。此外，学前教育行业的评价者多数来自行业内部，从而导致评估价值不足，缺少客观性。因此，需要建立严格的教师评估机制，通过实际的考核控制和奖励体系来确保学前教育教师组成的队伍质量层次。

4. 教师缺乏交流合作机会

由于学前教育教师工作的性质，实现教师之间的交流十分困难，缺乏与同行的沟通和交流是一个很大的问题。教师缺乏交流合作机会下，就不容易学习或借鉴他人经验，不易了解行业最新动态和发展方向，也就难以保持教育教学水平的提升。因此，学前教育工作者需要加强合作交流，通过互联网等现代工具建立一个学前教育知识分享平台，为教育工作者提供有价值且及时的教育资源和信息。

5. 教师进修机制不完备

教师的进修机制不完备也是造成问题的重要原因之一。学前教育不只是一种技能，更是一种知识和思维，既需要保持与时俱进的知识，又需要不断提高自己的教育教学水平。然而，目前一些城市却没有建立有效的进修机制，这就导致了教师在实践工作中难以解决实际问题，在知识更新方面滞后，难以提高教学水平。

（二）教师队伍质量参差不齐

随着我国经济的发展和教育的普及，学前教育受到越来越多的关注，但是学前教育在接受关注的同时，也暴露出一些问题，其中教师队伍的质量参差不齐是最为严重的问题之一。事实上，学前教育是孩子们教育生涯中非常重要的一部分，一位优秀的学前教育教师能够为孩子们的成长和发展带来巨大的影响。然而，在目前的情况下，教师队伍质量参差不齐的情况严重影响了学前教育的发展和孩子的成长。

1. 影响教育教学质量

教师队伍是一个教育行业的重要组成部分，学前教育的教学质量严重依赖于教师队伍的素质和教学水平。然而，在实际情况下，教师队伍质量参差不齐，这将直接影响了学前教育的教育教学质量。

2. 影响幼儿健康成长

学前教育期间，孩子的健康成长是非常重要的，而教师的水平和素质直接影响孩子的健康成长。教师队伍质量参差不齐，教育水平和素养差异较大，难以提供幼儿全面、科学、有效的教育。

3. 教育机会差异严重

教师队伍质量参差不齐严重影响学前教育的公平性和机会均等原则，造成教育资源的分布不均，使得家庭拥有更多资源的孩子拥有更好的学前教育机会，而另一些孩子则错失了接受优质学前教育的机会。这样严峻的现象不但加剧了社会阶层的分化，而且也影响了学前教育教育的公平性，使不少孩子失去了接受优质学前教育的机会。

因此，解决学前教育教师队伍质量参差不齐的问题，不仅仅是学前教育体系内部改革的问题，更关乎着学前教育为全体孩子提供优质教育的次序。

四、家庭背景和社区环境影响大

随着社会的发展，学前教育的重要性也日益凸显出来。而学前教育的实施离不开家庭背景和社区环境的支持。学前阶段是儿童语言、认知、行为和情感的重要发展期，但孩子的家庭和社区背景影响很大，不同家庭和社区的差距巨大。

（一）家庭背景对学前教育的影响

家庭是孩子最早的学习场所，也是构成孩子性格和人格的主要因素之一。因此，请看下文详细了解家庭对学前教育的影响。

1. 性别对家庭对学前教育的资源分配的影响

全国各地学前教育基本情况，根据教育部最新的数据，截至2019年，全国各级各类学前教育阶段在校人数达到3988.56万人，教职工总数达到295.2万人。其中，幼儿园在校幼儿人数达到3355.5万人，中小学阶段在校幼儿人数达到633.06万人。

研究发现，不同性别的儿童在学前教育资源分配上存在一定的差异。其中，男孩相对来说可以获得更丰富的学习资源，比如同龄女孩更多地参与运动和体育方面的活动，甚至更多的家庭陪伴，这就导致了男孩在学前教育就业和学业方面更有优势。因此，学前教育还应该更加注重资源公平分配，力求男女平等。

2. 教育程度对家庭对学前教育的理解和重视程度的影响

家长的教育程度也是影响家庭对学前教育理解和重视程度的一个因素。教育程度越高的家长，对学前教育的认识和重视程度越高。而教育程度较低的家长，往往存在认知误区，他们没有充分认识到学前教育的重要性。这就导致一些孩子在学前阶段缺乏必要的学习体验，长此以往可能会影响孩子以后的学习和生活。

3. 家庭收入对学前教育的影响

家庭收入也是影响家庭对学前教育的关注程度的因素。学前教育机构成本较高，学费和杂费往往是家庭的重要支出项。对于低收入家庭和大部分贫困家庭都存在很大的困难。收入不足的家庭对于孩子的学前教育会有所忽略，而高收入家庭则会为孩子提供更充足的学前教育资源。

4. 亲子关系对学前教育的影响

亲子关系对儿童的健康成长和学前教育同样非常重要。良好的家庭亲子关系有益于孩子的身心健康，促进其情绪稳定，有助于养成良好的品德和性格。同时，家庭亲子关系也有助于孩子更好地接受和适应学前教育。

（二）社区环境对学前教育的影响

1. 定居地对学前教育的影响

定居地对学前教育资源的分配非常重要。不同城市和乡村的基础设施、教师水平、课程设置、管理体制等都存在着较大差异。虽然我国学前教育规模不断扩大，但还存在一些问题。数据显示，我国西部、农村和贫困地区的学前教育资源较为匮乏。此外，事实上，作为一个发展中国家，我国学前教育的普及程度和质量与发达国家相比，仍然存在较大差距。

城市的学前教育水平普遍较高，幼儿园数量较多，管理体系更健全。但相应的，城市的生活成本也更高，不是每个家庭都能承担得起。

2. 社区资源对学前教育的影响

社区资源同样会影响家庭对学前教育的选择。安全、方便的幼儿园在幼儿家长中较受欢迎。而在偏远地区，由于交通和信息的限制，往往会缺乏丰富多样的幼儿教育资源，也更难寻找到合适的教育机构。

家庭背景和社区环境对学前教育的影响非常重要。要提高我国学前教育水平，就必须注重家庭背景和社区环境的重要性，重视资源的公平分配。这样，我们就能为孩子提供更好的学前教育，为其健康成长和未来创造美好的生活。

五、学前教育内容严重分散

孩子在学前教育阶段获得的知识、技能和经验，将直接影响到其今后的学习和成长。然而，在许多国家和地区，学前教育普及率并不高，而且由于各种因素的影响，学前教育的内容分散，导致了学前教育质量不稳定和不够高效。学前教育领域的多个领域（比如保育、教育、营养）的知识、技能要求各有不同，没有清晰的、全面的学前教育课程。

（一）学前教育内容分散的原因

1. 教育体制

教育体制是学前教育内容分散的主要原因之一。很多国家和地区的学前教育体制不够完善，缺乏统一的标准和规范，导致学前教育内容存在较大的差异性。此外，由于政府教育资源有限，往往只能局限在某些地区，而其他地区可能会因此而受到一定的影响。

2. 教育投入

教育投入分配不均也是导致学前教育内容分散的另一个主要原因。资金投入，一些发展中国家和地区的政府往往无法提供给学前教育教师和教育机构足够的支持和资金，使得学前教育的内容和质量均无法达到国际标准。

教学内容审核投入，不同的教材对于孩子的认知层次有着不同的设计。如果没有正确地选择合适的教材，就会导致教育出现分散的现象。例如，一些教材的设计方案往往会过于分散，例如有些教材可能会包含一些难度较高的知识点，从而导致难度的下降以及学生的学习质量下降。

3. 教育评估

教育评估也会影响学前教育内容的分散。在某些地方，政府可能会制定很宽泛的考试标准，或者将教育重点放在某些学科上，这样就可能会导致其他学科内容力度不够，不得不被视为次要内容。

教授方法是一个非常重要的因素，它可以决定教育的成效。现在学前教育缺少标准的教授方法，如果教授方法不当，例如缺乏交互性或体验性，那么教育的内容就会分散。此外，过分使用烦琐的笔记或固定的课程材料也可能会导致教育内容分散。

在教育评估效果上，上海市黝光幼儿园是一所近年来在学前教育领域进行尝试的优秀代表。幼儿园采用了各种教育资源共享、教育材料共享以及联合授课等方法来确保学前教育内容的统一、连贯、优质。采用专业课程方案，由老师与家长的共同监护，全方位提供安全、生活与学习发展为一体的教育，充分展示家园共育的优势和特点。

4.传统文化

某些传统文化也会对学前教育内容的分散产生负面影响。例如，在一些文化传统较为保守的地区，往往对于人类知识的传播和普及持保留态度，尤其是对于现代科学和技术知识来说，极易被遗忘甚至忽略。

（二）学前教育内容分散的影响

1.限制孩子的发展

学前教育内容分散会限制孩子的成长和发展。如果教育内容过于单一或缺乏足够的多样性，可能会在某些方面限制孩子的发展。由于缺乏全面的知识和技能，孩子们可能无法运用所学知识到生活实践中，从而影响了他们的学习和成长。

2.学生发展不平衡

学前教育内容分散会导致学生发展不平衡。如果某些地区的学前教育内容较少或不完整，这些地区的孩子可能无法获得必要的教育资源，从而造成知识和技能发展的不均衡。而有些地区的学前教育资源过于充沛，面对繁多的学前教育项目，家长不加思考地"照单全收"，过早地消耗孩子的学习热情，而且不符合学龄前儿童的成长与教育规律，拔苗助长，最终养成现代"伤仲永"。

3.学前教育内容分散

学前教育内容分散也会对学前教育质量产生负面影响。如果某些地区的学前教育内容不够全面或者质量不够高，可能会直接影响孩子们的学习质量和能力，也影响了学前教育在社会中的地位和影响力。学前教育内容的分散不仅会导致教育质量下降，而且会让学生的学习质量得不到保证。如果没有一个合适的教材或教师导学，学生就会把时间浪费在不必要的知识点上，导致难度的下降及所学内容不扎实，使学生的认知发展与预期不符。

学前教育的内容分散导致了其内容和质量的不稳定性和不足。在加强教育体制的基础上，加强教育系统的整合和资源的利用，加强学前教育的教学质量和学生的综合能力，可以提高全社会的学前教育发展水平，为今后的学习和成长打下重要的基础。

第三节 学前教育教研目标与任务

一、学前教育教研目标

（一）提高学前教育实效性

随着教育行业的发展和变化，学前教育在中国的发展也越来越受到重视。而学前教育教研作为学前教育发展的重要组成部分，其作用和意义也日益凸显。在我国学前教育发展的新阶段，学前教育教研必须积极应对各种挑战，不断提高自身能力，以提高学前教育的实效性，为孩子们的成长和未来做出相应的贡献。

1.学前教育教研目标

学前教育教研目标，是为了寻求新的发展方向，将教研成果运用到教育教学实践中，提高学前教育质量与效益。具体包括以下方面：

（1）探讨学前教育的理论与实践之间的关系，形成体系。学前教育教研应当对学前教育的理论进行深入的研究，为学前教育提供理论支撑。同时也应当对学前教育实践进行认真研究，通过实践验证、升华教育理论。

（2）研究儿童发展特点和心理发展阶段，以及教育教学的适应性。学前教育的对象是幼儿，学前教育教研要研究幼儿的特点和发展阶段，根据幼儿的发展规律来设计教育教学活动。

（3）研究学前阶段的教育课程和教学方法，设计出适合的教材和教具。

学前教育教研的重点在于教育课程和教学方法，根据幼儿的特点和发展阶段，设计出适合的教育课程和教学方法，并配备相应的教材和教具。

（4）提高教师专业发展水平，促进教师教育教学能力的提高。教师是学前教育的主要推动力量，学前教育教研重点之一是提高教师教育教学的能力。对教师进行培训和指导，使其能够灵活应对不同幼儿的需求，提升教师的专业水平。

2.学前教育教研实效性

（1）深入实践，不断改进教育教学方法学前教育教研的实效性提高必须从教育教学实践中寻找问题并加以改正。要不断进行教育教学进程的反思和总结，在教育教学实践过程中不断改进教学方法，不停对教学效果进行检验，发现和解决问题。

（2）不断研究最新教育理论与技术，紧跟时代步伐，不断研究最新的教育理论与技术。要不断关注阅读与学习最新的教育理论书籍、教学研究论文、学术报告，加强对国内外先进教育经验的学习与汲取，升华现有教育教学经验，不断开创新路子。

（3）建立良好的团队合作机制，明确每位成员的职责，并依据各自专业特长与能力进行任务分配，共同探究和总结教育教学规律，促进学前教育理论的理论和实践的紧密结合。在共同完成工作的过程中，要保持信息交流和技术创新，激发成员的创造性，取得最佳的研究成果。

（4）重视信息化与数字化技术的应用，不仅可以方便日常工作，同时可以加快教育教学理论与实践的交流，创造更多的新想法和实践途径，进而推动教育教学的创新更高效率，提高学前教育教研的效率。

学前教育教研具有重要的促进作用，发挥教研的优势，不断研究、改进和创新，进一步提高学前教育的质量与效益。未来，学前教育教研面临多个方面的挑战，应该在教育领域各项研究工作方面不断创新，积极寻求各种途径，以推动学前教育的创新发展，拓展学前教育教研的品牌影响，提高学前教育的实效性。

（二）提高学前教育的科学性

学前教育教研过程要遵循科学的研究方法和标准，其科学性主要表现在以下几个方面：

1.研究问题要具有科学性，研究问题要有明确的目标、明确的研究对象、具体的研究方法和科学的研究结论。学前教育教研需要对学前教育的各个方面进行调查和研究，研究内容必须与学前教育教育实践密切相关，研究结果可应用于实践活动之中。

2.研究中的数据要有可信性和可用性，研究所得结论必须要能够进行量化或者定量的观测，数据源必须可靠。数据的收集和处理方法应该科学规范，以确保数据的准确性和可靠性。

3.研究过程要具有科学性，研究者必须遵循科学研究方法的规律，研究者要对研究对象的特点、方法的选择、数据的收集和处理等进行科学分析和判断，确保研究过程的可靠性和科学性。

4.研究结果要具有可靠性和实用性，研究结果必须是科学原理和研究成果的体现，不仅要接受同行专家的评审和验证，还要能够应用于实践活动之中。

以江苏省南京市某幼儿园的大班为例：某幼儿园将生活场景融入课程设计中，通过改变教学环境，引导幼儿进行探究和发现，让幼儿从幼儿园的生活场景中发现新事物，新规律与新知识。对于每个教学环节，都有激发幼儿的好奇心和主动探究的欲望机会，让他们从实践中去感知世界。在课程设计中还注重启发幼儿思考的能力，通过脑手交互的方式，帮助幼儿理解物理现象的发生和变化，深化幼儿的认知水平。这种教学方式强调幼儿教育的实践和体验性，因此才能够更好地符合幼儿的认知能力和审美情趣，而且灵活多变的课程设计满足了不同幼儿之间的差异化需求，为幼儿的成长提供了条件。从而促进幼儿的成长和发展，提高幼儿的素质水平，为后期学习和生活打下良好的基础。

要提高学前教育的实效性，必须进行科学的学前教育教研，深入挖掘幼儿早期认知、情感和社会发展的规律，探索学前教育教学的内在联系和感知方式，解决实践问题，提高教育教学的实效，推广幼儿教育理念和提高其社会认知度。以使学前教育的科学化发展、实效性提高更为显著。

（三）提高学前教育的系统性

学前教育教研是教育工作者为了提升学前教育质量和效果，运用科学研究方法和手段，开展针对学前教育教学和教育管理的研究和探索，具有高效、实用、专业、权威的特点。学前教育教研具备系统性的重要性，它能够让学前教育更加科学化、规范化、高效化，进而提升学前教育的实效性。但是，在学前教育教研的过程中，也存在一些问题，例如数据不全面、研究方法不严谨等问题，这些问题也需要教育工作者不断完善和加以改进。

1. 学前教育教研的系统性的重要性

（1）促进学前教育理论的完善

学前教育教研是对学前教育理论的实践检验，是将学前教育的实践和科学研究相结合的过程。在学前教育教研的过程中，教育工作者能够更深入地了解学前教育的本质和特点，准确把握学前教育的科学规律，从而更好地理解学前教育理论。通过学前教育教研的不断深入，进一步完善学前教育理论，使其更加科学化、规范化、系统化。

（2）优化学前教育教学设计

在学前教育教研过程中，教育工作者可以根据研究结果对学前教育教学方法进行调整、优化以及重新设计更加适合学前儿童的教育方案。学前教育教研能够为教育工作者提供更加科学、具有实证研究支撑的教学方法和方案，从而提高教育工作者的教育质量。

（3）提高学前教育的实效性

学前教育教研能够促进学前教育教学内容和教育管理的实现，在促进学前教育质量和效果的同时，可以更好地实现学前教育的指导和监测。学前教育教研能够对学前教育进行深层次的研究，从而更好地发现问题并解决问题，进一步提高学前教育的效果和质量。

（4）促进学前教育的可持续发展

学前教育教研促进了学前教育的可持续发展，教育工作者可以在研究成果的基础上，积极推进教学方法和课程的改进进程，使得学前教育能够更好地适应时代发展的需要。同时，学前教育教研也有利于推进学前教育机构的发展，使其更加规范化、专业化。

2. 学前教育教研存在的问题及示例

（1）数据不全面

在学前教育教研中，数据是非常重要的一个方面。然而，在一些学前教育教研中，数据的获取和分析往往不够全面，从而导致研究的结论不够准确。例如某学前教育机构在进行儿童综合素质评价时，只依靠教师的直觉和观察，而并未采用科学、客观的评估工具，这样得出的评价结果往往存在主观性和不客观的情况。

（2）研究方法不严谨

学前教育教研需要借鉴科学研究的方法和技巧，但是在一些研究中，研究方法并不是非常严谨。例如某科研团队针对某个学前教育问题展开研究，但是他们在研究中使用的方法不够全面、没有对不同变量之间的相互作用进行考虑，研究得出的结论很可能并不具有参考意义。

（3）调查对象不够典型

学前教育教研的调查对象往往是学前儿童和教育工作者，但是在一些情况下研究对象很有可能并不具有代表性，从而得出的结论会受到严重质疑。例如某个学前教育机构只是在自己内部进行了一次小规模的研究，发现一种教学方法能够提高学前儿童语言表达能力，但是这个机构的教学环境、师资力量及儿童家庭背景等因素与其他机构存在一定差异，因此该结论在其他机构中的参考价值仍然有待进一步考验。

综上所述，学前教育教研具有系统性，能够提高学前教育的实效性。但是学前教育教研也存在一些问题，其中数据不全面、研究方法不严谨、调查对象不够典型等问题也需要教育工作者和研究者注意并不断完善和加以改进。

（四）促进教育生态的协同发展

随着社会的进步，教育的重要性也变得越来越明显。作为全面发展的基础，学前教育在整个教育体系中发挥着重要的作用。

1.学前教育的意义

学前教育，也称幼儿教育，是针对0~6岁婴幼儿的教育活动。学前教育不仅是儿童个人发展和全面成长的重要起点，也是一个国家和社会全面发展的基础性工程。在学前教育中，教育者以婴幼儿为主体，根据幼儿的需要和特点，进行全面、系统的教育和培养，以帮助幼儿发展一定的社会适应能力、认知能力、情感与个人品质、身体健康等方面的能力。

学前教育的意义在于早期的干预对于儿童的发展有着至关重要的作用。首先，学前教育对于幼儿的身体、智力、情感等方面有着很大的促进作用，能够帮助幼儿形成良好的习惯和行为模式。其次，学前教育还能够帮助幼儿培养一定的社交能力和补充家庭教育的不足。最后，学前教育还能够帮助培养国民素质和培养适合未来社会的人才。

2.学前教育在整个教育发展体系中的作用

学前教育是整个教育发展体系中很重要的一个环节。首先，学前教育是从经济发展、教育投入和投资回报率等角度对未来的发展进行有力支撑的基础性工程。其次，学前教育在各个年龄段的教育中起到了铺垫作用，为后期教育打下了良好的基础，从而促进整个教育发展体系的协调发展。

从专业学术角度，学前教育在教育发展中的作用表现为三个方面：发挥出有利于幼儿儿童为主体的多元学习和发展体验、通过育人和发展儿童全面素质，带动教育及其相关领域的整体性改革、促进我国经济和社会良性发展。

具体来看，学前教育能够发挥人类学、心理学、生物学、神经科学等学科的综合性科学研究成果，以幼儿为中心，注重幼儿各方面能力的全面发展与提升，其中包括语言、思维、创新、自我意识等方面。同时，学前教育还能够有效减少教育资源的浪费，提高教育投入的效率，为未来的发展和改革奠定基础。

3.学前教育与其他阶段教育协同发展

学前教育是整个教育发展体系中必不可少的一个环节，它与其他阶段的教育具有紧密的联系和协同关系。只有学前教育与其他阶段教育良性互动和有机结合，才能让儿童得到全面发展和素质提升。

在与其他阶段教育的协同发展中，首先需要保持一定的教育标准。学前教育作为整个教育发展体系中的一部分，需要基于国家的相关规定，保证其符合一定的教育标准，这样可以保证学前教育和其他教育阶段的衔接性和协同发展。

其次，学前教育需要与小学和中学进行紧密联动。通过与小学和中学的有效沟通和交流，可以让学前教育更好地了解小学和中学对幼儿的要求和期望，进而调整学前教育的教学内容和方法，促进小学、中学和学前教育的衔接和衔接。

最后，学前教育还需要与家庭教育协同发展。家庭教育是幼儿发展的重要因素之一，学前教育需要与家庭教育相互印证，确保在幼儿的成长发展中不产生重叠现象、又不能丢失搭建一个良好的互助、共同发展的平台。

同时，学前教育和其他阶段教育的协同发展需要依靠不断的教育研究和教学探索。在教育研究和教学探索的过程中，需要根据幼儿的学习特点和需求，寻找教学方法和教学资源，从而实现学前教育和其他阶段教育的协同发展。

总之，学前教育在整个教育发展体系中的作用越来越受到重视。学前教育不仅是儿童个人发展和全面成长的重要起点，也是整个教育体系中协同发展的一个细节部分。学前教育需要与其他阶段教育保持紧密联系，进而实现教育的连续性和推进教育协同性。同时，为确保学前教育和其他阶段教育的良性协同发展，还需要不断进行教育研究和教学探索，以及根据幼儿的学习特点和需求，寻找教学方法和教学资源，从而实现学前教育和其他阶段教育的协同发展。

二、学前教育教研的任务

学前教育教研的任务在于，通过理论研究和实践探索，对学前教育进行优化，提高学前教育的质量和效益，具体任务包括：深入研究学前教育的理论、政策、管理、评估等问题；建立学前教育的质量评估标准和指标体系；探索学前教育教学模式、教育教学方法和儿童发展规律；推广有效的学前教育实践经验和模式，提升学前教育质量和覆盖率；建立学前教育专业师资队伍，提高教师的专业能力和素质；促进学前教育与社会各界的协同发展，实现学前教育的可持续发展等。

（一）深入研究学前教育的理论、政策、管理、评估等问题

学前教育是现代社会中公认的一种先期教育，也是现代教育体系的重要组成部分。学前教育教研的目标是提高学前教育的素质和水平，为儿童的成长打下良好基础，更好地服务于教育事业。在学前教育的教研中，需要深入研究学前教育理论、政策、管理和评估等问题，以便更好地提高学前教育的实效性。

学前教育理论是学前教育教研的重要组成部分。学前教育理论是指学前教育中的各种思想和理论，它们是指导和支配学前教育实践的关键。学前教育理论包括儿童心理学、教育心理学、发展心理学、社会学、教育学、神经科学等学科领域，可以更好地指导学前教育的实践。例如，根据儿童心理学，我们可以了解幼儿的心理特点，掌握幼儿的思维方式和行为特点，为教育提供有效的参考。

另一个关键问题是学前教育政策。学前教育政策是指政府归纳出的关于学前教育的各项法规、规章和政策性文件。学前教育政策影响着学前教育的发展和实践。因此，在学前教育教研中，需要对学前教育相关政策进行深入研究和理解，以更好地服务于教育事业。例如，国家推出的《幼儿园教育指导纲要》为学前教育的实践提供了具体的指导方向。可以更好地促进学前教育的科学化和规范化。

学前教育管理也是学前教育教研的关键问题之一。学前教育管理是指教育部门和学前教育机构管理幼儿园的各种活动和事务的行为。学前教育的管理需要制定明确的管理制度，确保教育活动的顺利进行。因此，在学前教育教研中，需要对学前教育的管理理念和具体管理实践进行深入研究。例如，如何更好地实现班级管理和管理与服务融合，这些问题都需要有系统地研究与推广，以更好地促进学前教育的健康发展。

最后一个问题是学前教育评估。学前教育评估是对学前教育的效果和成效进行评价和分析，以便更好地指导学前教育的实践。学前教育评估的结果可以为政府、学校和家长提供直接的指导，以便更好地开展学前教育。实现有效的学前教育评估需要开展基础性理论研究和实践研究。例如，如何测量、管理和提升幼儿学前教育质量，都是需要深入研究的问题。

事实上，学前教育教研要全面深入地研究学前教育的各个方面。当我们在实践中金盾风扇发现了学前教育中存在的问题之后，我们就需要通过研究来探究清楚如何解决这些问题。因此，需要开展系统性的教研工作，从理论、政策、管理和评估等方面进行全面的深入研究，确保学前教育能够为儿童提供更好的教育服务。

（二）建立学前教育的质量评估标准和指标体系

建立学前教育的质量评估标准和标准体系，在教育行业中尤其重要，能够提供可靠的量化检测手段，满足家长、学校和教育部门的需求。

学前教育的质量评估需要建立一套科学的评估标准，基于这些标准来考核学前教育的质量表现，并进行针对性的管理和评估。

1. 学前教育的质量评估标准

学前教育的质量评估标准应该是以国家制定的有关学前教育法规、政策、标准和指引为基础，在实践中逐步形成和完善的。这些标准包括以下方面：

（1）学前教育的组织与管理标准：包括机构规模、师资队伍质量、园所功能、硬件设施、保障措施、服务质量等。

（2）学前教育的教育教学标准：包括课程设置、实施标准、教学方法、教具环境、评价体系等。

（3）学前教育的教育质量标准：包括学生的智育、情感、德育、体育等各个方面的综合表现。

（4）学前教育师资队伍质量标准：包括师资队伍的专业素质、文化素养、工作经验等方面的表现。

2. 学前教育的质量评估标准体系

对学前教育的质量评估标准进行分类管理、系统化和科学化的整合，精细构建质量评估指标结构体系，并将其纳入到学前教育的监督管理体系中，建立完善的评估机制，这是建立学前教育质量评估标准体系的必要步骤。

（1）建设学前教育质量监测系统

学前教育质量监测系统是学前教育质量评估标准体系的重要组成部分，它可以对学前教育全面、及时、精确地开展质量监测、评价和改进。监测体系可以包括师生人员情况、课程设置、授课方式、教材质量、园所管理、学生成绩等方面的数据收集与分析。

（2）建立学前教育质量评估指标体系

学前教育质量评估指标体系主要包括机构规模、师资队伍质量、园所功能、硬件设施、保障措施、服务质量、课程设置、教学方法、教具环境、评价体系等方面的指标。这些指标需要经过层层筛选，建立权重体系，形成最终的学前教育质量评估指标体系。

（3）建立学前教育质量评估机制

建立学前教育质量评估机制包括制定评估程序和流程，明确评估标准和标准体系并确立学前教育质量审计员，对学前教育机构进行评估，评估完成后，对评估结果进行反馈和修改，指导评估意见的落实。

3.学前教育质量评估存在的问题

（1）评估体系不完善

当前学前教育质量评估的体系不够完善，需要建立贯穿全过程的评估机制，更好地体现质量评估结果的科学性、权威性、可比性和参考价值。

（2）评估标准不一

学前教育质量评估标准在不同地区和不同机构之间存在差异，这会导致评估结果不一致。

（3）缺乏科学数据和技术支持

学前教育质量评估需要大量、多层次的数据支持，但当前很多学前教育机构并没有建立科学化的数据收集和管理机制，这导致评估无法精准有据可循。

学前教育质量评估标准和标准体系的建立对于保证学前教育质量、提升学前教育水平具有重要意义。教育行政部门、学前教育机构和学前教育从业者应该共同推进学前教育质量评估标准和标准体系建立的工作，以保证学前教育质量的可持续发展。

（三）探索学前教育教学模式、教育教学方法和儿童发展规律

1.学前教育教学模式

在学前教育教研中，探索适合学前儿童的教学模式是非常重要的。学前教育教学模式是教育教学过程中的组织结构和理念，是提高学前教育质量的关键。随着社会的快速发展，教育模式也在不断更新，因此在学前教育教研中需要不断地根据实际情况和儿童的特点来更新适合学前儿童的教学模式。

在学前教育教学模式的探索中，需要考虑到学前儿童的身体和心理发展特点。学前阶段的儿童处于生长发育的关键时期，他们的身体和心理组

成正在迅速发展，因此学前教育教学模式需要尊重儿童的个体差异和个性发展，将教学过程和儿童特点相结合，从而更好地培养儿童的能力和潜力。例如，早期儿童教育（Early Childhood Education，ECE）的教学方法就着重于提升儿童的社交技能、语言能力和认知技能，通过各种游戏和手工艺活动激发儿童的兴趣和创造力，让儿童在玩耍中学习。

2. 教育方法

在探索适合学前儿童的教学方法时，需要考虑到儿童的特点、生理心理发展。学前教育教学需要采用一系列有效的教育方法，以切实提高儿童的学习效果和体验感。学前教育的教学方法与适合于学前儿童的教学模式息息相关。在教学方法上，需要注意以下几个方面：

（1）多样性

因为每个孩子都有其独特的性格、兴趣和需求，因此在教学时应采用灵活多样的教学方法。例如，采用游戏式的课程，让儿童在玩耍的同时学习，这是一种非常有效的教学方法，可以激发儿童的兴趣和好奇心。

（2）轻松愉悦

学前儿童还没有上学的压力和拘束，教育应该保持轻松愉悦的状态。这种轻松与愉悦的状态可以降低课堂内的压力，增强儿童的主动性和积极性，从而使儿童更加愿意去学习和尝试。

（3）互动性

学前阶段的儿童对外界的认识是通过互动来完成的，因此在教育中应该强调互动。例如，让儿童在组内相互合作，互相学习，并受到组内成员的鼓励和支持。这种互动性教学方法有助于建立儿童之间互助互学的良好氛围。

3. 儿童发展规律

学前教育教研中，研究儿童发展规律是非常重要的。学前阶段是儿童发展最迅速的阶段，因此了解儿童发展规律有助于更好地制定和实施学前教育教学方案。

（1）生理发展规律：

这一规律主要涉及生理和神经发育的方面，因此需要特别关注营养、卫生、健康习惯等方面的教育。

(2）心理发展规律：

这一规律主要涉及认知、情感、意志等方面，因此需要特别关注心理活动的教育，以培养儿童的自我认知和控制能力，建立儿童良好的情感和意志环境。

（3）社会发展规律：

这一规律主要涉及儿童在社会环境中的生存和发展，因此需要特别关注社交能力和行为规范的教育。例如，在幼儿园中可以进行集体活动和游戏，以增强儿童与他人交往和沟通的能力。

因此，学前教育教研中需要深入研究儿童发展规律，在教学中更好地运用相关规律，以促进学前儿童的身心发展。例如，在幼儿园中，教师可以通过画画、模仿、角色扮演等方式来培养儿童的创新能力，并帮助儿童形成独立思考和表达的能力。

综上所述，学前教育教研需要探索适合学前儿童的教学模式、教育方法和儿童发展规律，以不断提高学前教育的质量和实效性。这是学前教育教研中非常重要的任务。

（四）推广有效的学前教育实践经验和模式，提升学前教育质量和覆盖率

随着人口红利的消失和教育需求的不断升级，学前教育的发展已经引起越来越多的关注。作为孩子学习和发展的重要阶段，学前教育需要不断地推广有效的教育实践经验和模式，以提高教育质量和覆盖率。

1. 推广有效的学前教育实践经验

推广有效的学前教育实践经验，是提高学前教育质量的重要途径。学前教育的实践经验主要包括教学经验、管理经验和课程设计经验等方面。以下是几种有效的学前教育实践经验：

（1）体验式教学法

体验式教学法是一种重视互动、情感和实践的教学方法。这种方法通过互动式的游戏、活动等形式，让孩子们积极参与、互动交流，从而促进孩子们的认知、思维和情感的发展。在学前教育中，体验式教学法已经被广泛应用，例如孩子们会被带到动物园参观动物，去农场体验种植，去博物馆参观等。这种形式的教学方法鼓励孩子们通过亲身经历来学习，增强了孩子们的兴趣，激发孩子们的学习热情，从而有效提高了教学效果。

（2）亲子教育

亲子教育是指家庭和学校之间进行互动和合作的育人方式。这种方式能促进幼儿的身心健康和综合素质的全面发展。通过亲子教育，家长可以更好地了解自己的孩子，为孩子定制个性化的教育方案，让孩子们在健康的成长环境中茁壮成长。同时，亲子教育也能加强家庭的教育功能，让家长参与孩子教育的过程中，更好地理解孩子的成长需求，以更好地引导孩子成长。

（3）师生互动式教学法

师生互动式教学法是指教师在教学过程中注重与学生的互动和交流，让学生参与实践和讨论，从而构建积极的学习氛围，提高教学效果。这种教学法通常采用小组讨论、问答和互动交流等形式。在学前教育中，采用师生互动式教学法能够鼓励幼儿适应教育环境和社会环境，建设积极、自信和积极的学习态度。

2. 推广有效的学前教育模式

推广有效的学前教育模式是提高学前教育质量和覆盖率的另一个重要途径。学前教育模式的创新和推广，能够有效地提高学前教育的质量和效果。以下是几种有效的学前教育模式：

（1）公立学前教育

公立学前教育是指由政府出资兴办的学前教育机构，由政府统一管理，对家庭收入水平较低的家庭免费提供学前教育服务。公立学前教育具有经济实惠、政策保障、教学规范等优势，是目前最受关注的学前教育模式之一。公立学前教育的推广不仅能够解决普及率低、不公平、教育不规范等问题，同时也能为社会创造更多的教育资源，让更多的孩子能够享有优质的学前教育。

（2）品牌化私立学前教育

品牌化私立学前教育是指专业教育机构在办学过程中，建立起自己的品牌形象和教育特色，通过不断的创新和发展，成为具有一定影响力和竞争力的知名品牌。品牌化私立学前教育的突出特点在于其教学特色和品牌形象，能够吸引更多的家长和幼儿关注和选择，并且通过品牌溢价能够在同质化竞争中占据更有利的地位，提升市场占有率。

（3）公益性社会化服务

公益性社会化服务是指由社会组织或其他社会机构以公益性为宗旨，为家庭的弱势群体提供学前教育服务。这种模式的学前教育虽然组织形式和教学内容多样化，但是其公益性和社会化特点能够满足家庭经济困难、人口流动性大等特殊人群的需求，同时也能在推广学前教育的同时，促进公益事业的发展。

3. 具体案例分析

了更好地了解如何推广有效的学前教育实践经验和模式，这里将结合实例进行具体分析。以浙江省嘉兴市为例，2010年，全市启动了"小小学堂"计划，通过政府、社会力量和社区开展合作共建，让农村儿童更好地接受学前教育。该计划在嘉兴市的大多数农村地区实行，有效促进了学前教育工作的推广和覆盖。具体措施包括：

（1）政府出资发放财政补贴，支持学前教育的开展。在嘉兴市，政府每年拨出50万元资金作为朝阳计划的教育经费。同时，还对于学前教育机构给予房租、设备等方面的支持。

（2）邀请专业院校和教育机构派遣教师，为农村学前教育提供帮扶支持。嘉兴市政府还积极与学校合作，邀请专业机构来校授课，使农村小孩子也可以享受优质教育。

（3）采用特色教育模式，促进学前教育的质量和水平提高。嘉兴市还对学前教育机构的教师进行培训，教育部门负责人与社区、妇联组织等部门联合工作，共同推动教育办学水平提高。

通过以上措施，嘉兴市成功地推广了"小小学堂"计划，实现了对于农村学前教育的全面覆盖。数据显示，目前嘉兴市共开办了232个农村学前教育机构，受惠小孩子达到了5.15万人，教育覆盖面大大扩大。

总之，在学前教育教研中推广有效的学前教育实践经验和模式，是提高学前教育质量和覆盖率的重要途径。通过上述案例分析可以看到，有效的实践经验和创新模式，可以通过合理的手段被推广到更广大的群体中。

第四节 加强学前教育教研的对策与路径

学前教育是会影响到孩子以后发展的重要教育阶段。加强学前教育教研可以更好地了解儿童的成长发展规律，制订更符合儿童发展需求的教育活动，提高学前教育的教学质量。学前教育教师是支撑学前教育发展的关键。加强学前教育教研，可以帮助学前教育教师提升专业化水平，提高教育质量。随着科技的发展，学前教育教育科技的应用越来越普遍，加强学前教育教研可以探讨如何更好地将科技与教育相结合，创新教育模式、方法，提高教育效果。

一、加强学前教育教研的对策

（一）加强师资队伍建设

师资队伍是学前教育教研的基础，需要有一支高素质的师资队伍来推动学前教育教研的发展。因此，需要从多个角度加强师资队伍建设，包括提高教育教学水平、促进师德师风建设、优化招聘政策等。

1.学前教育师资队伍建设的现状

（1）教师水平不高

学前教育师资队伍的现状大多数为执教经验不充足、不具备系统化的学前教育知识体系、教育观念不够先进等问题。虽然在近几年，国家教育部门对师资队伍的要求越来越高，但很多现场教育的老师依然未参加过继续教育和培训，在专业发展和师资考核方面存在着很大的差距。教育部门调查显示，目前全国幼儿园的合格教师比例低于50%，大部分幼儿园老师具有本科以下学历和业务水平，教学水平参差不齐，无法满足幼儿园教育发展的需要。

（2）教师流动性大

为了应对市场的需求，很多幼儿园往往急于招聘无教育经验的家长、无资格证书的人员，面对发展迅速的幼儿园市场，以及学前教育的薪资待遇不高，很多有经验的老师纷纷选择离开学前教育，导致学前教育师资队伍的流动情况越来越严重。在这种情况下，不仅老师个人的经验得不到充分的传承，也不能保障教育质量和课程稳定性。

（3）教师资源短缺

虽然国家提出了普及幼儿园教育的目标，但是目前幼儿园教师资源的供给仍然短缺，且无法满足不断增长的需求。很多幼儿园为了应对人员工作不足现象，不得不使用临时工、小时工等教师，这就导致教育质量无法保障。

2. 加强学前教育师资队伍建设的对策

加强学前教育师资队伍建设，提高教师的水平和素质，是学前教育发展的当务之急。具体对策如下：

（1）加强教育培训

为了加强学前教育师资队伍的建设和提升学前教育的质量，教育行政管理部门可以通过各种形式的教育培训来提高老师的专业素质。培训范围广泛，可以包括学前教育课程设计、教育方法、心理咨询、教学评估等多个方面，从而使老师的综合能力得到有效提升。例如，地方各级政府可利用幼儿园集中式教师队伍培训基地开展师资培训，使其接受系统化思想教育、教育理论和教育实践的培训。此举不仅提高了教师的专业知识、职业素养和管理能力，还为幼儿园教育与社区、学校教育形成了良好的互动。

（2）加强园长和管理人员的专业知识

除了教师的专业知识之外，园长和管理人员的专业知识也是十分重要的。他们承担着教育管理的领导和管理职责，如果他们不能明确教育目标、发掘员工的潜力和管理幼儿园的各个方面，那么可能就导致教育质量的不稳定和幼儿园的经营成本高昂。要加强对园长和管理人员的教育，提高他们的教育管理能力。

（3）加强师资考核制度的完善

师资考核制度是师资建设的重要保障和核心。对教师提出高质量的要求，行政部门可以制定教师资格证制度，实行专业、分级考试，对于不达标的教师要及时予以处理，同时加强教育考核机制，推动幼儿园教育走向教育科学化、专业化。

3. 提升学前教育行业的科学性

（1）学前教育要走上科学化的轨道

随着教育行业的不断发展，很多行业都走向了科学化的轨道。然而，因为学前教育的特殊性，它的科学化发展相对较慢。要达到科学化，可以从下列几方面着手：

①统一教材，建立统一、科学、规范的教材库和教学反思和更新机制；

②制定完善的评价指标体系，提高教学质量，方便家长对幼儿教育的评估和选择一个质量好的幼儿园；

③推进联合办园措施，建立本地跨区域联网的幼儿共育机制，以单个幼儿园智慧教育为基础，为儿童提供更好的学习环境；

④加强科学技术的应用，推进数字化教学、VR 教学及 TR 教学等技术的应用，充分利用数字技术手段开展幼儿教育。

（2）注重幼教师人才的培养

在学前教育的工作中，引入相关专业领域人才和具备从业证书及学位的教育人才，是提升幼教人才质量的重要措施。通过招聘和培训的方式，提升幼教人才的实力，使幼儿园教师具有丰富的教学经验、专业的教育技能、及时的知识更新，也能掌握更多的专业知识和技能，以更好地服务于教育工作。

4. 案例分析

为了提高学前教育教师的师资水平和素质，一些不断创新和革新的教育机构，以提高教育质量和培养杰出人才为目标，大胆尝试新的方式和方法。比如说，北京市昆仑翼校教育机构，为幼儿园中的教师专门开辟了一个研究中心，可以根据学前教育的实际情况开展教师培训和研究活动，让教师们接受更专业化的教学技能培训，帮助教师掌握新的知识和技能，拓宽他们的思维和视野，丰富他们的教育经验和教育理念，提高教学效果和教育质量。

此外，在国内一些高级园所，为了招揽优秀的教育人才，提高师资队伍的整体素质，除了高薪招聘优秀人员外，在日常工作中也会严格要求幼儿园教师来提高幼儿教育教学质量，遵循园所领导的管理和指导，定期评估幼儿园教师的教学技能和教学效果。同时，园所对幼儿园教师的规范要求、职业技能要求、评估准则等内容，也都进行了明确规定。

总之，建立工作计划、制定评价标准、引进人才等方法都是常见的，并且在不断的努力中，许多学前教育行业的管理部门以及相关机构也已经在发展学前教育教研，提升学前教育行业的整体素质和师资队伍的综合素质，推动学前教育走向更高的层次。

（二）建立信息平台

随着信息化技术的发展，学前教育领域也逐渐进入数字化时代，大量线上教育资源不断涌现，信息交流和共享平台也愈加多元化和强大，而建设学前教育教研信息平台，将极大地加强教学研究的推进和实践运用，对于促进学前教育领域的进步与发展意义重大。

可以建立面向学前教育教师的信息平台，为学前教育教研的信息共享提供便利。信息平台中可以开设在线课程或者线下培训、分享教学经验、交流教学方法等内容，促进师资之间的互动。

1.学前教育教研信息平台的意义与价值

（1）推进教学研究进程

学前教育的研究、探索具有特殊性和难度性，开展教研活动却让这一过程得以有所改观。而学前教育教研信息平台具有方便交流和共享研究成果的通道，不受限制地为研究者们提供平等的学术竞技场，可以很好地推动与推进学前教育教研和教学研究的进程，学术思想的交流和创新。

（2）促进行业自我调整和发展

学前教育领域在网络时代不断吸收新的观念和理念，不断适应并塑造自己，但伴随这种变革是大众对于信息的求索与需求的整体性提升，这就需要学前教育教研信息平台总结相关信息，加以分析和研究，并将研究成果迅速传递到现场教学，并向公众扩散，从而进一步推动学前教育的发展与进步。

（3）提高学前教育工作者的综合素质

学前教育教研信息平台对于学前教育工作者而言更像是一个互动和协作平台，通过将学前教育工作者强制投入教学研究过程中，达到知识的共享与交流，提高知识产生的行为效率，共同推进学前教育的流程和效率，并从中提高学前教育工作者的素质水平。

2.学前教育教研信息平台要具备的要素

（1）数据统计与对比

对于学前教育教研信息平台而言，数据具备重要的指导和参考价值，在平台建设过程中需要关注相应的数据调查和分析，并进行数据整合。目的是通过相对专业的分析形成学前教育领域的数据参考标准，以利于发现教育问题，发展优质的教育资源，优化教学质量。

（2）技术与设备支持

学前教育教研信息平台作为数字化教育研究的重要组成部分，需要使用较高科技的技术手段和设备去支持，因此需要平台具备最新的技术手段和设备支持。例如，大数据分析与处理的能力、场景化虚拟教学环境、智能教学辅助工具等。

（3）制度与规范建设

学前教育教研信息平台的建设是一个长期而有规律的过程，建立相应的规范体系和管理制度是必要的并且需要不断完善，可以根据现有的教学标准和数据建立各种标准和体系，对其加以实施、评估和优化。

（4）共享与合作

学前教育教研信息平台应该是一个开放的平台，为教学工作者提供充分的操作和交流空间，以便他们分享他们的经验，借鉴他人经验，并开展紧密的合作。

3.学前教育教研信息平台的具体案例分析

以学前教育教研信息平台的建设项目"ForMyChildren"为例。该项目由中国对外经济贸易大学教育信息化中心、珠海市阳光爱心家庭服务机构和广州市巨炮动力商务信息咨询有限公司共同组成，前期投入约15万元人民币，目的是构建一个方便学前教育领域的教学研究和学习分享平台，共享教学资源。下面从平台构建、资源共享和组织管理三个方面来具体分析该项目。

（1）平台构建

首先，在数据库的设计上，"ForMyChildren"就将个人性、实用性以及灵活性作为设计理念；其次，在开发技术方面，"ForMyChildren"采用了多语言、多样式设计，兼具设备的适配性和良好的互动性体验，使其在打破国界上都具备了较高的交互性。在验证测试的情形下,用户对书目检索、分类检索、资源分享的功能应用都表现出了反馈和评价。

(2)资源共享

"ForMyChildren"项目通过数字化技术打破了学科知识之间的隔阂,资源共享也大大简化教育资源和知识的获取和分享,保证了高效率的知识交流。该平台通过整合多方面的资源,开发了链接和下载、上传共享等丰富多彩的资源提取渠道与方式。此外,"ForMyChildren"还设计开发了音频教材、视频教学、在线答疑、微课堂等多个教育资源专题,方便学习者查阅,以及分享和交流学习经验,为学前教育研究者提供了更广阔的交流空间。

(3)组织管理

通过"ForMyChildren"平台的针对用户的精准定位,不断优化和改进平台已有的资源,深入挖掘学前教育知识和资源,以最好的方式对学前教育进行有力的管理。

综上,学前教育教研信息平台建设已成为学前教育领域现代化的必然趋势,它不仅体现了数字化教育研究的一种可能性,也通过信息共享促进了学前教育领域教学质量的提升。未来学前教育工作者应持续不断加强对信息技术的学习使用,不断推进学前教育教研信息化建设,为学前教育事业的进步和发展做出更大的贡献。

(三)推广先进的教育理念

学前教育是一个包罗万象的领域,它涉及儿童的身心健康、教育思维、动手能力等等,而在进行学前教育工作的过程中,无论是家庭、幼儿园还是学校等都需要贯彻现代化的教育理念和方法,以确保孩子们能够被科学的、有效的教育所促进成长。在学前教育教研中,应该注重推广先进的教育理念,以提高学前教育工作者的专业素质和对学前教育工作的认知水平,让更多的人认识到学前阶段的重要性,认识到学前教育不是照顾孩子,而是需要运用科学的教育方法、教育思维来引导孩子的成长,进而推动学前教育的健康发展。

1.科学观念的核心

科学是推动社会进步的重要力量,尤其在教育领域,只有贯彻先进的教育理念，才能更好地适应时代的要求。而推广先进的教育理念需要带有科学性质，这是推动学前教育教研的基础。

（1）不断更新教育观念

学前教育的目标是培养和发展幼儿的各项能力，而不只是简单地传授知识。在教育观念方面，要始终重视幼儿的学习效果和自主性，关注幼儿的身心健康和能力培养。我们应该认识到，幼儿时期的学习不仅仅是一个结果，更包含了人的全面发展。基于这一观点，教育方法和教育目标需要随着时代的变迁而不断更新，以适应不断变化的幼儿需求。

（2）注重培养综合能力

学前教育是幼儿时期的教育，是幼儿人生中非常重要的一个时期，因此学前教育要重视幼儿的综合能力培养。不仅仅是关注幼儿的身体健康，还关注他们的心理健康、语言表达能力、人际交往能力、动手操作能力等方面。同时，要注重幼儿的爱好培养，让幼儿在与其他幼儿互动中体验到乐趣和成就感，从而不断发掘和丰富内心的世界，形成自己的价值观和人格。

（3）具有相对客观性

在学前教育教研中，需要保持相对的客观性，尽量避免主观臆断和片面偏见，最终实现科学推广先进的教育理念。同时，教育工作者需要始终明确自己的根本目标和原则，这也是学前教育教研的重要任务。

2. 学前教育教研推广先进的教育理念的方法

为了推广先进的教育理念，提升学前教育工作者的专业素质和对学前教育工作的认知水平，学前教育教研应该大力倡导以下方法：

（1）聚焦教育本质，打造研究平台

要推广先进的教育理念，就必须重视教育本质，而这需要具备先进、精良而且稳定的研究平台。建立这样的平台，就可以吸引更多的专家或学者来参与学前教育教研，形成更加完善的研究体系。

（2）参考成功案例和研究成果

在教育方法上，可以先参考以往的成功案例和研究成果，了解到其中的成功之处，加以吸纳和借鉴。此外，还应该注重教育环境的创设，运用现代化的设备和技术，为幼儿提供更为优质的教育资源。

（3）推广优秀的班级文化

要推广先进的教育理念，还需要形成优秀的班级文化，并且以班级文化为根本，将优秀的文化贯穿于学前教育全过程。通过班级文化的推广，幼儿可以培养自己的团队精神，提高自己的学习能力和综合能力。

（4）加强教育行政部门的统筹规划和管理

在推广先进的教育理念的过程中，需要加强教育行政部门的统筹规划和管理。教育行政部门能够明确教育目标和方向，并向学前教育机构提供支持和指导。同时，还需要完善监管和评估机制，评估学前教育工作的成效和教育质量，推动学前教育的健康发展。

3.推广先进的教育理念应用的案例

在学前教育教研过程中推广先进的教育理念还需要通过实际案例，让更多的人在实践中感受到其重要性。以下是几个具体案例：

（1）借鉴"多元评价"模式

"多元评价"是目前国际上广泛采用的一种幼儿教育评价模式，强调宽泛的评价内容和全面的评价方式。其中具体可包括：抽样调查、观察报告、自我陈述、同伴评价等多种方式，这些方式的结合实现了对幼儿全面的成长状况的真实体现。在学前教育教研中可以充分借鉴这种评价方式，在教育工作中进行充分的贯彻和推广。

（2）重视家长参与

家长是孩子最亲近的人，与孩子的身心健康和成长密切相关，通过鼓励家长积极参与到幼儿教育之中，可以实现教育资源的共享，扩大幼儿教育覆盖率。比如，一些幼儿园鼓励家长参与幼儿的生活、游戏和活动，包括孩子作业的评价和规划，以及孩子的健康保养，使家长对幼儿教育充满热情和信心，加入了"团队"，为幼儿教育发挥了积极的作用。

（3）注重开展多样化活动

在学前教育中，应该注重开展多样化丰富的活动，不断创新探索，给幼儿带来更多美好体验，激发幼儿自我探索的热情和创造能力，达到学前教育教研推广先进的教育理念的目的。比如，一些幼儿园通过主题式教学来丰富幼儿的课程内容和活动形式，以游戏和趣味，来激发幼儿的学习兴趣和自主能力，取得了显著的学前教育效果。

学前教育教研需要推广先进的教育理念，以推动学前教育的健康发展。只有在学前教育教研的过程中注重科学性和实践，实现科学推广先进的教育理念才能去更好地服务社会、教育幼儿。

（四）强化学前教育教研与实践的对接

学前教育教研不能脱离实际，需要与实践结合起来，通过实践的经验和反馈来优化教研系统，从而推进学前教育教研的深入开展。

1. 强化教育教研的联系

学前教育教研是促进学前教育连续性和协同性发展的重要途径，它既是教育改革的一个主要组成部分，又是推动学前教育质量得到不断提高的重要手段。学前教育教研的目标是通过教学研究、教师培训和教学改革，促进学前教育的发展。

强化教育教研的联系，是在教育教研和实际教学之间建立紧密的联系和协作。首先，教育教研可以为现实教学提供更深入、更专业的分析和解决方案。教育教研人员可以研究最有效的教学方法，探索儿童的学习方式和喜好，以促进教学效果的提高。同时，实践教学也可以为教育教研提供更实际、更具体的问题和情境。教师能够提供他们在班级中遇到的问题、教室环境和家长情况等，以帮助研究人员制定更符合实际需要的教研项目。

2. 案例分析

南宁市某幼儿园的教育教研中心，积极探索学前教育教研与实践的联系。教研中心研究了儿童在观察和表达能力、社交能力、解决问题和决策能力、语言发展和创造力等方面的发展情况及特点。随后，教研中心的成员与幼儿园其他工作人员进行了深入讨论。最终，教师将教育教研的成果转化为有针对性的教学活动，根据儿童的发展需求，计划组织教学活动，如活动室游戏、生活实践、音乐教育、体育游戏等，增进儿童的知识、技能和态度方面的全面发展。同时，为了更准确地推进幼儿园的教学改革和问题解决，教育教研成员还定期参加教学观摩和教师培训。

通过这些措施，该幼儿园成功建立了教育教研与实践之间的联系，从而使其教育教研工作更加科学，以提升幼儿教育质量和效果。

为了强化学前教育教研与实践的对接，我们需要采取一些措施。首先，要提高实践的有效性和参与性，增强教师的学前教育知识和专业技能。其次，加强教育教研项目的可持续性和深度,提高研究成果在实践中的转化率和应用率。此外,加强与家长和社区的联系,帮助家长正确了解儿童的发展情况和需求,为孩子提供更好的学习环境和资源。

总之,学前教育教研在教育改革中起着不可替代的作用,它可以帮助教育者制定有效的教育策略和行动计划,并促进学前教育工作的规范化和科学化。通过强化教育教研与实践的联系,可以加深对学前教育问题的认识,加速其发展进程,为儿童的全面发展提供更好的保障。

二、探索加强学前教育教研的途径

学前教育教研的目标是提高学前教育教学质量,探索学前教育的可持续性发展,为幼儿的身心发展提供更好的教育保障,为幼儿的未来发展打下坚实的基础。要实现这一目标,需要探索加强学前教育教研的途径。以下是一些具体的建议:

(一)建立专门的学前教育教研机构

为更好地开展学前教育教研工作,可以建立专门的学前教育教研机构,将教研资源和科研经费集中起来,共同推进学前教育课题的研究。同时,在建机构的过程中要考虑到在教研机构中的跨部门、跨地区的信息共享,和在机构和相关方面的协作和合作,为创造全面统一的教研体系保驾护航。

下面将以某市的学前教育教研机构为例,探讨建立学前教育教研机构的过程与经验。

1. 机构的设立

某市教育局对学前教育很重视,决定设立该市第一家学前教育教研机构。教育局在相关人员的协助下,成立了筹备组,开始着手推进学前教育教研机构的设立工作。

筹备组成员分别是市教育局正职、副职、市中小学校长协会会长、市民办幼儿园学前教育教研骨干、学前教育研究专家等人员。这些成员既有阅历丰富的专家,懂得学前教育教研工作的重要性,又有从教多年的教育工作者,这些人员都有着较高的知名度与影响力,在推进学前教育教研机构设立的过程中起到了重要的作用。

筹备组的前期工作主要是制定机构的设立计划及其工作方案、起草机构章程以及拟定预算方案和使用和管理规章制度等。筹备组成员根据各自的工作经验和知识水平，比对各省市学前教育教研机构的章程、预算以及管理制度，为该市学前教育教研机构找到最适合本市的设立模式和管理规范。

随着筹备组的不断努力，在历时三个月的时间内，筹备组成功组建了某市第一家学前教育教研机构。

2. 机构的管理与运作

（1）机构的管理团队：机构的管理团队非常关键，需要具有丰富的学前教育实践和管理经验，对于学前教育的各项政策法规有较强的了解，能够推进机构的各项工作。为此，该机构选聘了具有多年学前教育工作经验的教育总监和教研总监，协同工作。其中，教育总监负责机构的整体规划和管理，处理机构的日常事务；教研总监则负责机构的教育教研工作，由其牵头负责机构的教研项目、建设、推广等工作，并领导机构的其他教研人员开展各项教研活动。

（2）教研团队的建设：学前教育教研机构的设立，对于吸引、培养和留住优秀的教研人才具有重要意义。教研人员应具备良好的学术素养和研究能力，熟练运用先进的IT技术进行数据处理和分析，同时能够与幼儿园和学前教育机构及其师资团队积极进行对接，对教育科研跟踪热点教育问题，采取创新的研究方法探究学前教育工作的新领域，形成教育教研人才库。

（3）教研项目的开展：在机构的管理和运作中，教研项目的开展是至关重要的环节。机构应充分利用机构内部人员以及外部高校专家团队，组织有针对性的教育教研项目；结合地方契机，充分开发地方学前教育教育资源，积极参与国家级学前教育科研和教改项目，并策划、组织和实施实际的实证研究，推动学前教育专业发展和教改工程。

3. 机构的成效

该市学前教育教研机构成立一年以来，取得了一定的创造性成果。主要的成果包括：

（1）推动机构与学校的合作：建立机构与幼儿园、教育学院等各方面的合作机制，积极引导幼儿园师资团队发挥其优势资源，协助其提升教育教研水平，为学前教育教研的深入开展提供有力的支持。

（2）提高机构的社会声誉：机构依托该市教育局的强大支持，积极为全市的学前教育教研提供支持，形成了一定的实力和影响力，被市教育局认定为学前教育领域中的重要力量。

（3）研究设计"亲融环境"教育模式：教研总监从教育理论出发，结合市场现实，推出了"亲融环境"教育模式——这是一种基于日常生活的教育思维方式，为学前儿童提供一个教育学习环境，而这种环境必须是亲密的、融洽的。

（4）组织开展研讨会、教育讲座等活动：机构积极利用各种资源，组织开展多场研讨会、教育讲座等，以多种形式发挥知识组合的优势，真正为遍及全市的学前教育事业做出贡献。

此外，还有很多成效就不一一列举。

建立专门的学前教育教研机构，可以为整个学前教育行业提供更多、更有质量的教研资源，使整个行业更加高效、可持续的发展；同时，学前教育教研机构的建立也是在一定程度上强制学前教育教师与实际操作相结合，从而提高整体教学水平，为幼儿园的发展打下了坚实的基础。

（二）加大对学前教育教研的经费支持

政府需要进一步加大对学前教育教研工作的支持，为教研工作提供必要的科研经费和支持，这样才能保证学前教育教研的稳定和长久发展。同时，还需要支持学前教育教研机构开展国际交流与合作，通过吸收国际经验和教训，来不断优化自身的教研工作水平。

1. 政府应加大对学前教育教研的经费投入。

学前教育教研是学前教育事业的重要组成部分，它不仅关乎儿童的健康成长和全面发展，也影响着社会和经济的发展。然而，相比其他教育阶段，学前教育教研的主管部门和机构的支持力度相对较小，经费投入也相对较少。因此，政府应加强对学前教育教研的经费支持，包括公开招标、专项经费、科研基金等方式，以资助学前教育教研机构开展教育科研活动。这样，可以有效促进学前教育的教研创新与质量提升。

2. 政府应建立完善的学前教育教研机构体系。

在学前教育教研中，机构承担着重要的角色，他们是学前教育教研工作的中心，也是学前教育教研成果的阵地。因此，政府应加强对学前教育教研机构的建设和规范，建立统一的学前教育教研机构管理制度和财务监督机制，规范教育科研项目的批准、实施和成果转化，加强学前教育与科研机构之间的交流和协作，全面提高学前教育教研水平和实效。

政府和社会对于学前教育教研的关注和支持程度，直接决定了学前教育教研工作的成败。政府和社会应打破对学前教育的片面认识，充分认识到学前儿童身心发展过程的特点和重要性，支持学前教育教研工作，为学前教育教研提供平台和经费来源，让学前教育真正走上科学化、规范化和经验化的发展路线。

总之，加大对学前教育教研经费的投入力度是提高学前教育教研工作水平和实效的重要手段，政府应加强对学前教育教研机构、教师和科研项目的管理，支持学前教育教研的国际交流与合作，进一步提高学前教育教研工作的质量和水平，让学前教育能够更好地服务于儿童的全面发展。

（三）推行产学研合作模式

学前教育教研需要紧密结合产业需求，与行业之间建立合作框架，推动学前教育与产业发展有机结合，充分发挥教育的功能，实现学前教育的效益与产业价值，提高学前教育的社会影响力。例如，对于孩子遇到的困难，我们可以在现有的教育资源中，选择合适的教具或选择科技方法进行解决，或者与社会团体或企业合作，在社会上推广拓展合作，这些方式能够推动学前教育教研与产业发展的有机结合。

（四）营造良好学术环境

学前教育教研也需要建立学术激励机制，鼓励学者开展深入、系统的研究。在学者的评价机制中，应该将教育研究的水平和成效放在重要的位置上，支持学者开展多层面、多角度、多领域的研究，并鼓励学者在研究中具有创新精神和创新能力。只有通过学术的深入探讨，才能真正推动学前教育教研的发展。

（五）提高科技水平

随着信息时代的到来，科技发展已经对人类的各个领域产生了深远的影响，对于学前教育教研同样如此。在今天的数字化时代，学前教育教研可以利用计算机、互联网、大数据分析等技术，对教育研究进行广泛且深入的研究。例如，结合数字化手段对大量数据进行相关分析，可以对儿童的发展和学习提供更为量化和精确的表述，通过科技手段构建学前教育教研的相关方法，并将这些研究融入人工智能教育，这样将有利于学前教育的科技能力的提高。因此，提高科技水平是学前教育教研的重要组成部分。

加强学前教育教研对于促进学前教育的发展和提升学前教育的质量有着极其重要的作用。通过建立专门的学前教育教研机构、加大对学前教育教研的经费支持、推行产学研合作模式、推广先进的教育理念以及强化学前教育教研与实践的对接等策略，可以更加有效地促进学前教育教研的深入开展，为儿童们的未来发展奠定坚实的基础。

第二章　学前区域教研机制构建

第一节　学前区域教研机制构建意义与背景

一、学前区域教研机制构建意义

（一）区域教研对新课改的促进

随着课改的持续深入，打造特优教师队伍逐渐成为推进教育改革发展一项重点工程。为了保证教师能够真正承担起立德树人的教育重任，需要教育主管部门及各基层单位重视教师专业能力的培养，通过营造良好教育环境，构建有益于教师专业发展的区域教研共同体来促进本地区教师队伍专业素养的提升和教学水平的提高。幼儿园提升教学质量的传统方式主要包括研究发展取向以及场地为本取向两种基本模式。研究发展取向模式下，幼儿园改进行动计划一般处于依赖外在力量的被动发展地位，外在力量往往在幼儿园教学改革、教学资源配置以及教学策略的确定等方面起着决定性作用，是幼儿园教育改革的主体，教师及幼儿园在幼儿园教育改革中居于从属地位；场地为本取向模式下，主张幼儿园教育改革权力的回归，在这个过程中，幼儿园具有独立的主导及话语权，能够根据园所实际情况及所处地区特点、文化背景等进行教育教学改革，并以共同的学习愿景和学习目标为纽带建立的园际联合教研组织。作为指向教育教学实际问题和区域内教师发展共性问题的新型教研组织形式，它是新时期提升教师教育教学能力和教科研水平，是促进区域内教师专业发展的一种重要途径和有效抓手，具有非常宝贵的实践价值。为了促进区域教研共同体的构建，需要教育行政部门、教科研部门采取多种形式与策略推动幼儿园积极参与共同体建设，搭建各类教研平台，促进共同体内经验分享，推动教师专业成长，不断提升教师育人素养，以促进有益于教师专业发展的区域教研共同体良性发展，使幼儿园教育教学改革体现园本性以及可持续性。

新课程背景下，转变教研方式，提高教研工作的针对性和实效性，积极探索教研工作的新途径、新方式，是各级教研室面临的新课题、新任务。

（二）学前区域教研的作用宗旨

"区域"指向学前教育教研工作的界限或范围，按照学前教育行动计划的要求，由区级、市级、省级的教研工作责任区划分，国家层面目前缺失。"机制"指向区域学前教育教研的内部组织和运行变化的规律。

学前区域教研是落实《3~6岁儿童学习与发展指南》（以下简称《指南》）提升教育质量的重要举措，指按照行政区域将幼儿园划分为若干片区，以片区为基本单位，通过交流与合作、共享教育资源来实现优势互补、缩小发展差距、谋求片区均衡发展的一种组织形式。组织的建立不仅是获取特定目标的理性表达，组织所追求的目标和过程也蕴含着特定的价值观，这些规则、价值观不断塑造着组织，使组织逐渐制度化。所以，区域教研作为一种组织形式，同时也是由一系列不同类型制度所形成的实体。而区域教研制度从本质上来说是为推进和维持这一组织的稳定与持久，赋予区域教研以意义的一系列规则秩序和价值观念，具体来说包括规制性制度要素、规范性制度要素和文化—认知性制度要素。

区域教研活动开展的目的就是要提高幼儿园保教质量，促进幼儿教师专业素质的提升。通过区域教研活动的开展实现问题的解决、国际交流、保教研究成果的展示、教师之间的互动。并以共同体理论作为教师专业发展领域运用最广泛的理论之一，在构建幼儿教师区域教研上具有重要的借鉴意义，有助于区域间优势资源的共享和充分利用。依托学前区域教研构建幼儿教师区域学习共同体机制，以发挥政府、领衔园、名园长名师工作室、科研基地的示范引领作用，实现以学前教育发展共同体和幼儿教师学习共同体双轮驱动下的教师专业发展机制，形成具有可推广价值的学习共同体工作管理指引体系，构建高质量的幼儿教师队伍，助力区域学前教育整体质量提升。

（三）学前区域教研的关键

区域学前教育教研工作则必须立足区域幼儿园保教实践中的真实问题，明确教研工作的重点，建立健全工作机制，探索教研活动的模式和策略，凸显教研员、园长和教师在其中的主体地位。区域学前教育教研工作必须处理好几对关系．随着教研工作的改革和深化，从传统教研到园本教研，已经有了重大的转变。同样，区域学前教育教研也有了相应的变化，将公办园和民办园整体纳入学前教育教研的范畴。在工作中，有三对关系尤为关键。

1. 处理好制度和机制的关系

机制是管理工作科学有序的关键。《中国教育报》2014年3月5日有一篇文章《教研制度：理直气壮的中国特色》，讲述了教研制度从无到有、教研制度角色的历史转换、新时期呼唤教研深度转型，特别提到教研制度在提升教学质量方面起到了不可替代的作用。2015年全国教研工作会上提出了"面对全面深化课程改革、落实立德树人根本任务的新形势，教研工作战线必须结合实际，实现教研工作指导思想转型、工作任务转型和工作机制与方式转型"。南京师范大学虞永平教授在指导学前教育二期行动计划中也指出："保育和教育工作是幼儿园专业性的工作，也需要特定的机制来保障。""根据幼儿园数量和布局，划分学前教育教研指导责任区，安排专职教研员，定期对幼儿园进行业务指导。完善区域教研和园本教研制度，充分发挥城市优质幼儿园和农村乡镇中心幼儿园的辐射带动作用。"机制的成功建立，一是靠体制，二是靠制度。体制主要是指组织职能和岗位责权的调整与配置。制度广义上讲包括国家和地方的法律、法规以及任何组织内部的规章制度。可以说，通过与之相应的体制和制度的建立（或者变革），机制在实践中才能得到体现。

2. 处理好区域教研和园本教研的关系

园本教研是"以园为本"，强调幼儿园是教学研究的基地，这意味着要把教学研究的重心置于具体的教学情景中，因为教学研究的问题是从幼儿园教学实践中归纳和汇集的，而不是预设和推演的，所以要在幼儿园的具体情景中发现问题、分析问题和解决问题。但"以园为本"不等于"幼儿园单干"，区域推进的好处正在于在各级各类部门的分工协作下发挥各自最大的优势，从而能够使得效能得以最大化。

3.处理好教育目标和管理目标的关系

幼儿园的工作包括教育工作和管理工作。保育和教育幼儿的活动是教育工作范畴，指向的是教育目标。而组织协调保育和教育的工作是管理工作，指向的是管理目标。幼儿园工作目标包含了教育目标和管理目标，因此需要制定园所总目标，并将其逐步分解为部门目标、组室目标、个人目标，从上而下层层展开。反过来，也需要园长、部门负责人、各班组长、教职工分工协作，自下而上层层保证。区域学前教育教研工作要建立在园所工作基础之上，处理好由上而下的目标分解和自下而上的任务达成，方可完成区域教研工作的重点指向。

（四）学前教师区域学习共同体的构建机制

构建基于教师专业发展需要的区域学习共同体，是提升教师专业技能、职业认同感和归属感，探索区域教师专业发展特色模式的必经之路。我们应该从幼儿教师区域共同体的以下方面着手。

1.制订幼儿教师区域学习共同体的目标。

首先，学前教育共同体成立教师学习共同体，探索活动组织水平、科研能力、工作积极性三方面构建教师专业成长的有效路径，以此形成促进教师专业发展的参考方式。其次，通过教师专业发展，促进幼儿园办园质量的优化，为其他地区运用共同体工作方式提高学前教育质量提供参考。最后，深入研究学前教育发展共同体的内涵发展之路，探索在学前教育发展共同体以及教师发展共同体双轮驱动下实施教师专业发展共同体的具体方法，形成具有可推广价值的学习共同体工作管理指引体系，指引其他区域学前教育发展共同体工作。

2.构建幼儿教师区域学习共同体内容体系。

构建学习共同体"四大模块、三个梯队、两个结合、一个导向"的内容体系，其中"四大模块"是生活活动、学习活动、自主游戏活动、体育活动，"三个梯队"是新手教师、成熟型教师、专家型教师，"两个结合"是学前教育共同体和教师学习共同体相结合，构建基础学习、提升学习、高端学习多层次立体学习共同体。新体系可以给幼儿教师区域学习共同体注入新的活力。

3. 开拓新的幼儿教师区域学习共同体路径。区域学习共同体可以在区教育局引领下开拓多元化的学习路径，形成完善的学习共同体管理体系，弥补行政层面建立的教育发展共同体对教师专业发展指导不充分的缺陷。其路径有以下几点：首先，区级层面要根据教师的需要设计出新的教师专业发展培养计划，分层次进行培训，构建统一管理、体系化分层式的研训体系；其次，可以依托学前教育发展共同体开展课题研究，通过课题引领，以领衔园为带领，提升整个共同体教师的科研能力；再次，构建幼儿教师区域学习共同体网络平台，为教师专业发展提供技术和话语平台，提升教师的专业认同感以及职业追求。开辟新的路径可以破除旧机制，转换方式推动共同体的发展。

4. 打造一体化的幼儿教师区域学习共同体场域。

从区域层面搭建有效的学习支持平台，开拓幼儿教师学习共同体的场域深度，打造全方位一体化的学习共同体实施场域，如区科研培训基地、区中心教研组、名园长名教师工作室、幼儿园等场域。如此一来可以引导教师进一步拓宽自己的视野，丰富自己的认知，从而推动教师学习共同体的形成和发展。在探索区域教师学习共同体的构建实践过程中，笔者认为还应该重点关注以下几点：一是构建共同愿景和共享价值观，共同的事业是共同体的合作之源，共享的价值观可共同促进教师间的学习；二是教师之间秉持着平等的态度进行交流，这也是教师共同体得以发展的前提，以专注教师本人的自我提升与专业成长，彼此探讨、谦虚学习、共同学习；三是教师之间共享知识，分享宝贵的个人经验，以信任为基础和同行之间分享经验，建立真诚可靠的交流氛围，让教师群体之间实现真正意义上的帮助，彼此之间相互反馈和相互指教，积极发现自我，注重改正纠错，注重自我提升；四是集体创造与实践，教师群体之间通过跨时间、跨形式实现共同学习与合作，在各种可能的形式中进行对话、反思，在不同的合作者身上发现不一样的闪光点，打开新思路，从新颖的角度探讨问题的解决办法。这样可以从区域层面形成全区一盘棋，构建幼儿教师区域学习共同体机制，盘活现有资源，深挖教师专业发展潜质，打造培训场域完善、培训人员充足、满足教师职业发展需求、线上线下相结合的多元化终身学习型区域教师发展共同体。

二、学前区域教研机制构建的背景

(一)"区域教育研究"的起源

区域教育研究在我国的产生和发展,不仅是我国教育改革和发展提出的现实课题,而且受益于区域经济学(区域科学)研究在我国的发展。区域科学也叫区域经济学、空间科学,它是一门后起的新兴科学,在国外产生于第二次世界大战后的20世纪五六十年代,是适应国际与各国内部地域分工的深化,并针对国与国间、地区间经济发展不平衡的加剧而形成的,它是"研究如何建立国家经济区域系统,并按照地域分工与合作的原则来组织系统内各区域中第一、第二、第三产业的发展与布局,使之形成一个经济有机体的科学"。在我国,改革开放以后,尤其是在20世纪80年代后期,区域科学的研究开始兴起。进入20世纪90年代以后,区域科学在我国成为发展最为迅速的应用经济学科之一,1997年正式列入教育部颁布的学科专业目录当中,成为应用经济学的二级学科。

区域经济的发展促进了地方政府发展区域教育的积极性,区域科学很快就不再是经济学独占的领域,而是成为各种与区域有关的学科共同耕耘的沃土。我国的教育研究者很快就开始运用区域科学的原理与方法研究我国的教育了。1995年,焦风君在《区域教育论》一文中,对教育区域的构成要素、发展要素做了理论探讨。他认为,教育区域由文化教育中心、教育孕育腹地和教育协作网络构成;认为区域教育的发展要素可以分为四种类型,即原生性要素、再生性要素、流动性要素和管理性要素。

(二)国外关于区域教研的研究

由于不同国家的教育行政设置不一样,国外文献中对教研室下属的县(区)域学科教研单位并没有多少涉及,但是对于学习团队或者学习共同体方面却有较多的研究。国外对专业学习共同体的研究始于20世纪80年代末,当时美国教育学者认为:学习同体是一个团体,由学习者和合作者(包括专家、教师、辅导者等)共同组成,该学习团队构成是为了完成某一项学习任务。他们在完成该共同任务的过程中不断地交流、对话、协商,分享各种学习资源和经验。成员之间形成一种相互促进的人际关系。外国学者对教师合作共同体的研究涉及意义、特质以及实践操作三个方面内容。

一是关于学习共同体文化氛围方面的研究。如美国学者珊·罗森霍尔兹第一次提出了教师的工作环境对教学质量会产生一定的影响。教师间共同工作、彼此学习相互交流、分享知识的过程对每个教师个体成长影响较大。1991年富兰和哈格里夫斯也通过研究论述了教师工作环境的重要性。他们认为教师合作的环境和氛围可增加教师的确定性和归属感，当教师的专业发展变成一种集体共同行为时，教师个体则会更加积极地学习专业知识和技能。

二是关于学习共同体特质和建设意义研究。博耶尔1995年发表《基础学校：学习的共同体》的报告，他认为学习共同体应具有这样的特质：成员之间拥有共同愿景、有合作意愿、彼此进行交流、人人之间平等、遵守学习纪律、关注学员、有愉悦的气氛等。路易丝·斯托尔、雷·波尔姆、艾格尼丝·麦克马洪等人（2006）认为专业学习共同体有以下几个特质：有集体责任感、共享价值和观点、经常进行反思性的专业质疑、参与合作、形成团队与个人学习。霍德也提出教师专业学习共同体的五个维度，他认为教师参加学习共同体是促进其专业成长的有效路径。

三是从学习型组织的角度研究。这方面研究成果比较多。该类研究成果倡导改善教师群体的关系，该理论基础是系统论。代表人物包括圣吉·彼得、罗宾·布鲁克·史密斯、保罗·克拉克，以及他们的学习型学校、学习型系统等。霍姆斯小组于1986年提出建立教师专业发展学校（简称PDS）推进教师专业发展的建议，这种形式也逐步成为美国学校进行教师教育的主要形式之一。

（三）国内关于区域教研的研究

目前文献对区域教研研究并不多，但结合诸多文献中对学科共同体发展和教研机构转变两方面的研究，我们可以将两方面研究结合起来进行梳理并分析，这对区域教研以及教研共同体建设的研究有重要参考价值。文献中对地方教研机构及其引领下的学科共同体的研究，较多地集中在讨论其功能作用、操作方式、制度建设和经验做法等几个方面。

一是关于内涵的研究。有学者认为地区学科中心组"属县区教研室直接领导和指导下开展活动的正式性组织"；也有学者认为教研共同体是"学科骨干教师'工作坊'";有学者认为区域学科共同体的特质包括"学科愿景建立、学科制度建立、学科资源通用、学科平台共建、学科任务分合、学科成果共享"。他们认为县（区）域学科共同体是由相同或相近学科全体教师组成的教研一体化团队，它不是辖区内各校教研组的简单相加，而是一种基于协作关系的区域教研共同体、教师的学习共同体和发展共同体。该教研共同体建设是在新课程标准的引领下，围绕共同教学研究的主线，遵循教学资源有效共享的路径，以促进全体学科教师专业成长和学校平等发展为目的。其研究对象是新课程实施中各校面对的共性问题。教研共同体遵循"共建、共享、共赢"原则，实现资源共享，优势互补，促进辖区内各校教育均衡发展。

二是有关构建路径的研究。有学者倡导组建多元团队，形成教研共同体不同层次的组织网络，如构建"三级教研网络"（校本教研、连片教研、区域教研）。理论界对各层次教研团队研究也较多，其中要求团队成员明确分工、各司其职，以保证整体及片校教研共同体工作的正常有序进行。在建构中要求规范管理机制，抓细过程管理和监控，坚持发展性评价等。

三是有关功能价值的研究。理论界研究学科教研共同体作用，主要针对其所组织开展的大范围的教研活动效果，阐述其拥有价值意义。加强学科共同体建设，有利于打造教研一体化。它面向基层、针对性强，强化一线教师全员性、主体性、优化整合县城优质教育资源，积极发挥骨干教师在教改中的研究、指导作用，通过示范引领、同伴互助，促进每个成员的素质共同提高；强化成员间团队合作意识，为教师成长搭建了更大的交流平台，有利于教师开阔视野，增强合作意识、共赢教学资源；以学科中心组教研活动拉动基层学校教研教改、师资培训和教育科研，有利于推进各校校本教研的深入。通过示范带动、城乡联动、区域互动，深度融合、实现城乡教育均衡发展。有学者认为中心教研组在教研员授权下实行间接管理，任务包括制定教学管理目标（根据本区域学科教学情况，制定教学管理总体目标和具体工作任务，把各学科行动方案分解在日常教研活动中），教学管理包括（统一进度与要求，教学诊断，解决疑难，提炼策略并示范，提升工作热情）：微观层面包括对教研员工作策略、教研员培养、其他学科中心组成员的职责任务等。此外，还有对成员内部关系和加强团队建设研究方面的论述。

四是有关活动策略的研究。关于完善教研策略、创新教研机制方面研究，理论支撑较少，文献多为各地区经验性总结介绍。各地开展的教研活动丰富多彩，有基于主题式互动教研，有借助项目抓手，有依托名师工作室，有借助学科基地申报，有通过课题研究，也有依托现代技术、互联网助推网络教研共同体建设。活动策划人大多主张打破时空限制，创新教研平台，开展网络研修。从活动形式看，内容丰富，形式多样。以外出研修、同课异构、专题讲座、范课展示、抓好"三课"（说课、上课、评课）、送教下乡、调研视导、学科论坛、专项研讨、名师大讲堂、主题培训、基本功大赛、教研组评比、读书沙龙、课题研究等形式广泛开展；有教研员联系学校制度、蹲点调研制度等。

五是有关保障机制的研究。理论界普遍认为，建立完善有效的制度是县（区）域教研顺利开展的保证。包括组织保障（完善组织网络，成立领导小组负责策划、调控、考核、表彰；专项工作小组负责过程管理）；机制保障（立章建制、规范要求，保证县域校本教研的科学化、规范化和制度化）；民主制度保障（构建"开放、民主、高效"的教研机制，保护教师研究的积极性和创造性，增强教师职业自信，让教师大胆交流表达思想，充分肯定教师的研究，不能以权威束缚教师个人见解，给教师尽可能多提供充足机会和宽松的环境，让教师充分表现，不断创新）；人力保障（从学校遴选学科素养高、研究能力强、乐于敬业奉献的教师作为成员，完善考核激励机制，颁发证书，职称评聘优先，培训优先）；服务保障（集中各方面力量，形成整体服务合力，为教研工作开展创设良好的教研环境，提供经费以及良好的硬件等物质保障；完善奖励机制，充分调动和激发教师参与教研工作的热情）；等等。

从以上文献分析可看出，学界对学科共同体发展和教研机构转变两方面的研究比较多，也有少部分研究者提出"地区学科中心组"概念，但是很少有研究从构建区域教研共同体角度，探讨如何加强自身建设来推进区域教研发展。随着教科研训"四位一体"研训理念成为主导，县（区）级教研机构功能已经发生转型，教师发展中心等研训新主体出现，加上"互联网+教育"新时代的到来，县(区)域教研共同体和运行策略也要发生很大的变化。如何在时代和课改发展的新形势下，能够更好地探寻区域教研的实施路径，对教研机构工作方式转变和教研员的专业发展起到一定的借鉴价值，这是本研究的核心所在。

三、牡丹江市区域教研机制建设背景与现状

自《国家中长期教育改革和发展规划纲要（2010—2020）》明确将"促进教育公平"作为国家基本政策，把"提高教育质量"作为核心任务后，中共中央、教育部相继出台《中共中央、国务院关于学前教育深化改革规范发展的若干意见》《关于实施学前教育行动计划的意见》等文件，将普及有质量的学前教育、推进学前教育优质均衡发展确定为学前教育改革的主攻方向。

基于牡丹江市学前教育领域实际调研显示，区域学前教育发展尚存亟待解决的问题：

1. 优质教育资源不均衡

优质普惠性幼儿园数量不足。从布局结构看，2016年全市各级各类幼儿园共309所，公办幼儿园占比仅27.1%，乡镇幼儿园占比不足20%；从办园质量看，各县（市）区对民办幼儿园监管不够，大部分民办园管理不规范。办园水平差距较大。以游戏为基本活动的教育理念落实不到位，民办园、乡村园课程设置不规范，小学化倾向较严重。

2. 学前教研机制不完善

学前教研供给侧结构性改革不到位。教研大多自上而下地指令性指导，缺少"菜单式"服务，教研与教改不能有机结合、相互促进；学前教研参与度不均衡。市域教研频率高、农村教研频率低；公办园教研频率高、民办园教研频率低；学前教研开放度不够。幼儿园所内教研组织多以本园教师为主，园所之间缺少沟通交流，缺乏开放性和互通性。教研员队伍结构比例不当。数量不足，2016年调研显示区域内仅有学前教研员15人，无法兼顾全市309所幼儿园；专业引领力不强，40%为兼职教研员，53%的教研员为非学前教育专业毕业，55个乡镇没有专业的学前教研负责人。

3. 行政、教研沟通不畅，没有形成同向合力

各县（市）区教育行政部门与教研部门缺乏有效沟通合作，没有建立对幼儿园内涵建设、教师专业发展的有效机制。在师资提升、办园规范管理等方面尚未形成合力，诸如小学化倾向等难题得不到有效破解。

由此，必须通过区域教研机制进行改革与创新，提高教研质量，激发教研活力，实现教研指导全覆盖，调动幼儿园、教师主动性，进而缩小城乡间、园际间差距，推进学前教育优质均衡发展。

第二节 学前区域教研机制构建过程与方法

一、区域教研机制构建基本要素组成

区域教研机制中的不同要素并不是互不干涉、完全独立的，它们既是独立运行的个体，同时彼此之间又相互联系、相互配合，以一种要素为主体，另一种要素予以支持和配合，共同发挥着作用。但因为不同的要素有着独特的运行机制，并且促进和支持着各自不同的过程，所以区域教研制度中不同的基础性要素对于区域教研的运行和发展也具有独特且不可替代的价值。

（一）区域教研制度中的规制性要素

一提起制度，大多数人会将其与"制约""强制"建立起联系，甚至有人直接将制度和"制约"画等号，所以，制度中的规制性要素是大家较为熟悉的一部分。规制性制度的突出特征是强调外在的规制，如规则的设立、奖惩活动、监督活动等。经济学家史诺斯对于制度的描述较好体现了规制性要素的内涵："制度完全类似于体育运动的比赛规则，包括正式的、书面的规则，以及通常是非书面的行为律令……如果运动员违反正式的规则与非正式的律令就会受到制裁和惩罚。"就区域教研制度的规制性要素而言，集中体现在政府部门以颁布有关区域教研的法律法规或文件政策的形式，利用权力系统强制推行区域教研。如2014年，教育部等部门下发的《关于实施第二期学前教育三年行动计划的意见》中明确指出："根据幼儿园数量和布局，划分学前教育教研指导责任区，并充分发挥城市优质幼儿园和农村乡镇中心幼儿园的辐射带动作用。"

（二）区域教研制度构建的规范性要素

专业化支持规范性基础要素是制度建设的中间环节，在确立目标的同

时制定追求目标的适当方式。一般来说，规制性要素往往只是规定行动的方向和大致目标，但是对于直接指导实践的作用十分有限，而规范实则是起源并依附于规制性制度要素的，是规制性制度要素核心观念的具象化执行工具，它通常以各种标准、指南或者建议的形式出现。虽然区域教研通过的规制性制度自上而下予以推行，但各地具体该如何开展、责任区该如何划分、通过哪些形式开展活动、教研主题如何确立、开展的质量该如何保障等问题就需要进一步借助规范性制度要素来落实。区域教研的规范性制度主要有两种表现：一种是区域部门制定的关于地区开展区域教研的实施方案或指导意见。比如2021年，牡丹江市教育局印发《牡丹江市学前教育教研指导责任区实施方案》，将牡丹江市划分了六大责任区，并形成了以县区学前教育中心教研组为核心的三级教研网络，为区域教研进一步落地开展奠定了初步基础。另一种就是在地方教研员领导下制定适宜本地区的工作计划或指南，地区教研员需要了解区域内园所的具体数量或需求，并以此为根据设计区域教研的工作目标、实施思路、工作原则等，来确保地区教研有目的、有计划、科学有效地稳步推进。规范性制度并非一定是通过可视的文本来呈现，专业人士的参与指导是规范性更为直接的表达。所以，区域教研规范性制度的价值在于理清区域教研开展的思路和程序，为区域教研科学有效开展提供专业化的引导，使区域教研有章可循，扎实稳步推进。

（三）区域教研制度中的文化认知性要素

认知性要素是指人们对于某一行动的共同理解和信念，是制度的更深层次。人的内在理解是受外在文化所形成的，它可能受到一个人的经验、习俗、习惯或信仰的影响，所以处于不同文化情境的人对于同一事物或者行动的认识是存在差异的。区域教研制度中的文化—认知性制度不是以正式的文本和具体规则来呈现，它是大众以及制度制定者对于区域教研理念、价值的理解与认识，渗透到区域教研制度的制定、实施中。文化—认知的形成是一个漫长的过程，但是它一旦形成又是支配人自觉行动的稳定且持久的力量，因为人的行动不一定完全直接受科学认知的影响，内在的理解和信念在很大程度上支配着人们的选择。区域教研的价值与意义一旦被制度化为一种事实，作为客观实在的一部分而存在，就能够在此基础上直接扩散开来。所以如果大众能够形成关于区域教研的共同信念和理解，这种潜移默化的力量将会反过来巩固和强化规制性制度要素，成为区域教研持续开展的动力。区域教研则由自上而下的强制推行变成自下而上的自觉行动，且效果也远远超过强制性的约束。

二、新型区域教研体系的构建

（一）"传统"和"新型"的本质区别

"传统"和"新型"的本质区别，传统区域教研体系是"自上而下"的，有一定的强制性。是上级主管部门根据教育阶段目标和地方教育发展提出的要求。上级的指示要求：一是强制性，必须坚决执行；二是权威性，必须保证不折不扣地完成；三是行政性，应该使用行政措施来确保执行。可以看出，这种"自上而下"的教研体系并不利于调动所有区域内的教师的积极性，也不利于让教师结合学校和学生的实际情况进行教育、教学和研究。

我们要构建的新型区域教研体系是"自下而上"的，反映了教师和学校教学与研究的需要，教师在教育教学中存在问题有哪些，主要和有代表性的问题是什么，学校需要开展什么样的教学和研究，如何精准地处理和解决当下的教学困难和问题。根据不同标准和需要构建成不同的教研体系。常见的是根据学科不同构建或根据教师年龄结构构建成青年教师教研组、中年教师教研组等，或者根据需要和类型构建成班主任教研组、年级组长教研组等，并建设工作室、学科工作坊，"让最优秀的人才培养更优秀的人才"。工作室和工作坊从理论学习到读书交流，从问题研究到课例研讨，从线上到线下，基于问题，紧扣工作目标，突出学科特点，开展深入研究。依托区域教研，开展"好课堂"发现"好老师"活动。活动邀请各地知名专家参与，通过点评、讲座等形式，面向全区教师开放，以展示带培训，既为骨干教师的培养提供了可行路径，又促进了各学科各类型教师教学能力的提升，同时还增强了教师的团队意识。以教科研为抓手，促进教师专业素养提升。区域内广泛开展课题研究，鼓励教师在教学中发现问题、提出问题，集思广益解决问题，营造科研兴校兴教的教研氛围。遵循"先问题，后研究"的思路，采取"自下而上"和"自上而下"相结合的策略，开展区级课题申报、开题等系列活动，只有从问题到课题才能激发教师教科研的积极性，引领教师走上专业化发展的道路。

（二）新型区域教研体系的实施

1. 准确的角色定位。教师是开展教研活动的主体，优秀教师是教研活动的引领者；教师小组是落实各项教研工作最基础的团队，教师小组长是教师小组活动的组织者，任务是精心组织教师围绕本阶段主题进行多次研讨和反思；教研工作者是区域教研活动的领头羊，要深入进教师小组，参与各项活动，为制定切实可行的区域教研活动方案奠定坚实基础，搭建适合于教师专业成长的高效而实用的平台。

2. 丰富的活动开展。根据"确立主题—准备研究课—开展讨论—综合总结"的基本模式开展丰满高效的活动，允许每一个环节的变革与创新。比如如何确立主题，可在活动前进行大范围调查，真正找到适合的、有价值的活动主题，让老师们参与活动的每一个环节，充分调动每一个老师的积极性和研究热情，使活动真正成为解决教学问题的重要手段和途径。

3. 有效的反思提升。不反思的教研是没有深度的，不同的角色有不同的反思内容，比如活动实施者应重点反思教学过程有无落实，教学目标是否成功达到；而活动策划者则更应反思整个活动是否达到预期效果，是否解决关键问题，能否给老师们带来切身的专业提升。

4. 合理的推广应用。一个成功的教研活动可以成为一个模板，推广应用到更多不同的学科和领域，使之价值最大化。利用网络教学资源，提升教研活动效率，信息时代早已来到，网络教学资源铺天盖地，有效利用网络视频教学平台，建立视频教学资源库，是丰富新型区域教研体系的内容，增强新型区域教研体系的实力的重要载体。

5. 构建有效评价机制，促进教学共同发展。我们对新型区域教学目标评价改革进行了以下探索。一是评价内容多元化。既关注幼儿五大领域综合能力发展水平，也关注学生品德发展和身心健康；既关注共同基础，又关注个性特长；既关注学习结果，更关注过程和效率。二是评价方式真实化。强调评价目标的真实性和有效性，采用突击评估、现场反馈的形式，展现幼儿园日常教学管理最真实的样态。三是评价结果导向化。通过评价凸显日常教学管理同提高教育教学质量之间的关系，明确科学的教学管理是提升教育教学质量的保障。其中评价分四个阶段：第一阶段由教师对自己在教研活动中的得失进行自评，自我反思，自觉总结教学方法，判断教学效果，促进教师自我完善、自我发展；第二阶段是组内教师互评，通过互评，引导教师找自身优缺点，在教师之间形成良性的心理环境，营造团结合作、互相学习、共同提高的教学氛围；第三阶段为教研组长对组内教师及整个教研组进行综合评价；第四阶段为区域幼儿园的教学副园长再次评价。通过对评价结果的运用，使教师、教研组长及教学管理者明晰幼儿园日常教学管理，分析教师之间、教研组之间教育教学质量差异的原因，为教学指导提供科学依据；为区域内各幼儿园、各教研组之间的合作交流和共同学习提供样例，取长补短，共促共进。

三、具体实施方法

学前教育教研指导责任区是通过搭建共同学习、互助共赢的发展共同体，建立和完善教研指导责任区，形成教研工作长效机制，能及时解决教师在教育实践中的困惑和问题，是新时期推进幼儿园内涵发展和促进幼儿教师专业成长的重要途径，是贯彻落实《3~6岁儿童学习与发展指南》的重要抓手，是缩小城乡、县域、园际差距，实现学前教育均衡可持续发展的重要保障。

牡丹江市共有443所幼儿园，在县域内根据地理位置、管理水平、教研能力、保教质量等方面情况，以示范幼儿园为龙头，按优势互补、协作共赢、责任共担的原则划分为24个教研区域。市区内190所幼儿园划分为16个教研责任区，每个责任区都由一所优质幼儿园为龙头，按照一定的数量联合辖区内不同类型的公民办幼儿园，组建发展共同体，开展区域性研修。

（一）实践研究第一阶段（2016年3月—2017年7月）

1.探究问题成因，形成研究思路

结合牡丹江市区域性学前教育创新管理总体要求和学前教育教研面临的具体问题，通过调查研究、案例研究、行动研究，梳理了学前教育教研存在的问题，明确了"以人为本、协同共赢、资源共享、合作创新"的区域教研改革方向，形成了项目研究的基本思路。同时申报省级重点课题《名园带动促区域教研共同体构建实践研究》，助推此项目深入研究。

2.建立保障机制，构建教研网络

一是制度保障。联合市教育局启动"名园带动工程"，并面向牡丹江市下发《名园带动工程活动方案》《名园带动工程考核制度》。二是组织保障。组建由行政、教研、高校、幼儿园代表构成的项目研究领导小组和工作组，同时兼顾城乡间、公民办园间多维度融入，明确职责，细化要求，初步形成学前教育教研改革主体网络。

（二）实践研究第二阶段（2017年8月—2019年3月）

1.遵循问题导向，探索解决路径

采用实践研究、行动研究深入直属、县（市、区）幼儿园，调查了解教研活动开展情况。针对名园带动工作不实、示范园和民办园积极性不高、区域教研活动实效性不够等问题，研究组成员通过文献研究法、经验总结法，广泛学习有关区域教研共同体构建相关资料，内化融合创新，找到持续推进名园带动工程，扎实开展区域教研的有效路径——构建"二三四"区域教研机制，确立"五引式"教研模式。

2.地区实践检验，完善教研机制

"二三四"区域教研机制在宁安市、海林市、东安区率先进行实践检验。结合当地实际开展特色化实施，科学构建了教研指导网络，有效推进了教研机制落实。在海林市召开全市区域性学前教育创新管理成果现场会，总结提炼区域教研经验，面向全市推广。

（三）实践研究第三阶段（2019年5月—至今）

总结实践成果，面向省市推广

在充分试点实践的基础上，面向全市召开"名园带动区域联盟"成果推广会，物化研究成果，面向全市推广"二三四"区域教研机制模型；在省内展示"名园带动促区域教研共同体构建——四级联动教研"成果；召开"牡丹江市区域性学前教育创新管理培训者会议""牡丹江市区域性学前教育创新管理经验交流会"；编写并下发《牡丹江市区域性学前教育创新管理指导细则》《牡丹江市家庭教育指导资源》《牡丹江市学前教育宣传月活动专集》《牡丹江市安吉游戏案例选编》；在全省骨干教研员培训和国培班上做《创新培训研究与实践，助力新教师专业成长》《名园带动促区域教研共同体构建》《新时期学前教研工作转型的思考与实践》经验交流；成果被省教育厅网站专栏、今日头条、人民日报、极光新闻等媒体网站采用推广。

在"二三四"区域教研机制运行过程中，针对发现的对薄弱园和乡镇园指导不到位的相关问题，制定下发《牡丹江市学前教育教研指导责任区实施方案》，夯实各县（市）区教育行政部门和教研部门主体责任，实现区区有人管、园园有人带。

四、区域教研机制建设中的实践反思

（一）忽视制度推行的基础

要求划分教研指导责任区，并在区域内充分发挥城市优质幼儿园和农村乡镇中心幼儿园的辐射带动作用。实际上在推行区域教研之前，幼儿园之间就存在着一些自发建立的、互惠互利的传统合作组织和合作方式。幼儿园自发建立起的合作关系与区域教研的本质是一致的，传统的合作组织追求互惠互利的情况，区域教研追求协调发展，其目的和方式都是通过合作来进行优势互补，谋求共同发展。但是在推行区域教研时往往会忽视幼儿园原有的合作基础，单纯在区域内统一安排，以帮扶结对的形式来实施以强带弱，在一定程度上增加了制度推行的成本和难度。原有的合作组织是基于内部需要发起的，具有一定的稳定性，并且在园所之间已经形成了一些成熟合作文化和特有的合作方式，这些都可以作为区域教研制度自上而下推行的基础，尤其是合作动机的延续和合作方式的借鉴。所以，忽视原有制度基础的强制推行，实际上是抛弃原有的教研基础重新开始，这会使早已建立起合作关系的幼儿园因为重新建立新关系而产生一定的抵触情绪，无疑会额外耗费人力物力，同时效果也会打折。

（二）专业引领不足

保证质量的区域教研是落实《指南》，提升保教质量的关键。通过审视区域教研开展的质量和规范，反映出区域教研的规范性制度要素建设仍有较大的发展空间，尤其体现在组织领导和专业引领方面。首先，区域教研机制不健全。区域教研的开展既需要系统地统筹规划，也需要根据每个地区的实际情况去具体执行与落实。虽然地方教育部门出台了关于区域教研的规范或指导意见，但大都是对于操作程序的宏观概括，对于直接指导实践的还需要经过区域的转换形成具有操作性和适应性的计划方案。加上缺乏关于推进区域教研的成功范例和经验，所以在一些缺乏组织领导和统筹规划的地区，区域教研只是失去方向和路径的盲目探索，科学性和规范性更是无从保障。其次，教研质量得不到保障。区域会通过定期组织各种形式的教研活动来进行交流学习，在这个过程中教研员或专家的专业引领是教研活动有效开展的保障。在实际的教研中专业引领的缺失会导致教研质量的下降，通常会出现教研目标定位不明确、教研过程中无法有效识别真问题、为解决问题而进行的对话与交流不足、教研的"研"味不足等问题。比如，在一些园际交流活动中，通常会有经验分享和优质课展示活动，其目的是打破幼儿园之间的壁垒进行经验的分享与推广，但往往因为专业引领的缺失使经验的总结归纳、有效性评论部分弱化，使教研活动成为表演和展示的舞台，而其他参与者也是走马观花式的参观。同时缺乏专业引领的教研，存在更多是同水平的重复，教师无法得到真正提高，使得区域教研的价值与意义缺失。

（三）缺乏共同理解和信念

文化环境塑造认知，而认知影响行为的选择，参与教研活动的初衷反映出对区域教研的认知与理解。除了行政力量的强制约束促使幼儿园或者个体参与到区域教研，功利性是支配着个体参与区域教研的主要原因。首先，从幼儿园的角度来看，幼儿园的性质不同决定着他们的需求不同，所以对于参与区域教研的态度也不相同。一些民办园短时间内无法从参与教研的过程中获取直接的利益，因而缺乏热情和主动性，但为了得到政府的认可与支持不得不参与完成指派的教研活动。这种被动性参与不但丧失了教研活动的原有价值与意图，同时为应付检查而开展的教研活动效果也大打折扣。而相比之下公办园由国家财政支持，在平时也较注重通过开展园本教研提升教育质量和水平,对教研活动有正确的定位和认识,并且在教研活动中担当示范和指导的作用。其次,从幼儿教师个人角度来说,有的是为了服从领导的安排与指示而被动参与,对于区域教研的目的或价值漠不关心,缺乏将教研和自己的职业生涯、专业成长结合起来的自觉;也有一部分参与者过于看重功利作用,把区域教研当作个人职业晋升的工具和便捷的途径。所以,无论是从幼儿园角度还是个人角度来看,都缺乏对于区域教研内在本质的共同理解与认同,且呈现出文化认知的功利化现象,在一定程度上削弱了区域教研的文化价值。而一味依靠强制性力量予以推行的教研活动因缺乏支持与认可,其稳定性和成效必定会减弱。

第三节 学前区域教研机制的框架与内涵

一、学前区域教研辐射路径

(一)发现问题,查找痛点

确定教研主题通过邀请教研员、幼儿园一线专家、高等师范院校教师团队等前往幼儿园现场调研,深入交流、讨论教研及其教研辐射工作现状,发现问题、查找痛点,进而根据痛点问题以确定主题,进行研讨交流。从亟待解决的问题出发,聚集各方教育资源、群策群力解决教研问题,以此为契机,让教研责任区内教师受益。

(二)课题推进,解决疑难

通过课题设置的方式,将教研指导责任区建设工作和理论研究挂钩。教育局、教科研机构和龙头幼儿园均可设置若干课题,激发教师们的问题意识和研究意识,将幼儿园工作实践中遇到的问题,自觉记录、梳理,查找资料、结合专业理论,申报课题。课题审批单位从中筛选"真问题",摒弃"假问题",予以立项。教研指导责任区内的教师们形成研究共同体,在行动中研究,在研究中提升和改进教学、教育质量,以课题方式推动教师解决疑难,在实践中检验"真问题",获得"真知识"。

（三）"一对多"模式，因地制宜

实行特色教研所谓"一对多"模式，即集合区级共性教研、责任区个性化教研和园所特色教研于一体，通过对各类问题形成的专家引领、培训交流、主题研讨等，对教育实践问题实现各个击破，追踪研究。在具体问题具体分析的基础上，根据各自幼儿园的实际情况，挖掘本园优势资源，开展特色教研。

（四）专题合作，聚焦问题

实现升华理论根据每学期期初教师填写的教研需求表，梳理共性问题和个性问题，形成有目的、有计划的专题培训工作计划。聘请业内相关领域专家作为专题培训主讲教师，对相关内容进行系统讲解，结合教师们工作中存在的疑难问题进行解答，以理论指导实践，开拓教研思路，帮助教师进行理论升华。

（五）搭建平台，资源共享

落实常态辐射通过组织教师尤其是入职期和成长期的教师参与各类教研活动比赛，形成参训和参赛的长效专业成长机制，为教师提供常态化的观摩、研讨平台，有效支持教师的专业发展，提升教师专业素养和专业能力。

二、学前区域教研创新实践策略

（一）行政牵头，教研推进

要加强区域推动性，从政策、人员、组织、经费、平台等方面逐步推动学前教育区域教研活动。具体来说，教育行政部门要注重政策制度建设，为区域教研活动的开展提供相关政策保障；教研部门加强专业教研团队建设，确保每个教育行政部门都有幼教专业教研人员。

（二）健全体制机制

成立专门的学前教育委员会，为区域学前教育各项活动顺利开展提供行业协会支持；成立学前教育专项研究经费，为教研活动持续推进提供经费保障；健全教研体制，设置专项教研小组，保障教研活动运行更加专业稳定。

（三）构建教研网络

首先，在线教研平台，为教师提供便捷的教研渠道、沟通渠道、反馈渠道，还可以为教师提供在线学习培训机会。其次，还要加强区域教研的小片区带动性。具体而言就是以学前教育协会片区单位、片区优秀幼儿园为区域教研活动实地教研基地，以片区专业幼儿教研员和幼儿园骨干教师为引领，包含所有片区幼儿园教师在内，综合开展主体性、任务驱动型、问题式等多样化的教研活动，确保教师通过教研活动获得专业发展。

（四）加强园本教研

幼儿园要全员行动响应区域教研活动计划，幼儿园要在上级带动下积极开展各项教研活动，创新教研活动形式，加强园内教研活动的针对性和适应性，逐步形成具有自身特色的园本教研制度。

（五）建立保障体系

1. 完善制度保障体系。区域教育部门应该充分发挥引领和监督作用，逐步健全规章制度，成立督导部门实时监督区域教研活动的开展状况，根据教研效果确定区域教研活动的发展方向。

2. 同时构建实地教研平台和网络教研平台，为教师提供一体性资源共享、实时交流研讨渠道。

3. 学前教育委员会可以根据幼儿教师职业生涯发展状况，组织并开展一系列教师技能竞赛，如说课比赛、课件制作大赛、师德竞赛。

4. 幼儿园是实施学前教育的实体机构，要加强实际考察，根据儿童特点、幼儿园发展规划，改善教研活动，促进教研效果落实到生活中。

5. 专业教研员是学前教育教研活动的引领者，必须保障教研员数量和质量达标，教研员要根据区域教师的实际发展状况制定教研活动计划，注重以教师为主体，构建民主平等的教研氛围，激发教师参与教研活动的热情，真正促进教师的专业发展。

三、实施策略与辐射经验

关于幼儿园教研辐射经验方面，我们从健全制度体系、合理划分片区、强化问题导向、丰富教研形式等多方面发力,以提高联片教研活动成效,促进城乡学前教育均衡发展。

(一)项目引领,点、线、面分层推进

第一层面,从示范园、中心园或龙头园中选择一个试点,推行教研辐射模式。通过总结反思汲取教研活动开展及教研指导中的经验、存在的问题,共同研讨解决问题的策略,针对痛点问题展开教研活动及开展教研指导工作。以优质幼儿园帮扶邻近乡村民办园、薄弱园的方式,实现教研活动连片的提质增效。

第二层面,试点取得一定成效之后,县域跟进。在区域联片的基础上,进行同质联片,异质联片,实现区域联片中的"异化"与"回归",即在异质联片、同质联片中建构"对话""共享""同构"的机制与路径。

第三层面,实现全面推进。在片区内将教研工作经验、办法加以总结梳理,进行经验分享与交流。在这一层面上扩大了乡村民办园、薄弱园的覆盖面,着眼宏观层面教研辐射的统筹规划,驱动教研活动本土化、特色化、优质化发展。

(二)责任区协助指导,开展多种形式的教研活动

在责任区的协助指导,根据各幼儿园的发展需求、现实困境,通过主题研讨、"园际"会课、专题引领、互教互访等多种教研形式,结合与之相应的教研主题,切实为幼儿园及幼儿教师解决工作和学习中的真实困难与问题。此外,各责任区龙头园与责任园之间,实行轮岗制度,互派老师进行轮岗,相互了解沟通、学习借鉴,龙头园与片区园相互间得到充分的沟通与交流,有助于开展进一步的指导帮扶工作。

(三)专项资金保障,规划资金用途

从市级层面为各教研责任区拨付专项资金,用于支持教研责任区开展各类教育教研活动。采取"送出去、请进来"的人才培养模式,把国内、省内幼教前沿的研究专家、优秀的幼教实践工作者邀请到责任区开展专门培训;把责任区内的教师送到国内、省内优质园所学习其中先进的幼儿园管理、一线教学经验,多渠道促进教师能力水平的整体提升。

（四）资源管理中心统筹，中心园推进落实

建立资源管理中心，实现资源统筹安排。中心园制定资源管理制度、工作方案，结合现实问题和发展需求，合理调配人、财、物。通过对资源管理中心的合理规划，建立共享机制，打造共享平台，互通有无，相互补给，解决教育教研活动中的客观实际问题。

四、实践理论成果

牡丹江市在探索学前区域教研机制，通过对"基于优质均衡发展背景下，创新学前教育区域教研机制的研究与实践"进行理论探究，得出以下结论：

（一）明确了构建区域教研机制的内涵与动因

牡丹江市学前教育"二三四"区域教研机制以行政统筹、教研指导为引领，以示范园、核心园、联盟组园三级园所带动为抓手，以市级教研、县区级教研、片级教研、园本教研四级教研联动为支撑，构建了覆盖全市各级各类幼儿园的区域教研指导网络。

构建区域教研机制动因包括外部和内部两个方面，外部动因主要包括社会大环境的变化：学前教育改革、教研机制改革，区域教育行政部门和幼儿园管理层、区域教科研管理部门的推动；内部动因主要包括教研团队建设、教师自身专业发展、本土专家培养、幼儿园保教质量提升。

（二）明确了构建区域教研机制的理论价值

一是构建了"以人为本、协同共赢、资源共享、合作创新"的"二三四"教研机制，从教研活动运行机制研究，扩展到各层级教研体系运行机制的研究；二是理顺了行政与教研之间的关系，建立起行政、教研协同创新机制；三是制定并出台了一系列教研保障制度，形成了区域教研长效机制；四是构建了教研指导网络，实现教研指导全覆盖；五是培养了本土专家，打造一支"阶梯形、台阶式"教研发展团队；六是构建了由公办园、民办园、城镇农村园在内的区域教研共同体，整体提升了区域教研和园本教研质量。

（三）明确了构建区域教研机制的操作模型

组建研究团队，以"重实效、促双赢"为基本原则，以实践为基础，坚持"以人为本、协同共赢、资源共享、合作创新"理念，形成了"二三四区域教研机制"，即：行政教研双（二）协同，名园引领三带动、层级教研四联动。

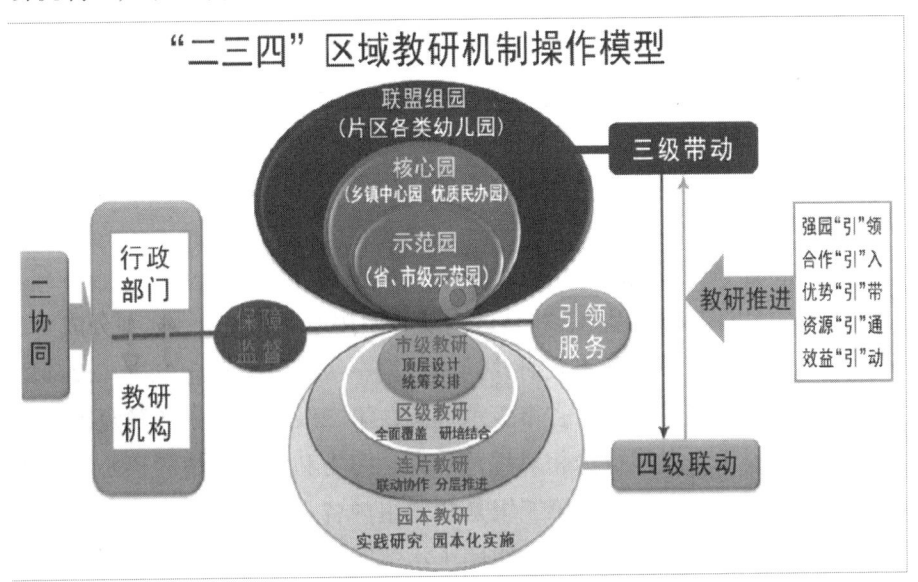

图 2-1 "二三四"区域教研机制操作模型

（四）实践应用成果

1. 建立了"二三四"区域教研机制实践框架

2011 年，实施第一期学前教育三年行动计划，启动"名园带动工程"。2016 年，启动"区域性学前教育创新管理"工作，将名园带动、区域联盟作为区域管理创新工作重要内容。同年，启动第二期"名园带动工程"，提出了构建区域联盟教研共同体的具体方向，完善了市、区、片、园四级教研体系，构建了三级带动四级联动教研指导网络，实施教研指导责任区制度，采取教研员分区负责制，实现了教研指导全覆盖局面。

"二三四"区域教研机制实践框架具体分解：

双（二）向协同——协同创新，引领方向，机制保障

建立行政、教研联合工作机制，市教育局和市教研院达成"分工合作、协商共议、互相补台"共识，协同引领区域学前教育发展。

一方面，行政牵头，健全保障机制。制定下发《牡丹江市名园带动活动方案》《区域教研共同体构建制度》《牡丹江市学前教育教研指导责任区建设制度》《名园带动考核制度》《区域教研指导管理制度》，设立名园带动工程专项资金，将名园带动、区域教研工作纳入教育局年度工作要点，并与幼儿园等级评定挂钩。

另一方面，教研引领，提升保教质量。教研部门积极配合做好全市学前教育发展谋划、国家省市级相关文件落实，推进区域学前教育改革、成果物化，充分发挥研究、指导、服务、评价职能。在这种运行机制下，促进了县（市、区）教育行政部门和教研部门的工作融合，形成共同发展、协同创新的良好局面。

三级带动——名园带动，区域联盟，网格覆盖

依托"名园带动工程"，将辖区内幼儿园按地域和办园性质划分成4~5个联盟组，形成区域联盟组教研共同体。第一级是教学理念先进，教师团队专业，办园规范的区域内省市级示范园；第二级是区域内各联盟组选出的教育理念科学、办园行为相对规范、有学习力和工作热情的核心园（乡镇中心园、优质民办园）；第三级是联盟组内各类幼儿园。示范园引领带动核心园，核心园引领带动联盟组园（示范园→核心园→联盟组园）。发挥示范园、乡镇中心园和优质民办园的主力军作用，通过开展"示范园+""乡镇中心园+""民办优质园+"模式，实现农村园教研全覆盖、城镇公民办园教研全覆盖局面。

四级联动——上下联动，融合共生，提质增效

四级即市级教研、区级教研、连片教研、园本教研。市级教研负责顶层设计、统筹安排；区级教研负责全面覆盖、研培结合；连片教研负责联动协作、分层推进；园本教研负责实践研究、园本化实施。四级教研既是由上而下的指导推进关系，同时也是自下而上的探索提炼过程。

二协同、三带动、四联动，是区域教研机制构建的三个驱动体，是一个不可分割的整体，二协同是基础保障，三带动、四联动是具体实施的路径与方法。必须三方驱动，共同发力，才能形成"以人为本、协同共赢、资源共享、合作创新"的区域教研长效机制。

为确保"二三四"区域教研机制的有效实施，在精准研究基础上，还创新构建了"五引式"教研模式。

2. 实施了"五引式"教研模式

（1）强园"引"领，建立点片连带机制

以县（市、区）优质公办园为中心，建立片区"引带"网络。选择条件比较成熟的"点"优先建设，选择有广泛共识的"面"大力推进，在区域范围内深化合作。自2016年起，各县（市）区以示范性公办园为领衔园，示范园园长为牵头人和管理者，制定了《名园带动行动规划》《名园带动考核方案》，通过行政部门的"督"，教研部门的"推"，名园的"领"，民办园的"跟"，形成了片区"引带网络"。

以民办园、乡镇农村园发展需求为核心，设计合作计划。每学期由市教研部门统筹协调，片区内幼儿园共同协商、制定合作计划。初步构建了"实地调研—审视差异—集中问题—共定专题—拟定计划"的实施步骤。并确保计划能够满足区域内园所发展需求。

以创互通互融模式为途径，建片区开放格局。片区内园所之间不设门槛、没有壁垒，能够通过定期座谈、定点送教、定园交流等机制，多层次、多渠道、多形式地推进区域互通互融，增强了民办园、乡镇农村园在联盟组教研中的"主人翁"意识，形成了片区相互连通的开放格局。

（2）合作"引"入，实施项目推动机制

基于实际需求，每学期市教研部门确立研究项目，公办园与民办园、城市园与乡村园携手共研。在实践案例中"悟道"，内化教育理念；公办示范园园长、保教主任走入民办园、乡镇农村园，实地诊断，点对点指导。通过头脑风暴、团体游戏、参与式研讨，每个人既是"参与者"，也是"合作者""主讲人"，做到取长补短，平等对话，互通交流。

依托项目研究，开辟联盟组网络教研直播间。建立网络教研平台，打破时空局限。通过"钉钉""微信""腾讯会议"等平台，组织开展"优质课推送""直播研讨""专家辅导""线上教研"等活动，实现了网络研培目标。

（3）优势"引"带，实行精准对接机制

充分发挥省市级示范园优势师资、优势团队作用，与园所需求对接，实施"送课到园""送管到园""研修到园""跟岗实践"。采取"个别引带、对口帮扶"机制，针对岗位职责同一性进行一对一指导。同时秉承"分层指导、精准帮扶"原则，形成梯级培养结构。

（4）资源"引"通，形成"双开放"资源共享机制

"双开放"一是指园所之间的开放，二是指资源开放。通常在片区内可共享的园所资源包括信息资源、知识（理论）资源、制度资源、设施资源、师资资源、管理资源、技术资源、环境资源、家长资源等，公民办幼儿园、城市乡镇农村幼儿园均可运用"资源需求—查找资源—调用资源—反馈建议—提供资源"的循环模式，实现资源共享，并形成动态的良性循环机制，实现互利互赢。

（5）效益"引"动，建立激励再生机制

以效益激发优质园"输血"，薄弱园"造血"，保障"二三四"教研机制长效持续发展。建立宣传奖励机制，进行绩效考核，通过督导检查、下园指导、年终考评等方式评优评先。并将民办园、乡镇园参与教研工作情况纳入幼儿园等级认定，激励园所主动参与联盟组教研活动的积极性，提升了教研水平，提高了保教质量。

教研部门定期召开教研工作会议，提炼成果，交流展示，进一步增强联盟组成员间的合作信心和专业发展成就感。

（五）成果反思与总结

1. 把握教学实践需求，推进区域教研制度重建

在推进教育教学改革的过程中，我们不仅要让老师们明白"为什么做"，更要让他们知道"怎样做"。由此，重建区域教研工作制度十分必要，因为它不仅关系到教师教研动力的生成，更关系到区域教研工作的有效落实。笔者以为，重建区域教研工作制度，应当突出"研究"、落实"指导"、强化"服务"、体现"参与"，在以下几方面着力：平等对话的教研员曾经都是非常优秀的教师，经验丰富，这是优势。但离开课堂以后，就不能认为自己还是优秀的教师。教研员必须了解教学实践的情况，不断积累来自一线的鲜活感受。因此，要建立平等对话制度，就要让教研员把日常的调研活动看成是一种与一线教师的专业研讨、学术对话、平等的交流和积极的互动，而不是在居高临下地指导，更不是在教学技能、技巧上"耳提面授"。此外，教研员还要主动开展与学生、学校领导的对话，及时了解学生对教育教学的需求，学校领导对教学的理解、困惑与困难，以便及时调整策略，改进方

法，拓宽研究的视野。关注常态 提高教学质量到底从何入手，教研室需要关注教师的日常教育教学行为，针对常态教学、常态问题进一步开展现场会诊、问题聚焦、教学展示活动，从而把问题点出来，把有分歧的点提出来，把有效的教学活动展出来。要让诸如幼儿自主、游戏化课程、以儿童为本、有效师幼互动等教与学的方式真正成为常态的教学行为，而不仅仅是所谓"公开课""示范课"的专利。通过建立常态调研制度，我们将会发掘、培育基于实践的有效的教与学的方式，使教育教学改革从形式的变化逐步走向内涵的发展。合作分享针对教师的教学实际及问题，教研员不仅要能够用最简单的语言和方法向教师描述如何改变，还要从教学案例中，不断提炼指导教师课堂教学改革的共性规律和原则。教师教学实践中的经验和困惑，不是因为学科的原因和年龄的不同而存在差异，往往是缺乏同其他教师的交流和学习。教研员的工作往往也不是因为自身的努力不够而产生差异，而是缺少与同事的交流、研讨和争论。区域教研不能再像原来一样，一人一条线，独立做好各自学科的工作就行了，而是要主动积极地进行交流。通过建立合作分享制度，有计划有目的地组织和开展区域教研的交流研讨活动，让教研员积极主动地参与到集体研讨中去，做到经验分享，困惑共释。

2. 追求"教学共成长"，推动区域教研方式转变。

区域教研过程中，教师参与的广度和深度，是衡量其有效性的重要指标。积极推动区域教研方式转变，创设并打造学生、教师和教研员共同成长的平台，会使教师广泛而有深度的参与成为可能。

对话：由单向指导向共同研讨转变"和教师一起备课，和教师一起上课，和教师一起研讨"，这是我们坚持多年的做法，它改变了在以往的区域教研活动中，较为关注的是教研员结合对教学的理解，提出对课堂教学的意见和建议等，转而更关注针对共性问题，教研员和教师共同研讨，协商解决。坚持由单向指导转向共同研讨，不仅能够有效解决实践中的问题，更会使教研员和教师产生共鸣，深入研究的意义更强。

调研：由专注集体教学向幼儿园一日生活发展转变，教师教育理念提升和教学方法转变是一个长期、艰巨的过程，绝不是一蹴而就的事情，需要教师在实践中不断提炼、内化。教研室也往往以提升教师教育理念，转变教师教学方式和幼儿学习方式为突破口，开展有价值的尝试和有发展空间的实践。为此，我们的日常调研不仅需要关注集体教学，更要加强教师对幼儿一日生活的组织与实施，五大领域核心经验在一日生活中的融合运用，有意识地指导一些教学骨干，通过不同层次的研讨活动，以教学研究课、示范课的形式给予推广，逐步实现教师教育理念的提升、教学方式和学习方式由形式的变化向内涵发展的转变。

碰撞：由个体力量向集体智慧转变。牡丹江教育教学研究院经常组织主题研讨和成果交流活动，如在"名园带动促区域教研共同体构建"项目实施中，组织县市区教研员、公办园园长，交流成果经验，开展大拉练活动，带领六县市、四城区视导员和教研员，直属公办园园长深入各县市区观摩名园带动工作成果，通过听汇报、查材料、看现场、组织座谈等深入了解名园带动工作具体成效，各县市区教育局主管局长、学前视导员、教研员、园长对当地学前教育发展通过点评和提问的方式进行深度交流和碰撞，有效促进了地区学前教育质量提升。

3. 构建区域教研专题，引领教研质量与内涵提升

专题教研意在区域教研"统筹规划，专题研究，分层推进"，从而使教研工作整合为一个过程，充分发挥区域教研的引领作用，提升教学研究的品位与内涵。以笔者所在的牡丹江市为例，我们在"集体教学活动有效性"研究的基础上，广泛开展品位课堂、品质课堂、品牌课堂的"三品课堂"建设的实践研究。我们采用组织推进、骨干引领、"众说纷纭"的实施策略，逐步推进，稳妥实施，推动了广大教师"三品课堂"建设的积极实践与研究。围绕"三品课堂"实践这一主题，组织了教师高层论坛、公开教学、教研员和教师同台上课、教研员学校蹲点、学科带头人示范教学等区域教研活动，努力通过"课例"和"言行"引导实践，使全市广大教师达成共识并在课堂中积极实践。开展"三品课堂""四优作品"评选，积累有品位、有品质、有品牌的课堂资源；拟定"三品课堂"教学评价标准，推动课堂教学真正发展教师，服务好学生。构建区域教研专题，实现了教研工作的重心下移、重点突破，促进了教研员工作思维方式的转变，同时提高了教研工作的效率和质量，也提高了学校的教育教学质量和教师的专业化水平。

通过实践我们认识到，健全和完善区域教研制度建设要体现出三个方面的特征，才能达成教研制度促保教质量提升的目的：一是全面性。制度

是执行各项工作的保障与前提,因此制度建设的面一定要广、要全,这样才能保障各项工作的顺利开展与完成。二是针对性。完善教研制度建设一定要结合当前教研中出现的问题有针对性地进行工作,这样才能有效地解决实际教研工作中的问题。三是可操作性。制度是为工作的开展服务的,只有具有良好的操作性,才便于执行,否则制度就成了一纸空文。

第四节　学前区域教研机制研究的成果创新

一、研究视角的创新

《基于优质均衡发展背景下创新学前教育区域教研机制的研究与实践》聚焦社会关注、人民关切的学前教育事业发展中的重点、难点、热点问题,加强协同创新机制的建立,着力破解区域学前教育发展不均衡、不优质、学前教研机制不健全、行政与教研沟通不畅,没有形成同向合力等制约区域学前教育发展的问题,为区域教研运行机制的建立提出了可靠建议。

通过实践我们认识到,健全和完善区域教研机制建设要体现出三个方面的特征,才能达成教研制度促保教质量提升的目的:

一是全面性。机制是执行各项工作的保障与前提,因此制度建设的面一定要广、要全,这样才能保障各项工作的顺利开展与完成。

二是针对性。完善教研机制建设一定要结合当前教研中出现的问题有针对性地进行,这样才能有效地解决实际教研工作中的问题。

三是可操作性。机制是为工作的开展服务的,只有具有良好的操作性,才便于执行,否则制度就成了一纸空文。

二、研究范式的转变和研究方法的创新

研究结合牡丹江市区域性学前教育创新管理总体要求和学前教育教研面临的具体问题,组建由行政、教研、高校、幼儿园代表参加的研究小组,通过调查研究、案例研究、行动研究等方法,有效汇聚创新资源和要素,充分释放"人才、资本、信息、技术"等方面的优势,打破层级壁垒,形

成了"行政教研二协同，名园引领三带动、层级教研四联动"的"二三四"区域教研机制。

为此我们提升观念，营造了浓厚的教研氛围通过开展"健全和完善区域教研有效机制的研究"，在全区各级各类幼儿园营造了浓厚的研究氛围，形成了以教研促保教质量提升的观念，具体体现在：重学习，完善制度，力争运行佳；重研究，提升专业，力争品位高；重指导，强化引领，力争质量优；重个性，谋求发展，力争特色新；重信息，整合资源，力争现代化。

三、研究成果的创新

研究成果适应时代发展要求，符合学前教研工作发展需要，提出了构建区域教研机制的内涵与动因，阐明了构建区域教研机制的现实价值，建立了"二三四区域教研机制"实践框架，实施了"五引式"教研模式，形成了市县片区相互连通的开放格局和区域教研长效机制，丰富且完善了学前教育教研体系，为区域学前教育高质量发展效力。

牡丹江市幼儿园在秉承传统的基础上，不断进行开拓创新，彰显出"以人为本抓管理、科教兴园创品牌、因地制宜创环境、个性教学创特色、拓展培训促提高、开放办园促发展"的六大园本特色。如：幼教中心幼儿园环境育人、活动育人、常规育人的"三育人"教育特色；教育实验幼儿园的"信息技术教育"……系列园本特色践行着"为孩子终身发展奠基"的承诺，让更多的孩子享受到优质的教育，推动了幼儿园健康、持续发展，涌现了一批先进集体、优秀团队及个人 通过健全和完善学前教育区域教研有效机制的研究，牡丹江市幼儿园和教师都得到了发展；牡丹江市被评为黑龙江省安吉游戏实验区；幼教中心等多所幼儿园被评为牡丹江市园本教研先进单位；多所幼儿园的教研组被评为牡丹江市优秀星级教研组；牡丹江市学前教育专业委员会连续三届被省学前教育学会评为先进集体。在教师专业发展方面，我区涌现出一批市、区级学科带头人、教学能手及市区级优秀星级教研组长；教师参加省市论文、活动方案、现场教学、交流展示评比屡屡获奖。

第三章 学前区域教研的实施与保障

第一节 行政保障教研机制运行

一、运行机制保障要素

首先，教研主体间的平等与共进是协同教研运行的前提。一方面，在多元化教研主体间形成一种平等的协作团队。在民主、真诚、互信的对话氛围中，从教研活动目标的制定、内容与方式的选择到评价方案的厘定等诸多环节都需以民主协商的方式进行。在具体的教研活动中使身处教研现场的每一位参与者都有陈说自己的意愿、阐述自己对教研活动看法的权利，以及分享个人资源、遵守活动规则的责任意识。当参与者的意愿被接纳，参与教研活动的热情被激发，同伴互助的紧密关系渐趋形成后，他们会逐渐感受到协同教研给自身发展带来的机遇，当这种获得感和存在感越来越强时，他们就会对群体产生更强的归属感，归属感越强就越有助于教研协作单元的产生。另一方面，在差异化的群体间通过交互作用，促进异质成员共同进步。不同幼儿园的校级教研活动的参与者是多元的，他们在学科背景、专业能力、思维观念、发展愿景等层面具有显著差异。而差异是一笔宝贵资源，正如佐藤学所说，"人与人之间的进步就在于差异之中"。因而，应有益吸收这些差异并促进差异资源的有效转化，使参与者之间能够通过常态化的交互作用不断启发对方，吸收彼此所长，形成多学科视角分析教学与课程问题的思维与习惯，并将所学内容进行内化和应用。在这种相互启迪的教研过程中，每一位参与者都将获得成长。

其次，教研主体兴趣的激发与满足是区域教研运行的条件。"兴趣是个人对某一活动的一种积极认识倾向和情绪状态"，"兴趣驱使人指向愿意接近的对象，驱策人对事物进行钻研和探索，给人以机会去发现事物的新线索，从而有利于人进行建设性的、有新意的活动"。区域教研活动的顺利运行需要的是参与者的主动意愿，带着积极的情绪、内在的需要和探究的投入状态从事教研活动。区域教研活动的运行需要走出肤浅、外在、短期的"GDP"窠臼，使参与者在教研活动中产生内在的需要，形成多元化、持久的兴趣。这种兴趣是与参与者的教育教学实践、成长需要和体验密切关联，与学生的发展需求和学校的现实变革紧密相关，是发自参与者的内在意愿，而非他者的、强权的要求。因此，区域教研关注的是参与者的内在意愿和兴趣，关注的是参与者在教研活动中的归属感和幸福感，特别是乡村教师及偏远园的需要和兴趣应该得到最大程度的关注。只有调动乡村教师的教研自主性和热情，让他们在活动中能够体验成长的快乐和幸福，树立主体性观念，他们才能更加主动地参与到活动中，不断改进自身的教学行为，优化自身的教学观念，区域教研才可实现助推教师专业发展和乡村学校变革的目标。

最后，直面教学实践中的现实问题是区域教研运行的关键。教学问题或疑惑是教研活动参与者在自身的教育教学实践中，因与原有的知识体系、认知方式相矛盾而产生的正常现象。它是区域教研必须解决的问题，是提升教学能力必须面对的问题。

二、具体运行实施策略

2011年—2013年，经过第一期学前教育三年行动计划，我国基本解决了"入园贵""入园难"问题。2014年，第二期学前教育三年行动计划启动。此时，我国学前教育已由结构增长过渡到向内涵发展转变阶段，学前教育进入了高质量发展的快车道。牡丹江市学前教育在实现国家学前教育发展总体要求上还面临着一些困难。首先，各县（市、区）对学前教育改革发展重视程度不够。受地方经济状况影响，牡丹江市学前教育发展资金短缺，公办园和普惠性幼儿园资金投入不足，限制了公办园和普惠园的发展。其次，学前教育属于非义务教育，公办园教师差额拨款，教师数量配备不足，幼儿园中专任教师中50%以上为聘任教师，这些都为公办园发展带来压力。全市公办园占比仅27.1%，民办园占主体。各县（市、区）在对民办园管理和指导上还缺少重视和有效措施，民办园处于一盘散沙状态，且有一些黑园还没有得到解决。

在这种情况下，要推进牡丹江市学前区域教研机制建设，提升学前保教质量，需要对区域教研管理工作重新布局调整与合理规划，鼓励优质资源发挥辐射示范作用，加大对基础薄弱园的扶持，并将无证园纳入全覆盖教研体系，实现对所有园所、所有教师的教研全覆盖。这样一个重大调整单单依靠教研部门是很难完成的，还需要借助教育行政力量，科室联动，提供政策、机制、人员和经费保障，才能推动区域教研机制创新，教研指导全覆盖的真正落实。

牡丹江市在促进学前教育质量优质均衡发展过程中始终做到行政教研双向协同。市教育局与市教研院共同研究制定牡丹江市《学前教育三年行动计划》《"十四五"学前教育发展规划》等学前教育重要文件。在推进牡丹江市学前区域教研机制建设中也出台了一系列重要的制度和文件。

（一）区域教研纳入区域创新管理

牡丹江市教育局于2016年牵头下发了《关于牡丹江市区域性学前教育创新管理的指导意见》，意见中进一步明确工作目标、职责分工、评估标准等，将区域教研和名园带动工作开展情况纳入园区域创新管理工作和幼儿园考核评定；研究制定《牡丹江市名园带动活动方案》《名园带动考核制度》，建立区域性研学共同体，明确活动内容与管理要求，设立专项经费支持协作组开展活动；下发了《牡丹江市学前教育教研指导责任区建设制度》在人员编制紧张的情况下，仍积极想办法，为学前教研室争取增编，积极引进学前专业的人才，学前教研室由原来的3位专职教研员增长到5位。在"名园带动项目"启动实施中，每年拨专款用于鼓励示范园引领和辐射作用发挥。

（二）现场会推进区域教研机制建立

2017年11月13日，牡丹江市学前教育区域管理现场会召开。

会议总结宣传了海林市在区域学前教育管理和教研机制创新工作方面的经验。提出了："双协同、三带动、四联动教研机制"并形成了"五引式"教研模式。

三、大拉练促进区域教研高质量发展

2019年4月—5月，市教育局与教研院联合组织拉练活动。深入六县、市四城区，历时一个月。学前教研部认真策划筹备，深入各县（市）区指导区域教研工作并带领大家互评研讨，通过听、看、问、查、议等方式了解各地具体做法和经验，到核心园和牵手园实地查看区域联盟组教研活动的开展现状以及幼儿园规范办园情况。精准查找问题，总结典型经验，形成了《名园带动研究报告》直接促进了牡丹江市区域性学前教育创新管理大拉练活动的开展。

各县（市）区教育局主管局长、教师进修学校主管校长、教研员、视导员，核心园园长形成行政教研双线管理团队，深入到各县（市）区、幼儿园检查机制落实情况。实现以评促建、以评促改，评建结合，重在建设。全面推进"第二期名园带动工程"促进牡市学前教育内涵发展。

活动中听取各县（市）区教育行政部门、教研部门的工作汇报。如：规范幼儿园办园相关行为、治理小学化倾向、名园带动、区域教研、教师队伍建设、幼儿园内涵建设等方面创新性的经验、做法及存在问题、意见和建议。现场抽查幼儿园。针对《考核细则》逐条逐项地对照检查，对未能达标的问题进行认真记录整理，为下步整改工作明确了目标方向。现场组织座谈。市教研员、省市级示范园园长，反馈幼儿园 管理、保教质量、教育教学等方面工作的亮点和问题。同时各县（市）区互动交流、学习借鉴。活动凸显了教研促进科学管理、规范管理、精细管理的突出作用。由业务指导促进管理的专业化，一改幼儿园管理漏洞，促进幼儿园的相互学习，优质经验推广。如：绥芬河市效仿海林市幼儿园改进安全门；东宁市学习绥芬河市建立幼儿园星级认定挂牌制度。幼儿园中一些错误的做法也自动消失，自行整改。

第二节　完善教研指导网络

2014年，教育部牵头出台的《关于实施第二期学前教育三年行动计划的意见》中提出："划分学前教育教研指导责任区，完善区域教研和园本教

研制度,充分发挥城市优质幼儿园和农村乡镇中心园的辐射带动作用。"2017年,《关于实施第三期学前教育行动计划的意见》进一步要求:"加强学前教育教研力量,健全教研指导网络。"2018年,《中共中央国务院关于学前教育深化改革规范发展的若干意见》提出,要"完善学前教育教研体系,健全各级学前教育教研机构,充实教研队伍,落实教研指导责任区制度,加强园本教研、区域教研,充分发挥城镇优质幼儿园和农村乡镇中心园的辐射带动作用,加强对薄弱园的专业引领和实践指导"。中央的一系列决策部署把学前区域教研工作把其提到了前所未有的战略高度,为新时代学前区域教研工作明确了主攻方向和着力点。

一、教研指导责任区建设

牡丹江市依托教研指导责任区建设,构建教研指导网络提升区域教研、园本教研质量。教研指导责任区是充分考虑幼儿园类型、数量和布局,遵循以强带弱、民主平等、合作创新、优势互补、协同共赢的原则,以优质幼儿园为核心引领,搭建共同学习、互助共赢的发展共同体,组建覆盖辖区内所有公、民办幼儿园的教研指导责任区,形成教研工作长效机制。

为推进牡丹江市园本教研、区域教研制度建设,充分发挥城镇优质幼儿园和农村乡镇中心园的辐射带动作用,加强对薄弱园的专业引领和实践指导,促进牡丹江市区域性学前教育创新管理,提升牡丹江市各级各类幼儿园保教质量。牡丹江市教育局牵头,下发了《牡丹江市学前教育教研指导责任区实施方案》。

(一)行政牵头,压实主体责任

坚持实行"行政部门负责、教研部门管理、基层单位联动"的区域管理机制。组建"学前教育教研责任区领导小组",制定"学前教育教研指导责任区行动计划",建立"学前教育教研指导责任区质量监测和评价机制"。统筹安排教育教研指导责任区活动,监督、督促活动的进展情况,组织定期开展总结、交流活动以及活动质量的评估、评价等工作。

(二)教研指导,保障活动质量

教研部门负责调研、指导责任区具体工作情况,及时反馈责任区工作开展情况，为行政部门决策提供合理化建议。在活动中做好指导、引领工作，将责任区教研工作纳入年度教研工作计划，指导各小组制定更加切实可行的活动方案，准确把握方向，保证活动取得良好的成效。克服教研员数量匮乏等不利因素。同时，加强教研员专业水平和提升教研员责任意识，教研员在所负责片区应发挥指导作用，带领园所加强园本教研、区域教研，及时解决幼儿园教师在教育实践过程中的困惑和问题。

（三）配足教研员，落实负责人

完善学前教研机构，配备一定数量的专职教研员，依靠优质园的力量，聘请实践经验丰富的优秀师资作为相关兼职教研员，把每个片区或乡镇每所幼儿园的指导责任落实到具体的人，做到层层有人管，园园有人抓。

（四）合理划分区域，创新联动模式

各县（市）区建立分层指导，分级带动机制，发挥示范园、公办乡镇中心园和民办优质园的主力军作用，通过开展"示范园+""乡镇中心园+""民办优质园+"的模式，实现农村园教研全覆盖、城市公民办园教研全覆盖。明确各级教研工作职责，形成以教研室为点，以责任区为线，以幼儿园为面的教研链条。

（五）突出园本教研，夯实幼儿园基础建设

学前教育教研指导责任区的基本任务之一是要提升幼儿园园本教研的能力。幼儿园是教研工作的实践基地，要从幼儿园的实际情况入手，结合幼儿园的需求，确立园本教研主题，从幼儿园的实际出发，切实解决幼儿园亟待解决的问题和教师们当前的困惑，以更好地满足民办园和农村园的需求，在研究中发挥全体教师的积极主动性，做到全员参与。让园本教研更广泛、有效地开展和落实，切实推进幼儿园的整体发展。

（六）加强制度建设，保障工作成效

各县（市）区结合本地区实际情况，建立责任区建设相关管理制度体系，形成有效的考核评价机制，每学期制定各层级责任区工作计划，成立督导小组，每年对责任区工作进行考核评估，并及时总结经验、查找问题、及时调整工作方向和方式，以确保责任区工作达到实效。

二、四级教研体系完善

随着区域教研工作的开展，牡丹江市建立起"市—区—片—园"四级教研管理模式，有效缓解了教研人员少、园所规模大、教师数量多等带来的压力。为加大对薄弱园、新建园、民办园、无证园的关注与扶持，考虑资源整合、优势辐射、帮扶联动，各区对片组进行了更为合理的划分。

牡丹江市学前教研室2017年联合成立五大领域联盟，组织集中培训：教研员深入基层幼儿园，对目前幼儿园区域活动现状进行调研，梳理出区域活动中存在的问题，并针对问题组织开展业务园长和骨干教师培训，明确初期研究方向。自主研究：各幼儿园以园为单位通过理论学习、园本教研、撰写区域活动计划、教师观察记录及案例分析、交流评比等方式面向全员开展"主题背景下区域活动研究"。联片教研：结合名园带动工作、各县市区组织开展围绕本主题的联片教研活动，充分体现两级带动，即：市直属省级示范园带动各县市区示范园，各县市区示范园按区域划分带动相关幼儿园。成果汇报：市直属幼儿园和各县市区，组织本园和本地区参与研究的幼儿园开展成果汇报。交流展示：从市直属幼儿园和各县市区成果汇报当中选取优秀的研究成果面向全市进行展示。采用五种形式开展教研培训，为推进全覆盖教研工作，依据"名园+新园、公办园+民办园、强园+弱园、城区园+农村园"的基本原则，依托6所示范园成立6个教研共同体，园所覆盖面大大增加，有利于促进薄弱园所的发展，从而进一步提高全市的学前教育质量。有些县区由于园所数量多，为使"纵向深入"得以贯彻，在片区内又进行再分组，直到园级层面，形成多层管理模式。

再如宁安市在4个片区16个学区构建"三级联动深度教研"模式，组建10个教研指导工作坊，重点面向"基础较为薄弱、保教质量亟待发展、研修主动性不强"的20所幼儿园；借助区域游戏项目、课程领导力项目及学科领域研修项目建构教研基地，针对有共性需求的园所，形成以基地为中心的连片教研，营造了开放互融的片区教研氛围。

三、区域联动教研案例

在牡丹江市四级联动教研指导下的教研指导责任区及时解决教师在教育实践中的困惑和问题，是新时期推进幼儿园内涵发展和促进幼儿教师专业成长的重要途径，是贯彻落实《3~6岁儿童学习与发展指南》的重要抓手，是缩小城乡、县域、园际差距，实现学前教育均衡可持续发展的重要保障。

以新冠疫情使幼儿园延期开学四级联动教研为例，牡丹江市学前研培部积极发挥服务、指导职能，采取"云教研"的方式陪伴教师成长，帮助幼儿园把握发展方向，杜绝线上教学和小学化现象，提升教师家庭育儿指导能力。

（一）了解需求 应用技术促进公民办园整体发展

转变研培模式，积极谋划设计线上网络教研形式和内容，运用腾讯会议、微信、钉钉等多种技术手段组织线上研讨，利用钉钉平台以直播的方式开展主题教研，引领全市幼儿园把握家庭育儿指导方向。

为确保牡丹江市各级各类幼儿园正确领会国家文件精神，杜绝幼儿园线上教学和小学化现象。学前研培部第一时间撰写了《给幼教同仁的几点建议》，同时组织市直属幼儿园整理《牡丹江市幼儿园疫情时期活动集锦》，结合调研过程中幼儿园提出的问题定期推出"你问我答"栏目，利用美篇和公众号发送给全市各级各类幼儿园。为幼儿园把握方向、共享优质资源，为老师和园所答疑解惑，帮助民办园、农村园缓解疫情压力，确保疫情防控期间牡丹江市各级各类幼儿园线上家庭育儿指导工作科学能够有序推进。

（二）典型引路互动研讨关注家庭育儿指导实效

幼儿园线上活动推送近一个月，我们发现活动越来越丰富，有游戏、劳动、美食、绘本阅读、音乐、手工……当然还有一些疫情方面的宣传等，感觉活动热热闹闹，老师们付出了很多辛苦。可遗憾的是，我们看不到活动中老师对家长的专业指导，看不到一个活动的深入开展和老师对活动过程中幼儿发展的关注、评价。

因而学前研培部通过对个别幼儿园活动的跟踪指导，拿出典型案例与大家分享研讨。幼教中心——"线上心连心共架家园桥"，让老师们可以看到线上家访活动周密细致的设计安排，拉近老师、家长和幼儿之间的距离，教师真正走进每个家庭，全面了解每个孩子；教育实验幼儿园——"战'疫'时代用适宜的教育方式指导'特殊时期'的家庭教育"，让老师们学会运用调查问卷进行科学数据分析，用科学的方法、科学的态度真实地了解家长的需求和感受，有的放矢地开展家庭育儿指导工作更有实效；教育第三幼儿园——"宝贝战'疫'营居家乐成长"，让老师们清晰地看到一个游戏的推送需要深入研究《3~6岁儿童学习与发展指南》和幼儿发展特点，经过团队集体的智慧有质量地推送。

（三）联动教研专家引领把握家庭育儿指导方向

为了带动全市公民办幼儿园共同发展，牡丹江市采取市、县（市、区）、园三级联动教研模式，疫情时期各层级教研组多次开展线上教研活动。为了更准确地把握工作方向，我们邀请省教师发展学院学前研培中心主任黄慧兰、幼教教研室主任孟繁慧参与牡丹江市以"延期开学，幼儿园应如何做好家庭教育指导工作"为主题的教研活动。活动中两位专家聆听了牡丹江市幼儿园的经验介绍，孟繁慧主任做了题为《延期开园背景下幼儿园家庭教育指导资源建设实施策略》的微培训，黄慧兰主任对相关活动做了全面的点评。全市 2800 余名幼教同仁和有关领导参与了此次活动，专家的高位引领为牡丹江市幼儿园家庭育儿指导工作厘清了问题，指明了方向。

（四）他山之石学习互鉴让家庭育儿指导专业化

在带领牡丹江市幼儿园自主教研的基础上，还经常有选择地给大家推荐专家讲座、公众号文章，组织大家一起结合学习内容进行研讨。例如：南京市鼓楼幼儿园园长介绍的《鼓楼幼儿园的战"疫"行动》让教师们在疫情之初学习了如何开展线上活动；黄慧兰主任的讲座《解读幼儿助力解锁科学育儿密码》让老师们了解到了更多幼儿的发展特点，可以用专业知识更好地为家长答疑解惑；华爱华教授的讲座《基于儿童视角再思考：疫情影响下的托幼机构科学育儿指导》让老师们茅塞顿开，反思并调整家庭育儿指导方法，思考如何让幼儿和家长成为居家活动的主体，教师学会观察、倾听、适时指导。这样的学习研讨让我们教师渐渐沉下心来，学习和借鉴其他地区园所好的做法，反思自己工作中的不足，教育理念逐步转变和提升，大胆尝试对不同家庭育儿进行个性化指导，专业能力得到快速提升。

第三节　优化区域教研共同体

一、依托名园带动工程，构建区域教研共同体

牡丹江市依托"名园带动工程"，将各县区辖区内幼儿园按地域和办园性质划分成4-5个联盟组，形成区域联盟组教研共同体。第一级是教学理念先进，教师团队专业，办园规范的区域内省市级示范园；第二级是区域内各联盟组选出的教育理念科学、办园行为相对规范、有学习力和工作热情的核心园（乡镇中心园、优质民办园）；第三级是联盟组内各类幼儿园。示范园引领带动核心园，核心园引领带动联盟组园（示范园→核心园→联盟组园）。发挥示范园、乡镇中心园和优质民办园的主力军作用，通过开展"示范园+""乡镇中心园+""民办优质园+"模式，实现农村园教研全覆盖、城镇公民办园教研全覆盖。

（一）建立区域教研网络，实现教研指导全覆盖

以县（市、区）优质公办园为中心，建立片区"引带"网络。选择条件比较成熟的"点"优先建设，选择有广泛共识的"面"大力推进，在区域范围内深化合作。自2016年起，各县（市）区以示范性公办园为领衔园，示范园园长为牵头人和管理者，制定了《名园带动行动规划》《名园带动考核方案》，通过行政部门的"督"，教研部门的"推"，名园的"领"，民办园的"跟"，形成了片区"引带网络"。

例如：宁安市，将辖区内63所幼儿园（公办园44所、民办园19所）按照幼儿园地域和幼儿园办园情况划分成5个片区。以省级示范园——幼教中心为核心园，带动五个片区的动力组园（8所），动力组园带动片区内幼儿园。

名园带动活动以民办园、乡镇农村园发展需求为核心，设计相关合作计划。每学期由市教研部门统筹协调，片区内幼儿园共同协商、制定合作计划。初步构建了"实地调研—审视差异—集中问题—共定专题—拟定计划"的实施步骤，并确保计划能够满足区域内园所发展需求。

以创互通互融模式为途径，建片区开放格局。片区内园所之间不设门槛、没有壁垒，通过定期座谈、定点送教、定园交流等机制，多层次、多渠道、多形式地推进区域互通互融，增强了民办园、乡镇农村园在联盟组教研中的"主人翁"意识，形成了片区相互连通的开放格局。

（二）发挥区域教研共同体作用

区域教研共同体只有建成规范性共同体，即区域规范性教研共同体，才能实现专业的高质量发展。区域规范性教研共同体的强大研究能力，可解决个体教师及个体学校无法单独解决的问题，进而产生专业发展的号召力。随着教育改革的不断推进，社会从更高的层面关注教育的发展，家庭对子女的教育越来越重视。同时，随着社会的发展，学生的学习水平和信息储备水平也越来越高，这都对教师的专业水平提出了更高的期待和要求，教师不能仅仅停留在以往的传道、授业、解惑的层面上，而要更重视个体核心素养的培养。教师专业必须向精深化、全面化、融合化方向发展，这就意味着，教师的专业发展在深度、高度、广度上都面临着相关挑战。靠个体和单个幼儿园往往很难解决教师的专业发展问题。当然，我们并不否认有个别特别优异的教师和学校能够很好地迎接这种巨大的挑战，但天才是少的，在一个区域里往往只占极少的一部分，大部分教师和幼儿园都因没有这个实力和底气而陷于艰难的境地。同时，一个区域的学前教育需要的是百花齐放，需要的是全员的进步和提升，靠个别教师和个别幼儿园想得到均衡的发展是不现实的。而区域规范性教研共同体则可以很好地迎接这种改变时代的专业挑战。

1. 合力研究，突破专业发展瓶颈

（1）建立优秀研究团队

区域教研共同体可以把这些优秀的教师组织起来，作为共同体研究系统的核心班底，充分发挥他们发现问题、研究问题、解决问题的能力。通过优秀教师之间的共同体协作，通过他们之间的高端对话、脑力激荡、智力碰撞，使教师的心智模式得到确证、完善和提高，并在此基础上打造区域教育的集体智慧，进而提高对问题的发现能力、研究能力和解决能力，直接发现区域教育的主要矛盾并解决它。这种集体智慧和决策能力是单"兵"作战所无法比拟的。

而从自组织理论的角度看，区域教研共同体通过体系建设，能够形成"在复杂性条件下，系统及系统中各要素由无序态向有序态自组织转化的内在机制"，推动系统的开放性和非线性的发展，去创造一种契机，获得调整系统自组织行为"涨落"，进而远离平衡态促进区域专业学习自组织行为的不断深化，最终突破一些难以解决的专业难题和区域共性教育问题，促进共同体专业水平的跨越发展，提高共同体的专业权威和说服力。

2. 促进与专家团队合作

区域教研共同体可以跟专家团队合作，对区域教育及教师专业发展进行顶层设计，以保证能够向正确方向发展，同时又能获取最新的教育前沿成果。区域规范性教研共同体依托教师进修学校，上与高校及上一级的教研部门相连接，下与同级教研部门结盟，还与特别优秀的专家进行合作，充分发挥专家团队的培训、引领作用。同时，专家团队还利用自身的专业素养，在更高层面上对区域教育进行针对性诊断、专题性培训、专业性引领、过程性评价和结果再跟踪，而且这种专家引领的行为是经常性的、长期性的。这种基于区域实际情况的落地式专家引领克服了那种没有教研的教育的缺陷，让区域教育有了观点和灵魂。

3. 进行高水平的专业互动

通过区域规范性教研共同体中主体的互动，能够有效地提高同伴互助水平和教师教学的实践水平。

平等式互动是共同体的核心活动样式。区域规范性教研共同体中的互动，包括教研员与学校的互动、学校与学校的互动、教师与教师之间的互动，都是在平等位置上频繁地真诚互动。这种频繁的互动，能够促进教师经常进行专业思考，激发教师专业的思考意识，培养教师专业的思考习惯，进而形成属于教师自己的专业思考主题，进一步推动教师专业研究的深入发展。同时，真诚的互动能够从情感上最大限度地减少沟通的壁垒，使互动围绕着教育实践和教师发展能够顺利展开，高效地实现教师专业学科知识的多重转化，即将一般教学法知识与特定的学科内容、学科性质充分融合后，作用在自己的教学实践中，通过自身对学科本质的思考、学科专业知识的建构，与学生进行深度互动、激发和调动学生的思维，最终使学生建立起自己的知识体系，形成思维能力和学科素养。

二、远程规划，推动专业稳步发展

对于教师的专业发展，区域教研共同体可进行远程规划，推动教师专业的稳步发展。

区域教研共同体可以发挥传统共同体的价值文化，克服传统教师进修学校所遇到的问题。价值感召是传统共同体建立的文化基础，也是区域教研共同体奠定的两大基石之一。区域教研共同体通过愿景感召，促进共同价值观的建设，能有效地产生统一的专业诉求，把个体的专业发展需要融入区域的专业发展规划之中。因为对于区域规范性教研共同体而言，每个成员都把共同的目标当作自己的目标，共同体不仅仅是指一群人，而是一个整体。

纪律规范是教师进修学校的组织优势，也是区域教研共同体奠定的两大基石之一。区域教研共同体通过章程建设，形成纪律约束，并借用教师进修学校职能的规范性，克服传统共同体固有的自愿性过大造成的纪律懈怠、结构松散等问题，形成一个严密的组织，通过宏观的安排和有序的计划，"让教师在相互间的交流与沟通中，获得心理支持，交流新的想法，通过分享材料、计划和资料，共同努力、减轻自己的负担，共同营造轻松愉快的学习氛围"，进而实现，专业的统一规划和有序发展。

三、严密组织，实现专业个性化发展

区域教研共同体严密的组织架构使专业的长期发展、高诉求教育目标的实现成为必然。一般来说，依托区（县）教师进修学校，区域教研共同体可能形成由读书系统、调研系统、培训系统、反馈系统、管理执行系统构成的严密组织推动专业发展。

（一）区域教研共同体攻克专业转化的难题

1. 共同体的分工合作可促使转化主体的专业分解

教师专业知识的转化能力的高下往往直接决定了教师教育教学实践水平的高下，也就直接作用于区域学前教育水平，具有无可辩驳的教育价值和地位。很显然，对于一位教师而言，这种转化能力才是他真正需要和应该追求的，有了这种转化能力，他的教学才能获得成功，进而建立起自身的教学自信和个体自尊。

但教师这种转化能力往往需要教师付出长期艰辛的努力才能获得，而且对大多数教师而言，通过个体的努力往往还无法解决高端的专业转化能力问题。对于那些难度特别大的专业转化问题，则需要区域教研共同体的分工合作来解决。在这个共同体中，"所有成员拥有一个共同的关注点，共同致力解决一组问题，或者为了一个主题共同投入热情。他们在这一共同追求的领域中通过持续不断的相互作用而发展自己的知识和专长"。区域教研共同体通过主题提炼和专业分解手段，可以研究出这种转化能力背后的机理和转化机制，并将其分解成一个完整体系的多个研究专题，形成一系列的行动研究或教育实践活动，直接与教师当下的能力起点和实际的教学实践相联系，根据教师不同的研究水平和需求进行活动的任务化和个性化，最后通过资源共享和经验推广，最终攻克专业化的难题。这样就化整为零，不但合全区之力为教师解个体之困，帮助教师通过区域的互动形成了自己的教学能力，更重要的是，能够在最短的时间内把转化研究推进到一个极高的水准，并形成一种区域的教研文化的资源积累，为区域教育的未来发展打下坚实的基础。这是区域教研共同体的最大意义所在。

2. 共同体的培训系统可对个体的转化能力进行系统的培训

区域教研共同体指向区域教师的职后发展，培训是其重要的任务。通过有计划的长期培训，可以把最新的教育成果、区域最优秀的教学经验转化成全体成员的教学实践能力。区域培训师大部分由本区域优秀的一线教师担任，对本区域教师的教育目标、教学任务、学校现状有着深刻的理解，能够很好地把握教师学习的最近发展区，因此能够有效地结合自己的教学实践，用对话的方式对教师进行有针对性的培训。有经验的培训师甚至能够找出与教师共同的教学经历，引起教师的共鸣，不但有力地消除了培训师与教师之间的人际隔阂，使交流畅通无阻，更重要的是，两者在这种无拘无束的对话中，话题会呈发散状展开，逐步找到问题的突破口，向深处推进，并最终在共同体教学体验中找出问题所在，发现专业发展的真正成长点，使最新的教育成果和最优秀的教学经验得以传播和内化。这一过程，不仅是成果与经验的传播过程，更是成果和经验的吸收内化过程——成果和经验被教师建构到自己的知识体系和智能结构中，而成为稳定的融合体，真正转变成教师个性化的专业知识转化能力，而能够在教师的教学实践中正确输出，自如整合，灵活运用。同时，教师对培训师的不断追问和质疑，会激起培训师的深度思考和进一步反思，使培训师不得不重新审视自己的观点，加以确证，然后回答。这又在无形之中提高了教育成果和经验的品质、水平，使其更精确、更系统化，也更能符合区域教育实际。实际上，这是对教育成果和经验的再确认、再反思，从另一方面提高了教育成果与经验的深刻性和区域适用性，提高了再次培训的针对性、专业性和实践性。如此不断循环，在共同体培训系统的作用下，教师的教学实践能力提高了，教育智慧增加了。通过这种相互的对话和主体间的活动，教师还完成了对一种组织制度的内化，真正树立起了自己的专业人格。

3. 共同体的开放性反馈环境有助于提高教师的专业知识转化能力

区域教研共同体开放性的反馈环境，可以促使教师及时发现问题，保证区域教育和教师个体专业发展朝正确的方向前进，可以及时总结经验，推广成果，提高教师个体的专业知识转化能力。

区域规范性教研共同体可督促教师将转化能力落实到课堂实践中区域教研共同体的执行系统由五个环节组成，从教研员、中心组、片区组、教研组、备课组到教师形成五级推进链，大大提高了对教师教学实践转化能力的诊断和监管。在五级推进链中，只要不形成组织上的对抗，一致的指向可使任何一位教师把培训成果落到实处。实际上，只要教师达成共识，经过培训期间的内化，便已经形成了个体的成果。在后续的跟踪中，备课组或教研组只要组织相关的活动，让教师把内化的成果及时发挥出来，就能保障转化能力落到实处。另外，共同体在培训后开展专业跟踪比赛，可大大调动学校的热情，充分整合学校资源，并将其运用到教研组身上，进而有力地推动教研组动员、感召教师的力度，让教师充分参与进来、形成全组共同思考、共同使用、共同交流、共同出成果的良好局面。这样，就能够保证培训的转化成果及时落实到教师的教学实践中，使其成为每位教师实际的教学行为。

教师把共同体的成果落实到课堂上，不仅是落实转化而来的专业成果，更重要的是把在共同体里习得的独立人格和精神文化落实到课堂上使每个学生都沐浴在共同体的精神光辉里，让每个参与者都为学习负责。

（二）通过多元评价机制提高教师的教学效能感

教研共同体的管理执行系统还可以通过多元评价机制促进教师形成不同的转化特色，赋予教师专业的话语权，提高教师的教学效能感。应该说，这是区域规范性教研共同体最具有生命力的部分，也是规范性共同体与自愿性共同体或学校的重要区别之一。多元评价系统可以树立起多种多样的榜样群，对共同体中的个体起激发、引领和强化作用，让个体重拾自信，获得撬动教学的支点。

区域教研共同体的评价不是终结性评价，也不是过程性评价，对于区域教育而言，它甚至不是一种评价，而是一种激励，一种通过多元性文化产生的向上的人心激励。它是一种非正式的衡量或者特质的寻觅，目的是找到教师的长处。因此可以设置成功能齐全的榜样群，诸如春芽教师、骨干型教师、研究型教师，这些跟幼儿园评价完全一致的榜样群，或诸如读书高手、协调里手、研究专家、写作行家等，跟幼儿园评价不一致却对教师成长有帮助的榜样群。教研共同体也可以依托指导部门和行政部门举办一些相关的评比，如读书比赛、课题成果评选，让这些教师能够通过正式的渠道大放异彩，使其价值得到肯定。这时，共同体的评价作用的直接性就体现出来了。可见，共同体提供的非正式评价是一种间接评价，但对教师的成长具有不可估量的价值。

第四节　培育区域教研文化

文化是指人们共同拥有的知识，是使他们能以相同的方式阐述他们的经验，并依据共同约定的规范来行动的知识。组织文化是组织成员在探索适应外部环境和整合内部资源的过程形成的，得到组织全体成员普遍接受，包括价值观念、行为准则、团队意识、思维方式、工作作风、心理预期和团体归属感等。建设区域教研共同体的文化意义，就是在组织文化的基础上，继续提炼、改造和升华，上升到共性价值观的层面。

教研文化是教研工作及参与教研老师的活动及其成果在时间的长河中自觉或不自觉积淀、凝结的结果。它既是研究者共有的行为规范，又是自觉的精神和价值观念，同时也是一种共同体成员的生活方式或状态。教研文化建构是一个缓慢无声的过程，需要时间的沉积和淬炼。教研过程中需要注意的是：①行政人员、教研人员、幼儿园管理者应有"文化建构"的意识，体现和传播、重视和培育诸如"民主、平等、合作、创新"这样的理念。②将文化建构纳入并渗透到日常教育教学工作中。③教研管理人员转变自身角色、工作方式甚至言行举止。比如，改变教研活动一言堂，去话语霸权；变监督评价教师的工作为观察、指导、支持教师的研究等。④关注过程和行动，比如"幼儿园制度是如何建立的""教研内容是如何确立的""教研计划是如何制订的""教研活动是如何组织和开展的""人与人之间以研究为媒介深度合作的关系是如何建立的"等问题，"过程"是思想、行为的交集，也是文化慢慢形成的摇篮。

区域教研共同体内同时存在三种性质的文化，由低到高，保证共同体的正常运转。这三种文化就是规范性文化、激励性文化和凝聚性文化，三者各有侧重，既在共同体的日常事务中发挥不同的作用，又互相辉映、互相交融，共同推动共同体由低级向高级发展。因此，在对话互动中，要引导个体进行此三种文化的意义建构，让其与专业研讨、培训、执行和管理紧密结合起来，成为各个活动的有机部分，而非一种现象工程，一种面子仪式。

一、契约文化

区域教研共同体依托于区教研部门，与学科教研同根同体，其重要活动的发起、开展和评价都由区（县）进修学校发起，因此具有合法性和规范性。个体对此不会有任何疑义。然而，这是其先天优点，也是其先天缺点。其先天优点的规范性是由合法性赋予的，是不容置疑的，这是其他专业共同体所不具备的；其先天缺点就是这合法的规范性具有较强的强制性，会伤害到共同体文化的另一基础—自愿自发性。如何处理好两者的辩证关系，既发挥其先天的规范功能，顺利建立起各种规则，又克服其先天弱点，让个体感到没有受到剥夺、压抑，建立起共同体的规范性文化，关系到共同体的成败。因此，在共同体互动中，在自愿的基础上，要特别引导个体建立起规则意识、制度意识，发动个体协商建构必要的规章制度—共同体公约，并内化成每个个体能够自觉执行的要素。共同体公约是共同体全体成员的行为准则,不仅对全体成员起约束作用,而且能够促进一种公平感的产生,推动共同体"不存在从属和受限制的平等状态"的产生和维持。

从本质上说,共同体里的规范性文化不是为了限制人的自由,而恰恰是为了保护人的自由,正如一个自由的国度,法律的目的不是废除和限制自由而是保护和扩大自由。对于共同体而言,纪律规范的目的不是仅此而已,纪律规范的过程与专业视域的融合过程、人际吸引的密切过程和愿景树立的感召过程水乳交融。

因此,在初期的对话互动过程中,也承载着共同体建构自身规范性文化的任务。互动的过程,既是价值感召的过程,也是专业视域融合的过程、个体情感密切的过程,更是规范建设和内化的过程。

二、激励文化

对共同体而言,要完成艰巨的专业突破,激励发挥着不可替代的作用。作为一个心理学术语,激励指持续地激发人的动机的心理过程。通过激励,在某种内部或外部刺激的影响下,使人始终维持在一个兴奋的状态中。激励可分狭义和广义两种。狭义的激励就是激发、鼓励之义;广义的激励则是指运用各种手段激发人的热情,调动人的积极性、主动性,发挥人的创造精神和潜能,使其行为朝着所期望的目标而努力。在共同体里,激励是激发人的动机,诱导人的行为,使其发挥内在潜力,为实现所追求目标而努力的过程,即通过激励调动和发挥人的积极性,使朝着所期望(或既定)的目标前进的心理活动过程。

因此,在共同体互动中,要引导个体建构出一系列激励的规则,来鼓舞共同体向前发展。一般来说,共同体可以通过激发成就动机、建立多种榜样群、富于挑战性任务等方式引导个体在互动中建构起激励性文化。

(一)激发成就动机

一种文化如果能够有效地引发个体的成就动机,那该是一种怎样的情景。它促使个体点燃希望,催生必胜的信念,激发成功的热情,迸出心底的力量——赋予每个个体理想、行动力并使个体在激情的点燃下奋勇向前,披荆斩棘,克服各种艰难险阻,取得最后的成功。

（二）建立多种榜样群

共同体激发个体成就动机的最佳途径是建立多种榜样群。加德纳指出，人的智能具有多元性。一般说来，像达·芬奇这样的全才是少有的不同的个体只能在某一智能领域占有优势。因此，共同体要采取多元评价的方式，在不同的领域、不同的方面设置榜样参照群，使每个个体的优势方面都得到展示和肯定，激发出成就动机，然后将其迎向所需要却又较为劣势的方面，让个体有信心、有勇气去克服困难。在专业阅读和专业问题探讨中，这种小心的引导尤为必要。在读书会的运作过程中，要特别注意把任务安排在个体的强项上，除了提高工作效率的目的外，更重要的是用人之长，激发个体的效能感。

（三）富于挑战性任务

可以说，富于挑战性任务是一个比较高明的方法。正如俗话所说的"遣将不如激将"，当把一项富有挑战性的任务慎重地交给某个人的时候，就完成了对这个人的激励。因为这不但意味着对其能力的认可，也意味着对其人格的认可。而前者更为重要，因为其潜台词不但是"你行"，而且是"只有你行"，正是"只有"这两个字，把个体从其他个体里凸显出来，将他放在高处，进而完成对个体的激励。共同体要灵活运用这一原则，带那些有能力却被动的人或给那些有热情却能力不足的人富于挑战性的任务，这样就能够推动个体发展起来。而对几个人或几个小组同时使用这个策略，便可产生一种良好的竞争氛围，激发出个体或团队奋勇争胜的力量，去完成更大的挑战。因此，在主题互动中，共同体要有意识地将其分解成几个主题，然后交给需要激发的团队或个体，鼓励他们克服困难，这样就能将整个共同体置于某种激发状态，形成持久的激励，并最终沉淀成一种令人鼓舞、催人向上的团队意识和行为准则，这样便形成了宝贵的激励性文化。

三、凝聚文化

如果说规范性文化规定了个体行为的底线，保障了共同体的"稳"，激励性文化激发了个体向上的激情，保障了共同体的"高"发展，凝聚性文化则使共同体形成了一块铁板，保证了共同体的"强"。无数的事实证明，一个团队有多团结，力量就有多大。人们所说的"上阵父子兵""人心齐，泰山移"正是对"人多力量大"的一种恰当诠释。一个精诚团结的团队，是凝聚力强的团队。在共同体互动中，如何建设凝聚性文化，使不同的个体能够拧成一股绳呢？

（一）强化共同价值观，产生一致共生指向

共同的价值观决定了共同的行动方向。在共同体互动过程中，通过不断重申共同体共同价值观，促进个体行为步调一致，从而不断地创造出"共生性意识"，有力地克服各自为战的混乱局面。个体不仅生活在组织、共同体当中，组织、共同体也生活在个体当中并通过个体而存在，即"我中有你，你中有我"。在这种共生性环境中，能完成个体与群体主体性的建构与生成。同时，共生性意识的积累，不断进行价值观强化，会促进价值观的内化吸收，成为个体行为的判断准则，在日常教学生活中起着指导和纠偏的作用，保证个体的行为都回到相同的范畴里，这意味着共同体的凝聚力在各自的工作中得到了强化。

（二）明确愿景目标，产生共同目标

沃伦·本尼斯说过："在人类组织中，愿景是唯一最有力的、最具激励性的因素。它可以把不同的人联结在一起。"比起价值观，愿景和目标更加具体、更加直观，并与个体的工作密切相连，一个良好的目标，能使得个体看清方向和实现的可能性，推动行动的开展。当"一个新的个体的融入一个学习共同体而获得合法性身份后，首先就是要体验并承继共同体先定的文化和意识，以保持自我合法地位的延续"。共同体通过设置共同的目标，就能推动个体都沿着团队意愿前进，去实现团队目标，这正是凝聚力的体现。

（三）进行公正评价，激发凝聚力量

不平则鸣，引起个体不满和团队解散的是团队间的不平等的规则评价和待遇。共同体中个体的关系是平等的伙伴关系，共同体的公约是共同协商的结果，共同体根据多元评价机制对个体进行合理评价。因此，不存在不平等的地位、规则、评价和待遇，也就不会产生不满和涣散情绪。由于

这些东西（平等的地位、评价等）是日常生活中少有的，所以个体会倍感珍惜，会自觉团结起来去爱护它、弘扬它，不忍让其消失，这样，一种凝聚的力量便自然而然地产生了。

（四）密切人际关系，增强内部吸引

密切的人际关系，使个体产生心理安全、产生心理亲近、产生心理共鸣、产生心理支持，让个体倍感温暖、充满力量，使个体沉浸于此，流连于此，不忍离去。共同体内部人与人之间吸引力加强，情感相互渗透，个性相互交融，形成了不可拆分的整体。这同样大大提高了共同体的凝聚力。值得指出的是，这种由人际亲和而建立起来的凝聚力会使人产生一种知音感，这是一种深刻的认同，实际上，共同体内便形成了吉登斯现代认同理论中的一个核心概念—本体性安全，让个体获得"时间上的连续和有序的感受"，使之具有持久的力量。其一旦产生，便不会轻易消失。

（五）设定假想敌，产生共同危机感

当有外部强敌来临时，共同体便会集中起来共同抵御侵犯。因此，假想敌的设置是必要的。给整个共同体设置一个竞争对手，并提高对手对共同体的压迫水平，会促使集体危机感的产生，迫使共同体去抱团取暖。在日常互动中，要不断宣扬假想敌的存在，让假想敌深入到每个人的心里，发挥其警醒的作用，推动共同体向心力的产生。牡丹江市各幼儿园以自身内需自研为基础，联合教研为平台，以研究解决幼儿园教育教学中存在的、未能解决的共通性问题为目的的区域教研模式。既注重幼儿园之间广泛合作，形成"共性"，又注重根据自身特点创造性地开展联合教研，形成"创新开放"的教研文化。

第四章 学前区域教研模式与创新

在实践中，如何引领区域不同水平、不同类型幼儿园的园本研修工作，切实解决幼儿园、教师所面临的新问题，这是提升幼儿园保育教育质量，实现学前教育高质量发展的关键。但是，在以往的教研实践探索中却不尽如人意。这主要表现在：教研活动操作模式的经验总结较多，而全面深入的分析较少；泛泛而谈教研活动现有问题的研究较多，而深入扎实的实证研究较少；点式园本教研行动路径探索的较多，区域层面系统规划和引领的较少。

如何以区域教研为突破口，通过区域教研实证化、规范化的路径引领各幼儿园园本教研工作，从而促进区域整体教研水平提升。同时，进一步做好顶层设计和规划，明晰操作规程和积累实践经验，为教师参与区域内教研活动提供"脚手架"，提升教师教学研究参与度和教学研究能力。这需要在区域教研模式中不断创新和实践，牡丹江市教研院学前研培部经过多年的研培实践探索，建立一套可操作、可推广的区域教研模式。

第一节 "主题引领+合作研评"式

"主题引领+合作研评"式教研，是将主题教研与合作研评相结合的一种教研模式。不仅强调研究过程中主题的引领性，同时更提倡教研员与教师之间、教师与教师之间形成的专业共同体式教学研究。通过构建教研员与教师、教师与教师专业共同体，强调深度参与，推进合作与学习。

一、"主题引领+合作研评"式教研介绍

（一）概念与内涵

"主题引领+合作研评"式教研是指以行动研究为指引的主题式教研，引领教师和幼儿园专业发展方向。主题教研源于教师的需要，以问题驱动，有着鲜明主题的教研方式；聚焦于教师教育实践，强调系列化、持续改进、小团体研究和大团体分享相结合；它围绕教师教育教学的具体问题，以问题解决为目的，教师全员参与的教学研究活动。

在"主题引领+合作研评"式教研中强调"合作共同体"的深度参与。教师和教研员作为主题研究的实践者，主题教研活动是驾驭改革背景下产生的项目，是需要多人合作才能完成的任务，因此，广泛的参与和合作是不可或缺的。"主题引领+合作研评"构建了一个分享实践、开诚布公、相互信任、合作创造的共同体，为教师成长提供了一种新型的学习方式。

（二）价值与意义

"主题引领+合作研评"式教研，聚焦真问题，开展真研究。重视问题的真实性，重视研究过程的科学性，重视多方研究力量的凝聚，重视团队互助，助力实现真效果。我们通过经验和实证相结合的方式，对"主题引领+合作研评"式教研活动的实施流程、要素规格等进行分析和提炼，形成了相应的实践指导范式。那么其意义何在呢？

1. 发挥主题引领价值

随着社会的变革和课程与教学改革的不断深化，教研工作需要实现新的转型，要从以学科课堂教学为主的研究，转变为对学科课程的整体研究；要从经验的教学研究，转变为经验与证据相结合的教学研究；要从自上而下的教学研究，转变为自上而下与自下而上相结合的研究；要从"个人权威"式的教学研究，转变为"合作共同体"式研究。在这种新时代背景下对教研提出更高的要求，我们需要顺应变革，通过研究一种新的教研模式来适应转型发展的需要，使教研焕发出新的活力，体现新的价值。同时，在主题教研活动引领下，转变教研观、教师观，让教研活动真正成为教师专业发展的助推器。

2. 注重真实践

通过考察、调研，聚焦"真"字，在教研中寻找急需解决的问题，自下而上收集教师在教育教学实践中的问题，多方收集证据、综合分析原因，提炼形成主题，围绕主题采用观察、调查、测试等方式开展实践研究，并搜集处理相关研究结果，将理论层面的认识与实践层面的操作相结合，开展基于实际的、真实的实践活动。

3. 共享优质资源

研究中集合研究力量，形成研究共同体，发挥示范园作用，共享地方优质资源。其中主要包括：园所研究成果共享、专家资源共享、优秀师资力量共享等。在主题推进过程中，利用多方专家对研究进程、内容、方式方法进行指导，优秀园所经验分享、优秀园所参观等。运用科学的思维，共同解决问题。

4. 充分聚焦问题

针对研究主题和真实教学情境等具体的问题确定研究主题，进行深度的剖析和研讨，摒弃传统教研活动过于脱离教师真实教学情境的弊端，利于园所真实的教育活动情境，不断学习—反思—改进，在实践中对主题内容进行研究，不断优化教学。

5. 敢于质疑

在传统的教研活动过程中，园所之间往往缺乏交流和互动，彼此之间更多的是唱赞歌，遇到问题闭口不谈，以此形成了"汇报—实践—再汇报—再实践"在评价中多数是教研员或者专家。而"主题引领＋合作研评"是发挥园长、教师的主动性，提高参与意识，在合作研评中能够听见每个人的声音，敢于质疑，敢于评价，汲取不同观点不断反思实践。

二、"主题引领＋合作研评"式教研特点

"主题引领＋合作研评"式教研以启动、联动、能动为主线，以教师在实践中的真实经验为主题，以专家为引领，以教师的反思性实践能力提高为宗旨，鼓励教研中的交流提问，多方探讨，引领参与者自我发现和成长。

（一）多方合作，资源共享

"主题引领＋合作研评"式教研需紧紧围绕某一主题进行研究与分析，确定好研究主题后，与多方联动沟通，进行思想碰撞。同时，需发挥个人的主观能动性，完成好主题内容研究，各司其职，协同提高。

（二）以提升教师反思实践能力为宗旨

教师在进行教研活动时，学习专家在该领域的研究经验，丰富自己的知识储备，不断完善教研的能力，在行业内资深专家的引领带动下，提升反思实践能力。

（三）以问题为导向实践研究

坚持"基于问题、为了问题、解决问题"的问题导向原则，教研团队通过问卷调查、实地调研、电话访谈等多种形式，深入当地学前教育实践场，了解困惑，感知困难，发现问题，聚焦重点，自下而上制定教研目的及教研内容，开展具有实效性的教研。

（四）指向明确，按需定题

在研究准备阶段，应充分调研教师的需求，从教师教育教学困难、专业发展瓶颈出发，综合发展需要，拟定教研主题，在教研过程中不断收集教师意见及问题，升华提炼新问题，注重深挖根本问题，针对需求的某一点，制定多种不同形式的教研内容，教研主题指向明确，内容、形式与主题相关性强。

三、"主题引领＋合作研评"式教研内容

（一）基于教师课程实践需要

教研活动主要是为了解决教育教学中的具体问题，这些具体问题往往是发生在教师课程实践中的微观问题。在诸多问题中，我们首先要关注的是一所幼儿园、教研组全体教师在教育教学实践中共同关注的、具有代表性的、亟待解决的问题。

（二）基于幼儿园发展需要

教研活动不只是解决教师课程实施中的实际问题，提高教师的专业素养，还是促进区域、学校教育质量可持续发展的重要抓手。如何结合学校的自身特点，把宏观的课改理念转化为学校具体的课改实践，进而促进学生的健康发展，这是学校研究探索的重要命题，在此过程中会产生诸多问题。市、区教研应关注幼儿园中的共性问题，基层幼儿园则更多结合自身需要梳理重要问题。

（三）基于项目和课题研究的需要

现在项目和课题研究的内容，多与教育教学实践有密切的关系。教研活动倡导在教中研，在研中教。在运用相关理论、采用科学研究的思想方法和技术路径、解决教育教学问题的过程中，会不断产生新的问题和困惑，这些问题和困惑同样也可以成为主题教研活动的问题来源。

（四）基于教研模式创新的需要

将教研、实践以及反思评价相结合，精选一个最优主题，通过对实践过程中发现的问题进行深入分析，基于一个主题，再选择若干相关内容进行拓展研究。待一个主题的教研结束后，组织园长及教师依据幼儿园实际，用精研的主题、教研中的方法进行反思、互评、并在幼儿园真实场域中实施。

（五）基于教育资源的需要

引导幼儿园传承本地传统文化，指导解决本土教育资源，在幼儿园文化建设、特色形成以及深化发展等方面提供有效的支持，提炼符合本土幼儿发展的幼儿园课程。例如：田园课程、民间游戏课程、农田课程等。充分利用本土专家开展"园长讲堂""家长交流平台""教师分享角"等，着力破解幼儿园"小学化"难题，提升家长和老师的教育理念。

四、"主题引领＋合作研评"式教研实施原则

（一）互动原则

"主题引领＋合作研评"式教研，要求参与者之间进行互动，这对教育实践的完善有至关重要的作用。在互动中，通过头脑风暴式使不同教育理念相互碰撞，分享不同看法，答案可以不同。这时，一线教师往往可以提供很多丰富的实践经验，而专家和教研员往往会提供丰富的理论知识，通过理论知识与实践经验的结合，更好地完善教师在进行教育活动设计时的思路。互动的方式可以使教师与教师、教师与教研员之间不断交流，进而提升教师职业理念素养。

（二）开放原则

在教研活动中，教育领域的各个分享者进行观点的交流、思维的碰撞，特别是通过线上、线下交流，使其跨越时空的阻碍，发挥区域联动的优势，不局限于同一所幼儿园之间的交流与沟通，也不局限于教师与教师之间的观点分享，更是联合了高校教师、教研员等专家资源，从而可以更好地实现资源开放共享。

（三）共享资源原则

"主题引领＋合作研评"式教研过程中的资源共享就是以"共享"为手段，实现对资源的搜集、整理及运用。通过资源共享，节约资料收集的时间，使研究的过程更加高效。

（四）自主性原则

无论是教师还是教研员都是专业学习与探索的主体。支持教师根据兴趣与需要，发挥个人优势，通过自主分享经验、自主选择教研形式和示范引领途径，调动教师主观能动性，实现个人自主发展。为教师搭建共研、共建、共享平台；给予教师自主选择教研形式的机会，推动自我专业成长与发展。

五、"主题引领+合作研评"式教研实施路径

（一）主题形成

1. 拟定主题，多方论证

"主题"是教研活动的灵魂，主题选择范围有三：一是从教师教育教学疑难问题中寻找主题，教研员可以从现场调研和网络平台收集教学问题；二是国家课程实施中存在的误区，发现并纠正问题，提升教师落实课程标准的能力；三是从教师专业发展需要中发现主题，关注脑科学、心理学以及学科发展等新的研究成果，能够帮助教师提升履职能力。从这三个途径中，初步拟定主题。

主题论证主要基于可行性和创新性两个方面，论证主题可从三个方面入手：一是初拟主题是否有足够的理论与资料支持；二是了解一下主题研究的现状，不做重复研究；三是研究时间与空间等问题。

2. 聚焦主题，有备而来

在大主题与确定具体主题之间，可以采用问卷或访谈的形式，收集大主题下的问题和兴趣点，集思广益，结合教育目标的要求确定有助于教师发展的具体小主题。可在主题教研前发告示单，参与者与活动主题提前进行深入的思考，在教育实践中收集围绕主题的困惑与问题，做到有备而来。

3. 合作互评，调整主题

留出较为充裕的时间组织专题研讨，为全体人员提供交流、对话的机会。这一环节要求参与活动的每一个人既是学习的参与者又是学习资源的提供者，是教师将时间与反思性结合的行动学习，也是能产生积极有效的人际互动的培训方式。

主题教研活动后，可依据互联网平台和软件技术对教研活动的实施效果做出准确判断，通过数据真实反映现阶段取得的进步或存在的缺陷，结合原计划中的后续主题，提出下一阶段研究主题。

（二）策划实施

设计"主题引领+合作研评"式教研活动流程图，使得"主题教研+

合作研评"式教研在集体的实施中有章可循，实施过程更为规范。教研策划实施的环节主要包括：策划、设计、实施、反思、展评。"主题引领＋合作研评"式教研活动流程图旨在于提高对教研准备阶段的重视程度、提高实施阶段的深度参与、总结阶段的反思和成果利用的有效性。

1. 策划操作要点

作为教研活动的前期规划，"策划"的目标应该是立足于整个学期，保证主题教研活动的整体规划性，同时应聚焦具体问题，将具体问题提炼为概括性的主题，以主题推进的方式完成整个学期的教研活动，使得整个教研活动能够具有连续性、完整性。教研活动所策划的内容需紧扣目标，细化分析每次教研活动的内容，同时针对目标中的问题进行分析，寻找出原因，有助于更好地是参与该主题的教研活动。在教研活动的策划环节也应注意对象的选择，根据活动的目标与内容确定活动能够参与群和受益群里，保证教研活动更有针对性。

2. 设计操作要点

"主题引领＋合作研评"式教研活动的设计环节落脚在具体的每一次教研活动，它的目的是如何拟定一次教研活动的活动方案，同时怎样将教研活动的组织安排进行规划。教研活动的设计环节需要完成活动程序的编制，形成具体的教研活动方案。设计阶段需要预设教研活动的方法（如报告、专题研讨、听评课等）同时也可以进行必要的预研究（如试教、梳理概念、文献研究等）保证整个教研活动稳步推进。

3. 实施操作要点

"主题引领＋合作研评"式教研活动实施的过程中需要清晰的目标引导，教研活动方案落实程度直接决定实施环节的目标的达成情况，以此提高主题教研的实效和时效。"主题引领＋合作研评"式教研活动实施过程中，核心的内容就是对设立的问题进行研讨，注意过程中对经验的提炼与成果的凝练，达到经验可分享，成果可推广的程度。教研活动中的所有参与者作为教研活动实施的对象在活动当中要注意现场深度互动、媒体跨时空互动，这都是主题教研活动中值得提倡的互动方式，能够促使教研活动的实施更加高效。

4. 反思操作要点

一次教研活动结束后，要对活动本身进行反思，反思主要目的之一是为了审视本次教研活动的效果，二是为了思考后续教研主题。对教研活动的反思主要包括整理、分析反馈资料，形成活动总结报告，确立后续研究方向三个方面。教研活动反思主要是为了更好地为本次活动的参与人群以及活动的目标人群提供更好的后续教研活动。反思的依据是运用教研质量评估工具调研的结果及教研员自身的教研实践经验，二者结合为教研活动更好地达到反思成效提供相应的途径。

5. 展评操作要点

教研活动成果展评可将研究成果的效益最大化，因此展评的目的要放在传播教研的成果，扩大教研的影响力。展评不是简单地做宣传，而是要撰写、发表教研总结报告，使得教研成果具象化、设计、编辑现代化传播方式，为教研成果传播提供载体，从而促使教研活动参与者能够受益。

六、"主题引领＋合作研评"教研案例

案例名称：疫情背景下幼儿园家庭育儿指导策略

【案例导读】

《幼儿园工作规程》中明确指出，幼儿园要主动与幼儿家庭沟通合作，向家长提供科学育儿指导，帮助家长创设良好的家庭教育环境。2020年初受疫情影响幼儿园延期开学，幼儿园教育不得不从线下走到线上，实际上是从"育儿"走向"育儿指导"，这对幼儿教师的"育儿指导"能力是一次大的挑战，同时也是一个教师专业成长的契机。在这个特殊时期，教研工作的重点也转向研究如何建立家庭育儿指导策略，完善家庭育儿指导体系，如何提高教师与家长沟通能力、家庭育儿指导能力，进一步提升牡丹江市幼儿园家庭育儿指导质量。

【活动策划】

1. 选题动因

本主题研究结合疫情时期幼儿园工作由"育儿"转向"育儿指导"这一现状，调查分析幼儿园家园共育工作中"家庭育儿指导"现状及相关实施策略，"育儿指导"是幼儿园家园共育工作的短板，分析此项工作薄弱

的原因，同时研究明确幼儿园家庭育儿指导工作的范围、方向、内容、形式等，为今后幼儿园家园共育工作的有效开展奠定良好的基础。

2. 预期目标

提升幼儿园家庭育儿指导的意识和能力，提高家园沟通质量，编写《幼儿园家庭育儿指导资源》，探索幼儿园家庭育儿指导策略和路径，拓展家园共育途径，通过区域联动提升民办园、农村园的保教质量。

【活动设计】

1. 建立研究组，对成员进行专业知识培训，在调查研究和广泛收集资料的基础上，设计出具有较强科学性、可操作性的方案。搜集国内外关于家庭育儿指导方面的资料，了解已有相关成果的进展情况。开展调查研究，面向幼儿园园长、教师，家长下发调查问卷了解幼儿园在疫情时期开展的具体工作，了解家长在家陪伴幼儿的现状，家长在育儿方面的需求、家长在育儿过程中的困惑。

2. 分析疫情时期幼儿园工作具体内容。结合本园实际工作，总结一段时间以来的工作内容，分析工作开展的意义和价值，结合调查结果分析前期工作的成功经验，同时查找工作中的不足，进而即时调整工作方向，研究工作策略。

3. 组织专题培训，开展线上教研，分析幼儿园家庭育儿指导工作实施中的方向、内容、形式，总结经验查找不足，及时调整方向，确保研究成果的科学性、引领性、可推广性。

4. 组织合作研评。通过线上教研，分享交流研究成果，将优秀研究成果面向全市推广。

5. 征集研究成果。在前期项目研究过程中积累经验做法，将优秀研究成果汇编成集。推广到全市公民办幼儿园、农村幼儿园，将成果运用于幼儿园实践，尤其是推进偏远薄弱地区幼儿园家庭育儿指导工作的开展。

【活动实施】

（一）发挥教研职能，开展家庭育儿指导实践研究

1. 先期调研、找准定位，调整研培策略

因疫情影响延期开学，为帮助幼儿园做好"幼儿居家家庭教育指导"工作，学前研培部通过区域教研群下发调查问卷，收集整理并分析数据信息，

找到幼儿园工作中急需解决的问题，及时调整新学期学前研培工作策略，找准研培新定位，将"疫情时期如何做好家庭育儿指导工作"作为近期研究指导的重点，帮助幼儿园缓解疫情压力。

2. 了解需求、技术应用，促进公、民办园整体发展

教研部门充分利用微信、钉钉、公众号、腾讯、美篇等现代信息化手段了解幼儿园需求，开展各种云教研云培训活动，促进公办园、民办园、农村幼儿园整体发展，为确保各级各类幼儿园正确领会国家文件精神，杜绝幼儿园线上教学和小学化现象。学前研培部第一时间撰写了《给幼教同仁的几点建议》下发给全市幼儿园，同时组织市直属幼儿园整理《牡丹江市幼儿园疫情时期活动集锦》，结合调研中幼儿园提出的问题定期推出"你问我答"栏目，利用美篇和公众号发送给全市各级各类幼儿园。为幼儿园把握方向、共享优质资源，为老师和园所答疑解惑，帮助民办园、农村园缓解疫情压力，确保疫情防控期间全市各级各类幼儿园线上家庭育儿指导工作科学能够有序推进。

3. 典型引路、互动研讨，关注家庭育儿指导实效

幼儿园线上活动推送近一个月，我们发现活动越来越丰富，有游戏、劳动、美食、绘本阅读、音乐、手工……当然还有一些疫情方面的宣传等，感觉活动热热闹闹，老师们付出了很多辛苦。可遗憾的是，我们看不到活动中老师对家长的专业指导，看不到一个活动的深入开展和老师对活动过程中幼儿发展的关注、评价。因而学前研培部通过对个别幼儿园活动的跟踪指导，拿出典型案例与大家分享研讨。幼教中心——"线上心连心共架家园桥"，让老师们看到线上家访活动周密细致的设计安排，拉近老师、家长和幼儿之间的距离，教师真正走进每个家庭，全面了解每个孩子；教育实验幼儿园——"战'疫'时代用适宜的教育方式指导'特殊时期'的家庭教育"，让老师们学会运用调查问卷进行科学数据分析，用科学的方法、科学的态度真实地了解家长的需求和感受，有的放矢地开展家庭育儿指导工作更有实效；教育第三幼儿园——"宝贝战'疫'营居家乐成长"，让老师们清晰地看到一个游戏的推送需要深入研究《3~6岁儿童学习与发展指南》和幼儿发展特点，经过团队集体的智慧有质量地推送。

4.联动教研、专家引领,把握家庭育儿指导方向

为了带动牡丹江市公民办幼儿园共同发展,牡丹江市采取市、县(市、区)、园三级联动教研模式,疫情时期各层级教研组多次开展线上教研活动。为了更准确地把握工作方向,我们邀请省教师发展学院学前研培中心主任黄慧兰、幼教教研室主任孟繁慧参与牡丹江市以"延期开学,幼儿园应如何做好家庭教育指导工作"为主题的教研活动。活动中两位专家聆听了牡丹江市幼儿园的经验介绍,孟繁慧主任做了题为《延期开园背景下幼儿园家庭教育指导资源建设实施策略》微培训,黄慧兰主任对活动做了全面的点评。全市2800余名幼教同仁和有关领导参与了此次活动,专家的高位引领为牡丹江市幼儿园家庭育儿指导工作厘清了相关问题,指明了方向。

5.他山之石、学习互鉴,让家庭育儿指导专业化

在带领牡丹江市幼儿园自主教研的基础上,我们还经常有选择地给大家推荐专家讲座、公众号文章,组织大家一起结合学习内容进行研讨。例如:南京市鼓楼幼儿园园长介绍的《鼓楼幼儿园的战"疫"行动》让我们在疫情之初学习了如何开展线上活动;黄慧兰主任的讲座《解读幼儿助力解锁科学育儿密码》让老师们了解了更多幼儿的发展特点,可以用专业知识更好地为家长答疑解惑;华爱华教授的讲座《基于儿童视角再思考:疫情影响下的托幼机构科学育儿指导》让老师们茅塞顿开,反思并调整我们的家庭育儿指导方法,思考如何让幼儿和家长成为居家活动的主体,教师学会观察、倾听、适时指导。这样的学习研讨让教师渐渐沉下心来,学习和借鉴其他地区园所好的做法,反思自己工作中的不足,教育理念逐步转变和提升,大胆尝试对不同家庭育儿进行个性化指导,专业能力得到快速提升。

6.物化研究成果,总结提升分享

在教师们实践研究的基础上,学前研培部组织开展"全市幼儿园家庭育儿指导研究成果征集"活动,成果均来自教师的实践研究,有推广借鉴价值,经评审后形成成果集锦发放到全市各级各类幼儿园,实现优质资源共享。

(二)遵循幼儿发展规律,建立家庭育儿指导策略

1.关注儿童生活,提升家长育儿理念

顺应儿童的需要,抓住生活中的一次遇见、一次体验、一段历程开展疫情下的生活化课程:"爱的抱抱,温暖感恩"系列活动周、"童心抗疫,

健康自护"系列活动周、"播种行为，收获习惯"系列活动周、"春回大地同盟满园"系列活动周、"中国梦劳动美"系列活动周等。幼儿园通过推送活动资源、提出活动倡议、线上交流展示等方式与家长携手共同引导孩子拥有大爱，掌握生活防护常识，学会珍爱生命、敬畏自然，养成良好的生活习惯、劳动习惯等。让特殊时期的生活教育伴随孩子们不一样的"成长经历"。

2. 线上家访互动，建立家园沟通桥梁

线上家访，是疫情时期幼儿园有效实施家庭教育指导的前提和途径。各幼儿园制定详细的线上家访活动方案，明确家访目的，开展教师培训。通过线上家访，收集整理数据、调查分析，了解家长在家育儿困惑，掌握不同家庭的教育状况、亲子关系。针对发现的问题组织进行调研，调整家庭教育指导策略，有的放矢地开展家园共育活动，提升家长亲子陪伴质量。

3. 关注幼小衔接，缓解家长育儿焦虑

漫长的假期让九月份即将升入小学的大班家长们开始担忧和焦虑，做好"幼小衔接"线上指导活动，向家长推送幼儿语言和数学能力提升小游戏，给家长一些幼小衔接小建议，开展"每日云聊天会"了解幼小衔接班家长和孩子的心理状态，增进家园感情，培养孩子的表达能力。10~15分钟的聊天活动，说说孩子的居家生活、分享信息、聊天谈心、分享快乐，教师及时关注幼儿及家长居家的负面情绪及在幼小衔接方面的困惑，积极地给予正确引导。幼小衔接线上指导活动陪伴家长走过孩子的幼小衔接关键期，缓解家长们的焦虑情绪。

4. 个性化指导，满足家长育儿需求

幼儿教师要了解孩子成长的家庭环境和当下儿童宅家的生活状况，了解每位家长的教育理念。面对孩子好动、好奇、游戏等特点家长是欣赏与支持孩子的行为，还是责难与限制孩子的行为，或是无奈于孩子的行为。教师通过家长群、线上家访，用视频、语音、图片等多种方式获得真实的信息，从而可以准确了解每个家庭的不同情况，有针对性地进行指导。这样能使家长进一步了解自己孩子的特点，明晰自己教育方法中存在的不足，从而树立正确的儿童观、教育观。

5.关注儿童视角提升家庭育儿指导实效

根据儿童的特点进行育儿指导,是教师育儿指导能力的关键。教师要了解儿童的天性——游戏、好奇。教师要让家长相信儿童是真正的游戏高手,给予家长对孩子游戏的理解和陪玩的技巧。教师要让家长理解儿童天生是好动的,帮助家长看到孩子身体活动中蕴含的动作发展,理解儿童"破坏"性行为背后的探究性学习,并让家长知道采取怎样的态度和应对方法来支持孩子的发展。教师与家长不要只关注我们想让孩子在特定时刻获得的特定经验,而忽略了孩子的自发活动,教师预设活动在实施时应当指导家长自然而不那么刻意,激发儿童自发活动时所表现出那种兴趣、主动、好奇。将外在要求转化为儿童的内在需要,以孩子无意学习的方式获得我们有意推进的目的。

总之,育儿指导能力是幼儿教师专业素养的重要体现,也是幼儿园做好家园共育工作的前提。抓住目前这样一个契机,使教师学习如何与家长沟通孩子的发展,如何与家长沟通幼儿园保教活动与家庭个性化育儿之间的链接,如何与家长沟通不同教养方式的利弊判断,从而提升有针对性的"育儿指导"能力。

【活动反思】

幼儿园家庭育儿工作的短板,随着研究不断推进,研究成果的逐步推广,牡丹江市各级各类幼儿园逐步转变与家长沟通方式、沟通内容,沟通途径也更加多元化。成果中提出的关注幼儿发展规律,关注家庭育儿需求,建立幼儿、教师、家长协同发展关系,形成共识共育文化,给基层幼儿园的家园共育工作指明了方向,为各幼儿园在今后更好地开展家园共育工作奠定良好的基础。

此项研究还需进一步深入开展,在家庭育儿指导的内容、途径、方式上的研究还需系统化;需要研究一套切实可行的家园共育工作机制,以保证幼儿园家园共育工作的常态化、科学化;需要思考提升教师家庭育儿指导能力的培训内容和方式,让其成为教师继续教育培训内容,成为促进教师专业成长的必备知识。

【活动展评】

1.新技术应用推广典型经验。各幼儿园利用美篇制作幼儿居家生活、学习、游戏指导小视频推送给家长；学前教研部通过微信中四个区域教研群，将幼儿园典型的做法在全市各级各类幼儿园中推广。建立公众号平台，推送各园的典型经验和疫情相关知识。

2. 专题教研会，区域内交流。组织召开"疫情背景下幼儿园家庭育儿指导"主题教研会议，培育牡丹江幼儿园家庭育儿指导典型案例，分享交流。

3. 物化研究成果，省内推广。汇编《幼儿园家庭育儿指导研究成果集》在全市推广；精选优秀案例推送到黑龙江省教师发展学院，并被纳入《黑龙江省幼儿园家庭教育指导资源》一书，在全省推广；撰写文章《疫情背景下幼儿园家庭育儿指导实践研究——以牡丹江市为例》《特殊时期家园共育工作的实践与思考》发表于省级刊物《牡丹江学报》。

第二节 "现场观摩+个案生成"式

"现场观摩+个案生成"式教研方式，是在长期教研实践活动中不断发展和总结出来的，是当前教研活动中的一种有效手段。其宗旨是可以通过活动互相学习并借鉴别人的经验、理念、方法措施等，在自己的教学实践中去拓宽自己的视野，增强认知，从而改善自己的教育实践。由于"现场观摩+个案生成"式教研时教师可以随时随地交流看法，观摩的角度更加多样，学习的手段灵活，生成的个案更具特点和实用，是一种直观有效地推动教师专业水平发展的途径。

一、"现场观摩+个案生成"式教研介绍

"现场观摩+个案生成"式教研是学前教研的新方法和路径，它注重给人直观体验，关注每个参与者已有经验的再转化，是一种行之有效的教研方式。

（一）概念与内涵

"现场观摩"式教研，顾名思义，是指将实际生产过程或典型工作场面展示给大家看，让大家来到现场"眼见为实"，通过观摩讲解，演示给现场的参与者，让他们能够直观地感受，主要是围绕特定主题、特定场景

和区域开展的，要让教师们能够置身于真实的问题情境当中体验，并在现场观摩中带着问题进行切磋、反思，从而解决实际问题，获得知识和提高能力的一种教研方法。

"个案生成"是现场观摩的后续反馈和总结提升，是指教师在直观体验后获得的思想、知识，再转化再升华的经验重塑。通过反馈，将所感所思所想再加工的结果完全呈现出来。

两者结合起来与传统培训研修方式相比较，有很大的优势。是教育理论与教育实践相结合的一种重要方式。首先，从教育学的角度来看，现场观摩+个案生成式教研是一种特殊的教研形式，它既可以将理论知识或实践知识直接呈现出来，让参与者直接接触、直接感受；也可以将理论和实践随时随地切换，与展示者交流研讨，深入理解。其次，从教研目的来看，现场观摩+个案生成式教研是让参与者在实践中学习和掌握相关专业知识，促使其得到能力的提高。同时也是通过现场观摩认识事物本质特点起到学以致用的作用。最后，从教研模式来看，现场观摩+个案生成式教研作为一种特殊的学习模式具有几个突出特点：第一，具有直观性和开放性。能使参与者亲身接触、直接感受现场实况，让教师从聆听者转变为教研的发现者。在开放的环境中，参与者易用平等交流的方式进行互动，营造积极的学习氛围，让专业知识技能的学习变得更加清晰和容易理解，从而提高了参与者分析问题和解决问题的能力；第二，具有启发性和拓展性。参与者通过观察，能够对比识别自身差距，存在问题，结合现场观摩的实际，确定自身在教学实践中的薄弱环节，从而明确自己今后的研究和努力方向，激发参与者的学习动机，提高学习兴趣，增强学习实效；第三，具有真实性和可迁移性。现场观摩打破了以往集中授课一言堂的模式，本着"真实、可视、互动、答疑"的原则，有效解决教师困惑、问题和疑虑。逐渐学会将已有经验进行重组优化整合，结合自身找到最合适的解决方案。

（二）价值与意义

"现场观摩+个案生成"式教研不同于"听课、评课"教研活动，其本质是基于"现场观摩"引发思考，老师们往往在这一环节中受到同伴以及引领者的启发和影响，通过交流反馈来巩固在"现场观摩"中得到的已有经验。在"现场观摩+个案生成"式教研方式中,我们强调的是,教师是教研的主体,教师们带着真实的问题参与,沉浸在观察对象和直观活动中,教师们的参与兴趣浓厚,更加激发了他们的积极性和主动性,而现场观摩后的思维碰撞、梳理问题、对比评析,是要鼓励教师结合自己的教学实践,寻找和发现有价值的幼儿兴趣点、创新点,从而生成新的个案。从教师能力提升方面来看,加速了教师对个案研究和本土特色的深入理解与实践;从幼儿发展方向来看,能更好地围绕以幼儿为本的教育理念在实践中的不断探索与应用。"他山之石,可以攻玉","现场观摩+个案生成"式教研引领教师多维度、宽视野的基础上创造性地开展工作,逐渐形成多元共促的大教研体。

"现场观摩+个案生成"式教研是集中授课方式的有效补充。它对于加强教育理论和实践知识的应用,提高研修效果和质量具有十分重要的意义。同时也成为我们更好地了解参与者学习的情况,改变单一研修方式提供了一种有效手段。"现场观摩+个案生成"式教研是一个以客观评价为主的过程,同时也是理论与实践相结合的升华和统一。

二、"现场观摩+个案生成"式教研的特点

"现场观摩+个案生成"式教研的关键在于"现场"和"生成"。"现场"就是要让教研的场景更加真实,参与者的感受更加深刻,理论不再脱离实践,问题直击根源本身。"生成"是教师将已有经验形成新的符合自身需求的个案,很大程度上扩展了教师的工作思路。它具有灵活性、实用性、深刻性三大特点。

(一)以人为本,灵活互动

"现场观摩+个案生成"式教研改变了以往自上而下的单线输出模式,让参与者从被动输入的学习方式转变为教研活动的主人。现场气氛轻松愉快,能够让参与者把心中的问题和疑虑直接表达出来,在与同伴的互动交流中交换看法,并能随时与专家和引领者对话,形象生动地把理念转换到实践应用中去,得到最新思想和理念的认识,这种平等对话、合作共赢的教研氛围让专业知识的学习变得更清晰易懂。

（二）直击问题，实用有效

教研活动的本身就是将教育实践过程中遇到的问题、困惑一一解决，得到落实，通过提出问题、专家引领、互助研讨等做法，在实践中教研，在研究中实践，从而使每个问题都能得到最优的解决策略，让教研发挥引领和指导的作用，实现教师专业化的学习与成长。

（三）迁移经验，深刻感悟

"现场观摩＋个案生成"式教研颠覆了传统教研方式，本着"理论联系实际"的原则，请专家到观摩现场，以实地观摩、启发引领为主要方式，引导参与教师改变思考问题的角度和方式。在教研过程中，通过"迁移经验"结合观摩中对比和审视自己的教育行为，反思自身的差距和不足，再重组、整合和优化，引导教师生成新的个案来指导自己的工作实践，从而不断地提高自身的教育水平。

三、"现场观摩＋个案生成"式教研的内容

教研活动的开展旨在解决教师工作中遇到的实际问题，因此，从教师的实际工作入手，从幼儿一日生活的组织与实施过程去思考，促进教师的专业成长，可以围绕以下几个方面内容展开。

（一）环境创设的理念与赏析

良好的教育环境是幼儿成长的关键，幼儿园的环创有助于提高幼儿的审美与思考能力，但教师们往往认为环境创设是教师的事，不利于幼儿的思维发展。为了让教师发挥幼儿对环境创设的主动能力，需要明确环创的教育价值，明确幼儿的真实需要。"现场观摩＋个案生成"式教研让教师直接进入班级环境创设现场，拓展教师的观察、操作能力，从分析幼儿年龄特点、班级环境规划、本土教育资源利用、教育内容体现等方面入手，明晰环境创设的宗旨和内容。从活动室、走廊、公共区域等任何地方，逐个理解和发现教育理念的规划和运用，进一步了解环境与幼儿之间的关系，明确幼儿是环境的主人，促进幼儿能够积极主动地学习。

（二）自主游戏的开展与材料投放

幼儿自主游戏活动是近年来广泛实践和推崇的一种以幼儿为主体的教育内容，以尊重儿童、释放天性的教育理念进行个别化自主学习的活动，但教师往往把握不好自主游戏时的放手原则。"现场观摩＋个案生成"式教研可以让教师到指定游戏区域、从观察幼儿、观察材料种类、观察教师、观察师幼之间的关系与状态等方面，发现幼儿与材料、同伴、教师之间的相互作用和持续探索。现场观摩区域活动是动态的，非静止的，教师可以看幼儿是如何实现独立自主、自由选择的，看幼儿是如何主动地通过活动得到发展的。教师更加了解幼儿不同年龄段的身心发展规律，了解幼儿的学习方式。在"现场观摩＋个案生成"式教研活动中，教师再创造的能力得以发挥，除了幼儿园常设的活动区之外，还可以满足让幼儿根据自己的兴趣爱好、本土特色、优势类型等进行自主选择的需要来设定他们想要的区域活动空间，因此不同层次年龄特点的游戏材料的选择、投放、指导等方面，这些都是探索和研究的内容。

（三）集体教学的组织与评析

幼儿园集体活动的实施要注重发挥目标的导向作用，在实施过程中教师要心中有目标，眼中有孩子。通过现场观摩教学活动，获得对集体教学活动不同学科的认识和感受，通过专家和教师开展对话交流，感受现场评析的智慧，引导教师学会注重幼儿在活动实施过程中的表现、经历、经验与体会，善于根据幼儿活动中的实际表现和兴趣，结合教师对活动的观察，来灵活处理活动中随机出现的各种问题，"现场观摩＋个案生成"式教研最大化地将参与教师把已有经验转化成新个案，教师可以结合自己班幼儿的年龄和发展特点，通过专家指引和自我创新，从活动目标的科学制定、准备材料的适宜性、活动过程的可操作性、活动后的反思与评价等方面来评析，从而呈现出不一样的集体教学活动，大大提高了实现集体教学有效性的可能也能切实提升教师集体教学活动的组织与实施能力。

（四）生活活动的结合与实践

幼儿的一日生活是幼儿园保教工作的重点，其中主要包括：生活活动、游戏活动、学习活动和体育活动。生活活动又包括来园、盥洗、喝水、进餐、如厕、睡眠、离园等常规性活动，是培养幼儿良好行为习惯的重要组成部分。教师不能将这些仅仅看作是保育工作，而忽视了它们的教育性。要看到生活活动贯穿在一日生活始终，它对幼儿的身心发展起的重要作用。"现场观摩＋个案生成"式教研使参与者通过现场观察发现生活各环节在实施中出现的突出问题，这些活动在时间、内容、组织方式进行方面每天变化不大，可直接引导教师观察记录幼儿的完成情况、教师现场指导情况等，让教师们从科学保教、家园携手等方面寻求有效的解决方法，利用现场观摩情境调整和改进自己的指导策略、将幼儿一日生活各环节的习惯养成融入日常保育教育之中，有效促进幼儿园保育和教育的融合，切实影响幼儿一生发展。

四、"现场观摩＋个案生成"式教研的组织与实施

组织实施"现场观摩＋个案生成"式教研活动，需要进行周密的准备工作，包括确定观摩对象和主题；选择观察路线和方式；选择适当的观察点等。组织实施过程中，应注意到以下几点：

（1）明确研究内容。教研主题要根据当前幼儿园发展现状、存在的问题、教师队伍素质等情况进行梳理和分析，将其作为教研主题的研究背景，从而确定研究主题。

（2）安排好观摩对象。组织参与者进行现场观摩，结合幼儿园各年龄段的不同特点，保证所有参与者能观摩到整体，保证每个被观察对象都能成为现场观摩的教研对象。

（3）采取灵活多样的方式。现场观摩，既可以采取室内观摩方式，也可以采取户外、区角或与幼儿生活实际相联系的方式进行。

（4）有完整的观摩记录。教研前，应做好准备工作。教师观摩时，可以边看边讲边记录，参与者对观摩到的现象能及时进行分析、评价以及感悟，从而提高观摩效果和质量。

（5）现场答疑解惑。现场观摩的环节中，要强调运用多种形式调动教师的多种感官参与实际操作，对参与者心存的疑惑，实践中存在的问题要科学答疑，以解决教师实际问题为切入点进行深入的分析与讨论。

五、"现场观摩+个案生成"式教研的实施原则

运用"现场观摩+个案生成"式教研开展教研活动时,应遵循以下几个原则。

(一)现场性原则

现场教研是要让参与教师们能够看到现场,解读现场,有效引领教师知其然,知其所以然。教育专家或引领者亲临教研现场和教师们再现问题现场或模拟场景,就现场教师提出的理念问题、思想认识问题、课程整合问题、区域游戏设计问题等,与教师展开现场研讨,是思想与行动的有效链接。由此引发教师对照自己的教育行为,能够直观、真实地认清自身的问题与需求,逐步提升自己的专业素养。

(二)互动性原则

互动交流的好处在于通过营造多边互动的教学环境,在平等交流探讨的过程中,不同观点碰撞交融,进而激发参与者的主动性和探索性,对参与者可能观察到的成功或不成功的教育行为和教育策略,展开思考,形成多维的互动交流模式,全员参与者互动讨论,透彻分析,归纳总结,并且发现尚未解决的或形成共识的问题,作为个案生成的研讨内容,在这种具有延续性、深入性的现场研讨中,教师能较快地找到教育理论与教育实践之间的结合点,实用、实在,从而达到较好的教研效果。

(三)实践性原则

实践性原则是人们在进行创造性思维过程的有效验证,如果没有实践,个案生成的可行性就会变形或误用。因此,教研活动中应引导参与者在理解的基础上牢固掌握理论知识和技能,并能根据工作需要迅速再现出来,这就要求教师们必须参与实践,必须在实践中促进个案生成的进一步发展,现场的动态式教研模式强调的是教师在教研中边听边看、边看边悟、边悟边行,重视教师在教研中操作体验而获得教育行为改变的教研模式,让教育经验在现场实践中得到及时的总结和提升。

（四）真实性原则

"现场观摩+个案生成"式教研的现场强调真问题、真教研。现场捕捉到的任何一个场面、一个情景、一段对话都可能是教研的问题，主要体现其真实性，即问题是实实在在存在于教师教育情境中的，其问题的本质也是自下而上产生的，它源于现实、源于普遍，既生动形象又集中突出，这样的教研资源真实，便于解决参与者工作中的实际困难。

六、"现场观摩+个案生成"式教研的实施策略

教研的实施途径与策略是推进教研有效开展的主要环节，以求达到教研的最佳效果。

（一）以解决问题为根本，助力教师转变观念

"现场观摩+个案生成"式教研是在专家的带领下，与教师共同置身于教育问题现场，发现问题、梳理问题的关键要素，教师一定是在现场观摩专家的理论指导下，对过去的教育经验进行回忆、思考和再评价的过程，从而做出新的个案并在工作中加以实践。需要注意的是，要引领参与者学会整体系统地思考、建构问题，掌握解决问题的策略，逐一击破，最终帮助教师转变观念，培养教师发现和解决问题的能力。

（二）以多种方式为桥梁，引导教师理解感悟

"现场观摩+个案生成"式教研在方式上可以是灵活多变的，可以集体反思、问题诊断、优化案例、互动沙龙等有效的教研策略来答疑解惑，也可以通过分享经验、智慧风暴等形式让教师直接参与、直观感受，进而引导教师深刻感受教研内容和领悟教育真谛。

（三）以实践操作为主线，促进教师经验转化

实操作为理论认知和已有经验转化的唯一途径，是方法也是重要原则。"现场观摩+个案生成"式教研活动想要真正有效地实施，必须强调参与者在教研活动中的实际操作，通过实践真正理解研究内容的本质，在看、听、思、做的过程中完成对研究内容的理解和再认识，最终推动教师对已有经验的内化，将真知转化成实际应用。

（四）以现场互动为契机，激发教师内驱动力

在实施教研活动的过程中，要注重加强"互动"和"交流"，这是充分了解问题实质和有效解决问题的关键。"互动"可以是和引领者交流互动，也可以是和专家请教，亦可以和幼儿、材料、环境、场景进行互动，通过现场多方位、多形式的有效互动，帮助教师理清思路，拓宽思考视野，最终生成新的个案，激发了教师内驱学习的动力。

随着时代的发展和教育理念的进步，"现场观摩＋个案生成"式教研方式已被更多教育人加以运用，其关键在于它可以更准确地捕捉研究的问题，使参与者能够自然而然地掌握理念的实践精髓，教研方式的有效为教师们下一步工作实际中更好地实践打下坚实的基础。

总之，"现场观摩＋个案生成"式教研方式是教师教研的一种学习形式，更是一种成长的方式。通过"现场观摩＋个案生成"式教研，教师们不仅获得了专业发展的需要，更充分认识到真理从实践中来的道理。它为教师打开一种工作思路，有助于教师关注幼儿成长问题，并收获于幼儿身心健康和全面发展的长远意义上。

第三节 "课题研究＋成果转化"式

课题研究是推动幼儿园教师专业发展，实施课程改革，提升学前教育质量的重要途径，也是学前教育成果提炼的主要来源。在教研训一体化的当下，教研课题化，将通过"聚焦问题、系统谋划、多方发力、持续引领"的目标，搭建多方平台，构建科研共同体，切实提升教师科研素养，促进教师持续成长，从课题研究入手，优质园和薄弱园共研共建，切实解决真问题，通过成果转化去提升教师科研自信和科研领导力。

一、"课题研究＋成果转化"式教研介绍

（一）概念与内涵

"课题研究＋成果转化"式教研是从课题研究出发，将教研与课题研

究紧密结合，成立科研共同体，强调以教育教学中亟待解决的问题思维导向，立足地域学前教育发展需求，运用科学的研究方法，分析并解决实际出现的问题，寻找科学的理论指导，探寻科学解决问题的可操作的策略和方法，行动中要基于教学现场灵活调整研究的方向，达到深度解决问题，实现教师专业成长，推进教研取得成效的一种教研方式。

（二）价值与意义

"课题研究+成果转化"式教研注重真研究，强调教研与科研的"融合"，即打破教研、科研工作界限，以立项课题引领和教研项目牵动的方式，促进科研专家与一线教师的团队合作与优势互补，促进幼儿园科研课题研究工作和日常保育教育研究工作的融合和创新开展，将单个教研活动中的"研"与课题中系统持续的"研"合二为一，两者之间相互促进。

1. 促进问题与课题融合

将教育实践工作中的主要问题梳理成主题，从而确定为课题；将实践与理论相融合，将实践上升为理论成果，再服务于保教实践；将教研中需要解决的问题转化为课题，利用科学的研究方法，找出问题的原因及解决难题的方法、策略，以期在理论与实践两个层面上解决该问题，并为解决实际问题开展了真实的实践与成果输出。切实从解决教研中的真问题出发，避免研究"空架子"，提高研究的实效。

2. 落实行动研究

"课题研究+成果转化"式教研在于专、深，改变以往教研成果的经验论与感想交流，扎扎实实地进行研究。以课题为推进形式，运用科学的研究方法，收集客观的数据，以问题解决为导向，以行动研究为方法，一边研究一边实践，充分发挥主观能动性，提升自身研究能力。

3. 强调同伴互助

以解决问题为目的，突出教师研究的主体地位，依托集体的力量，互相助力。形成针对理论互相分享、针对优势互相讨论、针对实践互相观摩、针对策略互相借鉴、针对缺点互相反馈、针对优势互相推广、针对成果共享的同伴互助关系。在课题研究中，发挥同伴互助共同参与的原则，促进科研反思与实践。

4. 理论与实践融合

"课题研究+成果转化"式教研，强调在开展课题研究的同时突出"成果转化"。强调研究成果在实践中的应用和推广，突出将课题研究成果转化成教育教学资源，形成幼儿园发展和教师成长的助推剂，助推幼儿园和区域学前教育高质量发展。

二、"课题研究+成果转化"式教研特点

"课题研究+成果转化"式教研，是将教研与课题研究深度融合，并将研究成果转化为教育教学资源。因此，需要对问题的研究更为深入与完善，对于教研活动要求更有科学性、连续性。教研的问题要基于实践的需要，根据不同课题情况采用分类、系统推进的方式，突出研究方法与过程验证的科学研究，要利用多方资源，才能促进教研活动的有效和深入地开展。

（一）课题牵动，科研先行

"课题研究+成果转化"式教研工作的开展源于研究课题的确立，以课题为牵动，建立基地园，以"总课题"+"子课题"协同研究为载体，开展项目研究。工作开展之初，在普遍调研的基础上，依据学前教育的总体要求和地区学前教育发展需要，确立总研究课题。课题立项后，在区域内选择优质幼儿园协同参与研究，围绕总课题认领子课题，优化教科研工作路径，通过科研课题的研究，解决幼儿园实践问题，促进教研、科研工作融合，用科学理论引领幼儿园教科研工作规范发展。

（二）团队合作，优势互补

通过构建各级教科研工作网络，分工合作，合理钻研。第一，整合保育教育中的主要问题，提炼为教科研工作项目，并提供理论指导；第二，策划一系列的教科研活动，联动开展片区教研，促进工作项目的落实；第三，深入幼儿园指导，鼓励幼儿园一线教师在实践中运用理论和教科研活动中学到的知识尝试解决问题，形成实践成果，或反思提炼出新的问题，教科研专家和教研员团队逐层指导。三个层面优势互补，最终使一线教师获得专业提升，市教科研融合工作深入、有效开展。

（三）行动研究成果共建

"课题研究+成果转化"不是简单的课题研究，也不是单纯的经验总结，而是经过"预设—实践—反思—再实践—再反思"的过程，最终提炼出只有针对性有时效的现实做法与策略，且有理论依据，经得住推敲，值得共享与推广。

三、"理论研究+成果物化"式教研内容

"课题研究+成果转化"式教研的内容可以从课题研究的理论建设、实践操作以及成果推广三个方面着手，在探索与尝试中，利用教研活动，解决一个一个具体问题，帮助课题研究目标的实现。

（一）学习相关理论与研究方法

幼儿园的科研力量不够均衡，大部分老师是不会进行课题研究的，对于怎样做课题研究，课题研究有哪些步骤、哪些方法并不是特别清晰，特别是梳理出的成果没有理论高度，特色不明显。市级教科研部门可依托专家资源，针对现实需要与实际情况开展各类课题研究过程性指导。

首先，要对课题研究的理论知识进行培训。如何开展课题研究，如何写好文献综述，问卷设计与制作，数据收集整理，开题报告怎样撰写，调查分析报告撰写，SPSS数据分析等。

其次，研究过程中，如课题申报流程、课题推广策略、如何做好开题会、课题研究管理等。

再次，课题研究总结阶段，如研究报告撰写、阶段考核要求、成果的类型与梳理方法、结题考核、教学成果申报等。

"课题研究+成果转化"式教研要以理论知识培训为基础，从课题研究的推进流程（如课题申报、开体会、阶段考核、中期汇报、结题考核等）到各个环节的注意事项与操作方法，逐一指导，点对点、手把手进行引领。

（二）实践研究

教研需要回到课题研究的问题上，可将问题分为教师队伍与课程建设两类。第一，可以聚焦幼儿园发展和教师专业成长。针对大部分幼儿教师

学历不高，专业能力不强，研究和教学实践能力不足，影响着区域学前教育质量的提高等问题，用课题研究来引领教研，将内容聚焦到幼儿园管理、教师一日生活组织、集体教学活动设计与实施、班级管理、幼儿常规培养、游戏观察与指导、家长工作等方面的研究，助力幼儿园发展和教师的专业成长。

第二，探索教师培养的策略，划分新教师、骨干教师、后备干部、中层干部等不同层次教师，为不同层次、不同情况的教师制定不同的培养计划和课程，从幼儿园制度建设、培养菜单、培养体系的建立，通过管理构建平台，探究培养人才的路径，从根本上提高教师的专业能力。

第三，探索幼儿园课程实施路径。课题研究的方向可涉及幼儿园特色的环境资源、开发与架构园本课程，从课程理念、课程目标、课程内容、课程管理、课程实施、课程评价等多个维度进行课题研究，从幼儿园课程建设入手，助力园所教育整体发展。

（三）成果凝练与推广

研究成果的凝练与推广是此项教研的重要内容，也是能够切实满足基层教师需求的重要一项。

首先，总结提炼成果。

成果提炼是课题研究的关键环节，课题成果分为认识性成果和操作性成果。提炼成果主要围绕撰写研究报告，整理梳理案例集、教案集、活动集等几大类别，需要立足教研实际，提炼适用于一线教育教学的优秀成果。

其次，成果转化指导实践。

教研围绕如何推广成果、采取何种形式解决本地区的普遍性问题来进行，通过跨区交流、观摩成果推广会等形式去促进思想碰撞、宣传研究成果。本地的优质园与薄弱园、城市园与乡村园、跨区域的名园之间的成果交流也是重要的举措。

以实际案例或教案集、活动集的成果形式，开展课题成果推广会，宣传课题研究成果，以教研的形式，推动课题研究，促进幼儿发展。

四、"课题研究＋成果转化"式教研实施原则

（一）科学论证原则

"课题研究＋成果转化"式教研需要采取科研的思维以及科学的研究方法，针对研究数据的收集、研究结果的认定、策略的有效性，保持客观、严谨的态度，要有真实数据、真实效果的支撑，不能全凭经验进行总结。

（二）开放创新原则

在"课题研究＋成果转化"式教研中，人人都是研究者，人人都是参与者，不论是高校专家，还是园长、教师、教研员，都可以根据自己的研究发表自己的看法、思维碰撞，大家虽然有着不同的研究分工，但是有共同的研究方向和目标。不迷信专家的观点，更不要低估教师的智慧。每个参与者都要做好文献查阅，不重复别人的研究，从自身情况出发，寻求创新点，用开放的思维寻找解决问题的方法论，主张传承、更新、创造，在教研活动中捕捉新的观点、新的方式，鼓励用发展的眼光去看问题。

（三）深入系统原则

"课题研究＋成果转化"式教研，以课题为引领，课题的主题不是单个、单次的活动，而是针对问题系统、全面、深入地研究，研究的问题并不是经验总结，而是经过系列科学的论证与实践而得来的科学结论。相对于其他类型的教研，本教研对问题研究得更有深度与广度，对问题产生的原因、背景、解决问题的策略等更深入和完善，从而形成解决问题的体系，进而从根本上解决问题。

（四）遵循四性原则

成果转化过程中要遵循四性原则，即：应用性、同步性、层次性和广泛性。应用性是指其研究成果能与幼儿园教育教学实际和教师发展需求相连接，直接服务于幼儿园的发展和教师成长；同步性是指研究成果要与教育改革实践协调同步，直接针对改革中需要突破的难点、热点问题，为实践活动提供科学方案和理论指导；层次性是指，宏观研究成果、中观研究成果和

微观研究成果指向不同的服务群体；广泛性是指研究成果应涉及幼儿园发展、教师发展、地域学前教育发展等不同层面。

五、"课题研究＋成果转化"式教研实施路径

（一）构建教科研共同体

以地区教研员、名优园长牵头，筛选乐于参与的园长、教师为课题小组成员，由高校专家、教科研人员共同参与，形成教科研共同体。以小组学习的形式，确立科研组组长，做好小组的组织架构，明确责任内容。

（二）分级分类分工

依托教科研共同体，以幼儿园核心的、关注的问题为切入点，确立研究内容和方向，商讨课题研究形式。高校、教科研机构、园所进行分工，分别承担对应的任务，选择集体大课题、子课题、独立课题不同类别中的某个任务。在集体大课题中，高校负责对课题进行专业指导，如课题研究方向把握、研究理论支撑、研究方法把关等。
教科研机构人员负责帮助园所整合各方资源，牵头组织园所进行多项教研活动，指导园所推进与实施课题研究，评价课题研究成果，帮助园所寻找专家资源，支持园所课题研究与成果推广。

幼儿园可针对一个点或一项内容在园内所开展深入研究，充分利用教科研小组资源进行集中交流，互相学习。

（三）开展理论培训

聘请高校专家、教科研专家、行业翘楚等多种资源，通过课题来引领教研，组织多种活动，专家指导、开展理论培训。如聘请高校专家进行课题研究知识讲座，开题会邀请教科研人员进行现场指导，聘请行业专家现场观摩研究实践活动等。

（四）推进研究进程

依据现实问题确定研究内容和方向，在前期开展问卷调查，形成调查分析报告，进行课题申报与立项。在立项成功后召开开题会，并根据专家

意见再次调整课题内容，制定研究方案。课题研究过程中，进行阶段总结，保证实施方案的可行性和实效性、不断完善并调整实施方案。

（五）成果提炼转化

针对认识性的成果，开展行动研究，并在行动中检测其效果，组织观摩活动；针对操作性成果，分阶段收集过程性资料，撰写研究报告，梳理案例集、教案集、活动集。课题结题后，采取多种教研方式推广超过难过、共享资源，将优秀的经验辐射片区，使更多幼儿园受益。

六、"课题研究＋成果转化"式教研案例

案例名称：名园带动促区域教研共同体构建

【案例导读】

学前教育经过跨越式发展实现了基本普及之后，内涵发展和质量提升成为工作的重点。"名园带动"战略是牡丹江市在第一个学前教育三年行动计划中提出的促进牡丹江市学前教育优质均衡发展的重大决策，2015年全市第二期"名园带动工程"启动，由学前教研部牵头申报的《名园带动，促区域教研共同体构建研究》课题被正式立项为"十三五"省级重点课题。

（一）研究背景

"名园带动，促区域教研共同体构建研究"依据教育部第二期、第三期《学前教育三年行动计划的意见》和《中共中央国务院关于学前教育深化改革规范发展的若干意见》要求，经过三年多不断探索，逐步形成三级带动四级联动全覆盖学前区域教研体系；落实教研指导责任区制度，推进牡丹江市园本教研、区域教研制度建设，坚持走"名园帮民园、名园结农园"发展建设之路；坚持"重实效、促双赢"基本原则，努力构建"以人为本、协同共赢、资源共享、合作创新"的区域教研运行机制。充分发挥城镇优质幼儿园和农村乡镇中心园的辐射带动作用，加强对薄弱园的专业引领和实践指导，促进牡丹江市区域性学前教育创新管理，提升牡丹江市各级各类幼儿园保教质量，引领牡丹江市学前教育朝着均衡优质方向发展，呈现出整体推进、协调发展的良好局面。

（二）研究目的

建立"教研责任区"，推进全覆盖学前教研体系；发挥名园示范引领作用，探索名园带动方法、策略；寻求基于幼儿园实际需求，促进幼儿园协同共建的方法和途径；建立牡丹江市名园长工作室、名优教师工作室，培养本土专家；形成区域教研共同体，构建"以人为本、协同共赢、资源共享、合作创新"的区域教研运行机制，促进牡丹江市学前教育均衡优质发展。

（三）研究意义

课题研究依据教育部《学前教育三年行动计划的意见》和《中共中央国务院关于学前教育深化改革规范发展的若干意见》要求，逐步完善学前教研指导体系，落实教研指导责任区制度，推进牡丹江市园本教研、区域教研制度建设，充分发挥城镇优质幼儿园和农村乡镇中心园的辐射带动作用，加强对薄弱园的专业引领和实践指导，促进牡丹江市区域性学前教育创新管理，提升牡丹江市各级各类幼儿园保教质量。

（四）"名园带动促区域教研共同体构建"实施策略

1. 三级带动四级联动，实现教研指导全覆盖

为确保教研指导工作切实深入到农村偏远薄弱地区，达到教研指导全覆盖，牡丹江市构建了三级带动、四级联动教研指导体系。

首先，将牡丹江市四城区、六县市辖区内所有公民办幼儿园、农村幼儿园根据各地幼儿园位置和强弱比例，分成4~5个片区，每个片区有一所核心园。牡丹江市直属六家省级示范园带动各县（市、区）、市级示范园，区域核心园带动片区内幼儿园，从而形成学前教研三级带动指导网络。

其次，形成市级教研—区级教研—连片教研—园本教研，四级教研联动体系。市级教研活动做引领，针对全市共性重点问题进行指导，起示范作用；区级教研作补充，结合区域特点和市级教研要求，组织开展教研活动，解决区域个性问题，提升区域内教师研究能力；连片教研做落实工作，由核心园带领片区内幼儿园结合市、区级教研指导方向及要求，重点做好落实，同时结合片区幼儿园特点及时总结经验和问题上报区级教研组；园本教研，立足幼儿园实际，突出"微课题"研究，聚焦"园本问题"。

2.教研员分区负责制，发挥专业引领作用

实施教研员分区负责制，将六个县市和四个城区的名园带动、区域教研工作落实到每名教研员身上。充分发挥教研员服务、指导、引领的作用。

从区域教研计划制定、教研活动设计、教研活动组织实施，教研员参与研究并把握方向；每一次教研活动教研员要重视过程的跟踪与指导，关注区域教研、连片教研、园本教研实效性；实时了解各区域研究动态，把握研究方向，调动区域内教研核心团队研究热情；提高年轻、骨干教师和核心园工作积极性，培养各区骨干教师团队；及时解决各区域教研团队出现的问题，推进区域教研工作进展，提升区域教研活动的质量。

3.名园带动示范辐射，提升区域教研质量

坚持"重实效、促双赢"的共建原则，实施名园帮民园、名园结农园发展建设思路，发挥示范园引领辐射作用。以活动为载体，形成送课到园、送管到园、跟岗到园、研修到园常态序列活动，名园带动形式向多元化、多视角、常态化发展。专题培训、主题研究、案例分享、教学沙龙、微教研；跟岗实践、入园指导、一对一牵手互助、名园长工作室、骨干教师结对工作室、名师课堂；幼儿园一日生活、游戏、环境、集体教学、小学化、卫生保健、安全管理。多层次、多视角建立积极共建关系。网络教研与现场联动相结合，理论研究与实践探索相结合，在互信互利基础上形成行政带教共同体、牵手同行共同体、师徒研修共同体、名师打造共同体、领域研究共同体、园本研修共同体。随着项目研究推进逐步构建"以人为本、协同共赢、资源共享、合作创新"的区域教研文化。

4.打造专业过硬的培训者团队，提升示范指导能力

坚持专业发展取向下共同体构建，聚焦科研队伍发展，培养一批高成长性的研究型人才。建立教研员、园长、骨干教师培养梯队，每学期制定教研员培养计划、骨干园长（教师）培养计划、名园长工作室计划。实施梯队中教研员、园长、教师考核评价机制，推动培训者团队向科研型人才持续滚动发展。

以活动为载体在实践中历练成长。每学期开展教研员、园长拉练活动。2016年全市"集体教学活动有效性研究"和2017年"主题背景下区域活动

研究"，每位教研员和视导员进行研究过程及研究成果汇报；2018年全市集体教学活动大赛中幼儿园园长和教研员做现场点评；2019年全市区域性学前教育创新管理大拉练活动中教研员、视导员汇报区域教研工作；2019年11月全市"区域性学前教育创新管理九统一培训"，培训者均由园长和教研员担任。2020年5月"名园带动促区域教研共同体构建——四级联动网络教研"4位园长1位教研员做"疫情背景下幼儿园家庭育儿指导策略"经验分享。

在区域教研工作实践中，夯实培训者团队专业理论基础，提升培训者团队实践研究能力，拓宽培训者团队研究视野，提高培训者团队组织指导教研能力、引领教师发展能力、幼儿园管理指导能力，从而实现教师成长与教育事业精进的双赢。

5. 顶层设计引领方向，四级联动均衡发展

作为市级教研部门主要做好顶层设计、统筹安排，县（市、区）层面做好全面覆盖和研培结合，连片教研和园级层面贯彻落实和层层推进。市级教研部门确定的研究主题就是方向的引领，近年来牡丹江市围绕着"去小学化"开展系列研究。例如：2015年废旧材料在建构区中的巧妙运用研究；2016—2019年聚焦核心经验集体教学活动有效性研究；2017年主题背景下区域活动研究；2019年牡丹江市区域性学前教育创新管理"九统一"研究。研究内容涉及幼儿园集体教学活动、游戏、生活、卫生保健、后勤管理、安全等多个方面。全面引领牡丹江市幼儿园向科学规范、安全优质、均衡方向发展。

6. 建立区域教研制度保障体系

牡丹江市先后制定了《名园带动活动方案》《区域教研共同体构建制度》《区域教研指导管理制度》《名园带动考核制度》，规范区域教研活动的计划、组织形式、内容选定、参与人员、活动准备、资料留存等方面的内容。明确示范园的职责，确立优秀教研组考核评比标准。有了制度的保障，使区域教研活动能够健康有序地开展，相关激励机制提高幼儿园和教师参与的积极性，逐步形成自主互动、合作共赢的教研文化。

7. 行政、教研联合推进，保障实施

"名园带动战略"的有效落实必须依靠教育行政部门和教研部门的通

力合作。由督导室搭建专业引领平台,通过教学、管理评估为名园带动、区域教研把脉诊断,指引名园带动、区域教研方向;由教育行政部门搭建研训激励平台,包括分期研修平台和激励共享平台;由学前教研部门搭建专业支持平台,通过技能大赛、主题教研、主题研讨、经验分享、案例分析、分级培训等方式提升专业能力。牡丹江市为推进"名园带动工程"每年设立专项资金,并将名园带动和区域教研工作纳入"牡丹江市区域性学前教育创新管理工作"中,每年进行考核评估。

8.建立"阶梯形、台阶式"教研发展团队

着力建设以专职教研员为主导、名园长为主干、研究型教师为主体的专兼职相结合教研队伍,将教研员从传统管理者、组织者转变为教师专业发展的内容规划者、资源整合者、方法引领者。形成专家型教师、研究型教师、骨干教师研究团队,分层分级开展教研培训工作。

第四节 "研培结合+评价指导"式

"研培结合+评价指导"式教研强调研培一体,主要是以"研"的科学性来补充"训"的"促进性",以"训"的"实效性"来补充"研"的递进性,使得两者互为依托,互相促进。"研培一体"是一种理论与实践相结合,以解决教师教学中实际问题为导向的研究制度,是以研生培、以培促研、研培结合的新型教研模式。其目的是通过教研的实践探索和研究成果的实践推广,使培训主题整合教研内容,培训过程整合教研方式,将教研成果转化为培训资源,从而促进教师教育教学能力快速提升。通过搭建学习交流的教研平台,在理论与实践的双重发力下,融合了多种学习方式,促使教师在学习中吸收新知识、开阔视野,在思维碰撞中形成新见解,积累新经验,促进教学相长,给教师带来更多的思考和启示。

一、"研培结合+评价指导"式教研介绍

"研培结合+评价指导"式教研是围绕学前教育事业发展、园所发展、教师发展需求,通过多元形式和资源共享,打造成长共同体,以提高园所

保教质量和教师专业素养、助推学前教育事业发展为宗旨，构建教育、教研、培训三位一体的新型教研模式。

（一）概念与内涵

"研培结合+评价指导"式教研是指将培训工作与教研工作紧密结合，将教研中的问题转化为培训的主题，立足于教育实践、问题研究、师资培训三个基点，以教师专业成长、保教质量提升为核心，通过集中培训、跟岗实践、环境参观、活动观摩、专题分享、互动交流、成果共享等多种形式开展针对性培训的研究活动，努力实现名师团队打造、教师专业成长、园所内涵发展、区域协同提升，从而推动学前教育内涵发展。

教研与培训互为基础，内在相融，不可分割。具体表现在培训主题来源于教研问题、培训课程基于教研内容、培训过程整合教研方式、教研成果可以转化为培训资源。以研生培，以培促研，研培结合，彼此成就。

（二）价值与意义

1. 坚持教师视角

教师视角是指站在教师的角度去思考问题。教师的视角分为两类，一类是教师真实的视角，聚焦于怎样才能更好地做好教育教学工作，更好地培养儿童；另一类是园长对教师的视角，也就是园长对自己的教师团队有着怎样的期许，对教师队伍建设、园所发展的规划是什么。所以在培训内容的设置上更要多对接操作层面，理论课程与实践课程相互结合。

2. 聚焦教师需求

坚持"研教师关注的，论对实践有价值的"原则，满足教师的需要，针对一线教育教学中教师可能遇到的困难或专业发展中的瓶颈，从前期对一线教师普遍需求的调研，再到教研活动中数据的收集与趋势的预判，思考教师是否了解专业发展的需要以及当今前沿的教育理念和方式方法，帮助教师适应课程发展的变革。

3. 强调研训一体

坚持研训一体，涵盖多元内容，强调学习与思考双轨并行。充分利用专家资源，采用培训式交流、问题导入的方式，增加专家与一线教师的互动，让教师更直观、准确地理解理论知识。通过观摩学习促进理论知识内化，进一步实现多元资源共享。

4. 研培帮带结合

通过"研培结合＋评价指导",实现教师理论与实践双重层面的帮带,倡导互动交流,参与即是学习,交流既是心得,在教研中得到理论知识的浸润和实践操作方法的指导,主张"看中思,做中学,"多参与、多请教、多交流、多互动、多提问,促进沟通交流的深入进行。

5. 骨干梯队建设

充分利用名师团队、名园长工作室,培养本土专家,不断输出研培优秀资源,手把手着力培养当地骨干教师队伍,激发当地教师自我发展的内驱力和原动力,将骨干教师作为中心点,以点连线,以线成面,保障后续发展的持续性、稳定性。

6. 区域协同提升

研培结合需依托示范园、片区中心园、实验园的辐射引领作用,在打造优质园的同时,采取一个园所带动一片园所,一片园所带动一个区的园所,以点带线,充分发挥示范园的作用,以线成面,提升弱势园所的整体水平,扩大优质学前教育"覆盖面"。促进区域协同发展。

二、"研培结合＋评价指导"式教研特点

(一)研培结合,互补相通

教研与培训结合为一体,互相连接。培训的主题来源于教研中产生的问题,而教研的问题来源于问题实践,因此教研可以解决教学实践问题,培训能够解决教研中的问题。教师通过亲身感受、动手操作、互动交流、个体反思等方式进行学习。在培训中感知学习,在教研交流中产生思维碰撞,二者在学习规律方面应该互补相通。

(二)依需定题,指向明确

研培准备阶段要面向教师充分开展调研工作,了解教师的需求,从教师在教育教学中存在的困难、专业发展的瓶颈出发,综合发展需要,拟定教研主题,注重深挖根本问题,针对需求中的某一关键点,制定多种不同形式的培训内容。教研主题要指向明确,内容、形式与主题相关性要强。

（三）实践筑基，理论提升

以实践为基础，聚焦教师专业发展与园所课程建设。将实践层面的杂、细、碎的经验进行系统的梳理，形成专业、完善的理论认识、提炼出具有操作性的实践指导策略。将细小的优秀经验以教育理论来概括，最终用于指导教育实践。

（四）专家指导，资源优化

充分利用高校教授、教研人员、名师工作室导师、优秀园长、骨干教师等不同类别专家，促进资源整合。构建学员与教研人员、学员与行业实践专家、学员与学员之间的多类别、多层级教研活动，为其提供学习平台，共享优质资源，促进专业提升。

（五）活动多元、持续帮扶

采用多样的活动形式，引领参培者、送培者双向互动成长。开展专题讲座、参与式培训、学员现场展示等送培送教活动，打破传统的"我说你听"形式，以参与互动为核心，让教师在"听、说、做、思"的过程中完成自主学习；开展集体备课、集中内训、一对一指导等送培团队内训活动，让送培者在一次次的研讨学习中完成"螺旋上升式发展"，扎实提升自身专业素养。持续发挥教研培训帮扶效应，凸显团队成员所在示范性优质园、城镇中心园龙头带动作用，带动对口帮扶，片区园所提高园所管理水平，提升保教质量，建立教研训共同体。

三、"研培结合+评价指导"式教研内容

（一）聚焦学前教育改革热点

聚焦国家、省、市学前教育改革政策、学前教育理论革新及一线幼教工作者共同关注的热点话题，开展基于调研园所的现场指导和针对学员展示的结对指导。通过"研训结合+评价指导"的教研模式，引起教师反思，改进保教实践，力图实现学前教育政策、理论和园所实践的无缝对接。

（二）基于区域学前教育发展的重点

聚焦当地学前教育发展重点、学前教育政策与现实情况，通过集体座谈、调研诊断、查看资料等方式，对当地幼儿园的园舍建设、园务管理、保教工作、后勤工作、家长工作、教育资源等情况进行深入了解，全面掌握当地学前教育发展的一手资料，并写出诊断报告与培植计划，提出切实可行的改进意见。

（三）立足幼儿园实践疑点

聚焦一线幼教工作者在实际工作中遇到的问题与疑惑，如园所管理、班级管理、园本课程构建、家长工作等，并进行现场或网络诊断，采取"自下而上"的诊断，有针对性地制定研训方案，力图贴近当地实际，解决当地园所问题，并且能够有效提升园所发展质量。

（四）关注学前师资队伍建设

师资队伍的建设与培养对园所发展、教师专业发展有着重要的作用。聚焦教师分层分类培养、师资素质与能力培养的管理措施与管理制度构建，如针对教师不同的专业水平现状制定不同培训内容，满足不同水平教师的多元化发展。园所需要探索新教师、骨干教师、教研组长等不同类别教师专业发展的需求，及时帮助教师树立发展目标，架构培训计划，搭建磨炼平台，形成专业化、模式化的园所培养体系。增强园本文化软实力，打造敬业、乐业、专业化教师队伍。

（五）重视资源开发与课程实施

课程是幼儿园重要的环节，对教师的专业素质与教学能力也有较高的要求。聚焦课程实施，强化教师对游戏的认识，以游戏贯穿幼儿学习的始终，转变固有观念，从游戏的来源、游戏的兴趣追随、游戏的浸润等着手，使教师树立良好的游戏观。充分挖掘地区内文化风情、服饰与语言、风俗习惯等隐性课程资源，将现有的物质资源与课程相结合，发挥园所环境与班级环境的教育属性，体现教育功能等都是非常重要的研培内容。

四、"研培结合＋评价指导"式教研实施原则

（一）研训一体互通共建原则

研训一体互通共建的原则是要求教研与培训相结合，研中有训，训中有研，将教研主题与实践问题相结合，让培训的内容契合工作中的需求，让参培教师能够以教研的形式，学有所悟，学有所得，在参与中获得知识的重构与更新，通过碰撞来加强交流，又在相互学习中促进共同成长。

（二）问题导向聚焦重点原则

教研的主题与内容应相互对应，教研问题要聚焦教学生活。问题切口小而深，不偏题、不避重就轻，不规避核心难点。教研内容围绕教研主题，对教研"问题"进行解决，自下而上制定教研目的及教研内容，开展具有实效性的教研。

（三）立足当地造血强体原则

开展研培活动要因地制宜，根据不同地区的实际条件，最大化利用与配置资源，根据本地情况适应调整研培方式，要充分考虑园所的实际情况与师资现状，采取多样方式。教研问题的提出应该尽可能满足园所的需求，教研培训内容也应依据当地教师的需求与发展现状制定。通过送教等活动为当地学前教育队伍建设助力，培养优秀教师团队。

（四）共建共享持续助力原则

构建学前教研指导网络，通过送教送研、年度全市大教研、幼儿园教育新秀、能手、学科带头人大赛等展示活动、项目研究小组活动、名师工作室等，充分利用"互联网＋"网络平台，构建"线上、线下"共享模式，实现区域学前教育优质资源的"共建共享"。发挥优质园的龙头作用，持续助力当地教师的专业能力发展、园所及学前教育内涵发展。

（五）基于实践强化需求原则

基于实践强化需求原则是指了解教师的教学困境，调研教师的成长需

求，梳理教研内容，形成培训专题。从为教师解决教育教学中的困难和疑惑出发，尊重教师专业发展规律，以教师的最近发展区为指引，注重教师能力的提升，点对点、面对面进行实践操作和问题反馈。

五、"研培结合+评价指导"式教研实施路径

"研培结合+评价指导"式教研以发现问题、解决问题、实践运用为思路，形成问题解决的循环往复、动态发展。具体实施路径应从以下几个方面逐步进行。

（一）实践工作中生成教研问题

教研的主题来源于一线工作实践，教研主题的生成经历三个阶段的调研。

首先，是教研前期的调研。针对工作中梳理出的问题和困难，在大数据收集的基础上进行预设，从发现表象问题到分析深层次的原因，最终确立与之相对应的教研主题。

其次，是教研中的调研。针对教研过程中不太理解的内容或研究不充分的问题，进行深入的探索。以深入解决问题为指引，构建下一次教研的主题。

再次，结束后的调研。在实践后，结合研培活动的反馈、教研培训后的反思，发现新问题、新思考、新做法等，生成新的教研主题。

（二）深研教研主题，形成教研内容

教研内容是教研目标具体和细化。根据教师的需求、疑惑、现实困难，考虑大多数教师存在或关注的问题，以教学实践、培训、教学研究三种方式为主，将教研主题转化为与之呼应的教研内容。教研内容与主题相关联，有相应理论认识，有对应的实践做法，有优质案例、环境创设的现场观摩。

（三）结合教研内容，生成研培方式

从教研内容入手生成研培方式，改变以往单一的理论知识灌输、坐听坐学的传统培训模式，而是将研培结合。参与研培的人员既要组织教研活动，又要策划培训内容，同时担当培训者。注重互动交流，以理性思考、操作方法、经验成果、优秀案例交流为主，以现场课例观摩、游戏展示、环境创设、互动交流为辅确定研培方式，内容贴近一线教育教学，反映实际教学生活。

（四）提炼研培成果，应用教研实践

在研培活动后，做好研培活动记录，将反馈、思考、提出问题、再反思的研培过程记录下来，对分享过的专题交流与优质课例进行存档，将培训的内容、培训后的交流反思梳理提炼为可操作的成果，帮助教师温故而知新，使研培成果应用于工作实践，对未来研培进行进一步的指导。

六、"研培结合+评价指导"教研案例

案例名称：基于核心经验提升幼儿园集体教学活动有效性

【案例导读】

集体教学活动作为幼儿园活动形式之一，有着独特不可替代的功能。随着20世纪末开始的课程改革持续推进和人们对幼儿发展、学习认识的不断深入，"幼儿的学习是以直接经验为基础，在游戏和生活中进行"已逐渐成为幼教人的共识，集体教学在一日生活中所占比例逐渐减少，教师忽略了对集体教学的反思和研究，集体教学活动的适宜性和有效性不足成为一个普遍问题。牡丹江市教研人员，在听评课时深深感受到教师集体教学质量的退步。此案例是教研员通过一系列研培赛相结合的方式，带领幼儿园及教师进一步深入理解和运用《3~6岁儿童学习与发展指南》（以下简称《指南》），深入研究五大领域核心经验，以六家直属幼儿园和四家民办幼儿园为实践研究基地；以教研、培训、赛课为载体，面向全市开展幼儿园集体教学活动有效性研究，提高幼儿教师的理论研究能力和实践操作能力。通过研究—实践—反思，这样循环研究过程提升幼儿园集体教学活动适宜性、有效性，使集体教学活动发挥应有的作用。

（一）教研目的

1.进一步学习、应用《指南》，夯实领域教学知识，提高五大领域整合能力，明晰集体教学与一日生活和游戏的关系，提升集体教学的适宜性、有效性。

2.提升教师教学机制，树立正确的儿童观、教育观，为促进儿童的全面发展奠定良好基础。

3.提升园本教研、区域教研质量，打造骨干教师团队，培养优秀的教研员、园长、教师梯队。

4. 全面提高牡丹江市幼儿园保教质量。

（二）研究意义

随着心理学、教育学研究的深入，人们逐渐意识到：教学不是简单的知识传递的过程，而是知识处理和转换的过程。集体教学作为幼儿园的传统教学模式在提高教师教学机制，夯实教师领域教学知识，快速提高幼儿教师专业能力方面有着不可替代的作用。同时，在促进幼儿学习与发展方面有着引领性强、系统性强、高效、经济、公平等特点也有助于形成学习共同体，培养集体感。

牡丹江市幼儿园在集体教学活动研究中存在认识不到位，研究不扎实，理论学习不深入，教学质量无保障的现象。教师对《指南》要求和方向不明晰，领域核心经验掌握不扎实，集体教学追求表面的热闹，造成低效甚至无效和反效的现象经常出现。基于《纲要》《指南》，开展幼儿园集体教学活动有效性研究，能有效提高幼儿园集体教学活动的适宜性、有效性，充分发挥集体教学活动在幼儿园活动中的作用和价值，帮助教师厘清集体教学与游戏、一日生活之间的关系，促进幼儿全面健康成长。

理论价值：通过项目研究，从理论上科学分析、揭示幼儿园集体教学活动中存在的问题，并结合实践反思研究不断提升集体教学活动质量，建立科学质量观，为全市幼儿园集体教学活动有效性评价体系建立积累初步经验。

实践价值：在工作实践中指导幼儿园教师从集体教学活动内容选择、教案设计、教学活动组织实施等方面提高教师集体教学活动的有效性，提升幼儿教师专业能力，全面提升幼儿园保教工作质量。

（三）梳理集体教学活动存在的问题

教研员通过发放问卷、现场听评课、组织教师座谈等方式，深入了解幼儿园集体教学开展情况，以及教师实施集体教学过程中的误区和问题，并进行梳理。

1. 教师对集体教学活动质量评价标准不统一，甚至出现偏颇

近几年无论是听常态课，还是观摩竞赛课，都可以清晰地看到教师们对优质集体教学活动的评价各不相同。对于一些低效、无效、反效的集体

教学活动老师们无法判断。有的教师甚至以游戏设计、孩子开心、活动热闹为评价标准，而忽视了《指南》《纲要》和领域核心经验的要求。

2. 园本教研缺少对教师集体教学活动的有效指导

近几年园本教研缺少对集体教学活动的深入研究是幼儿园集体教学活动质量下降的重要原因。幼儿园忽视集体教学活动的作用，平日的听评课局限在园长、教师的已有经验当中，缺少对《纲要》《指南》以及领域核心经验的理论学习，缺少实践操作的反复研磨，使得教研水平停滞不前，脱离时代发展的要求。

3. 五大领域教学活动内容选择均衡性方面存在问题

通过对教师选择集体教学活动内容的初步调查发现，五大领域教学内容选择存在着不均衡性。不同发展阶段的教师，在教学内容的选择上有明显的差异，新教师偏科的现象比较显著，这与新教师的个人兴趣、爱好、特长以及对教育活动的把握能力有极大的关系，成熟期教师和骨干教师相对均衡。内容选择中，语言领域和艺术领域的活动的比重较大，最受冷落的就是社会领域的教学活动，由于活动内容选择不适宜、不全面，其结果会直接影响幼儿的全面发展。

在五大领域集体活动组织中，每一个领域都有各自课型及独立内容，而教师在选择的时候有意识地趋利避害，即一些专业知识较强的内容，教师组织活动少。分析原因：自身专业知识能力欠缺，所以教师有意识避开这些内容。这也导致教师对五大领域核心价值了解、掌握不够全面，组织集体教育活动的策略方法不够丰富。

4. 对教育对象的了解表面性和缺失的现象。

主要有以下几种情况：第一种情况，教师不能很好地把握幼儿的年龄特点。幼儿的年龄特点决定幼儿的学习方式，在研究过程中我们发现有部分教师对幼儿的年龄特点把握不准，使得教学活动的针对性和实效性大打折扣。第二种情况，教师忽视幼儿的已有经验和现实需求。

5. 对教学内容选择的局限性和障碍。

主要有以下几种情况：第一种情况，五大领域知识模糊。很多教师在组织教学的过程中，会出现知识模糊，这里会有两种现象，一种是教师本身的知识缺乏，另外一种就是领域界定模糊。由于教师自身的知识层次不够，所以在教学中就会出现问题，而且这一现象在科学、健康两个领域教学中出现率最高。还有的教师在组织教学中，不明确自己选择的活动是哪个领域的教学，所以在组织教学过程中出现了大杂烩，重难点不明确的情况。

以上的现象是教师经常出现的，对于领域不清的活动，需要教师明确以下几点：幼儿园一节教育活动时间有限，重点目标要突出，要聚焦，活动内容过多幼儿很难接受，综合活动的组织更需要教师慎重选择，需要教师不断丰富自身的专业知识，提升自己的知识结构、丰富知识，不断学习。

第二种情况，领域核心经验缺失。主题活动是目前幼儿园教师通常采用的课程组织形式，在预设或者生成的过程中，教师依据幼儿兴趣和需要设计主题思路，但是在实施活动过程中，我们也发现，教师常常将环境墙饰的布置放在首位，而环境布置需要艺术绘画、制作活动来完成，因而教师在教学活动过程中，自觉或者不自觉地选择美术和制作活动，来完成墙饰的布置，最容易缺失的就是科学探究活动和数学方面的内容，最终结果是领域活动的缺失，在领域活动核心价值的把握上也有很大的缺失。

第三种情况，每个领域活动类型单一。在教学活动设计中，教师往往会走入一个误区。例如：语言领域教学活动，教师们组织最多的就是故事教学，尤其是现在绘本故事风靡，所以教师们也趋之若鹜，绘本故事教学几乎成了语言领域教学的代名词。其实《指南》语言领域目标中涉及两个子领域倾听与表达，阅读与书写准备，由此可见语言领域的教学中出现了单一的现象。还有在美术活动中，教师组织最多的就是绘画活动，有的时候教师会根据自己的研究兴趣，设计制作等等，里面的欣赏活动等就很少涉猎。

6. 对教学方法的选择存在偏差性和困难。

主要有以下几种情况：第一种情况，教学环节设计的固定和呆板。在激发兴趣的过程中很多的时候采用故事、问题、创设情境的方式，很多的时候教师按照这个套路来进行，形成固定模式，阻碍了教师教育智慧的发挥。

第二种情况，选择的方法和幼儿的学习方式不匹配。教师在实际教学活动过程中，在选择教学方法时，常常依据经验和固有的思维方式来进行选择，往往忽略幼儿的接受方式。

第三种情况，提问的精准和针对性不够。教师的提问决定幼儿的思维过程和结果。我们更多地关注教师提问的开放性，有的时候教师会忽略准确性。

（四）"幼儿园集体教学活动有效性研究"策略与方法

1. 聚焦核心经验，提升集体教学活动有效性

研究集体教学活动必须研究五大领域核心经验，教师只有熟练掌握五大领域核心经验才能准确判断教学内容、教学目标、教学手段的适宜性和有效性。在研究初期我们看到教师对于五大领域教学知识、教学方法的缺乏是制约集体教学活动质量的关键要素，因而项目组提出了"聚焦核心经验提升集体教学活动有效性"研究方向，将领域核心经验的研究与集体教学活动有效性研究相融合，分领域推进项目研究工作。

2. 关注教案设计，提升集体教学活动有效性

凡事预则立，重视教案的设计和书写是提高集体教学活动有效性的基础。在研究中项目组发现大部分教师教案书写比较简单笼统，语言表述不规范。从中我们可以分析出教师在上课前对教学目标、教学准备、教学过程、教学延伸等环节的思考不够深入，进而教学活动就呈现低效、无效、反效等现象。因而项目组认为提高集体教学活动有效性要从书写教案开始，项目组提倡教师结合《纲要》《指南》和领域核心经验写详案，项目组还研究下发了《幼儿园教案书写格式及撰写要求》并将此标准纳入幼儿园赛课评分当中。教师需按照标准要求明晰教学目标、教学准备、教学过程、教学延伸等环节的具体内容要求和书写要求，按照要求精心设计、反复斟酌具体内容，并在设计教案时不断与工作实践相对接，确保教案预设内容的科学性、可操作性。

3. 抓实园本教研，提升集体教学活动有效性

园本教研是教师专业成长的主阵地，关注园本教研中专业引领、同伴互助、自我反思三个要素，不断提升园本教研质量，将有力地引领、指导、促进教师对集体教学活动有效性研究的不断深入。

4. 主题研讨、典型示范，提升集体教学活动有效性

少开展教学赛课活动，多开展示范课展示、主题研讨活动。项目组在研究过程中多次开展"聚焦核心经验提高集体教学活动有效性"主题研讨活动，通过示范课展示、园长和教研员点评、现场微教研、研究成果汇报等方式，让更多的教师、园长和教研员在思维碰撞、观点表达、深入思考中理论得

到升华，实践能力得到提高。

5. 转变赛课模式，提升集体教学活动有效性

提高全市幼儿园集体教学活动有效性的关键是提高教研员、园长的专业指导能力，提高教师的自我反思能力。首先，改变赛课打分规则。将教案书写、课堂教学实践、课后延伸和课后反思，四个环节按一定比例综合打分（见附件5-2）。其次，改变评委评比方式。评委由教学园长、教研员担任，评委不仅打分还要进行现场点评，评委要集中研课对评比结果形成共识。

6. 研、培、赛相结合，提升集体教学活动有效性

围绕项目开展实践研究，将研究成果通过主题研讨、培训等方式分享给全市幼儿园教师，为巩固研究成果组织赛课活动，结合赛课中发现的新问题再次培训提升。研、培、赛三位一体，能有效提高集体教学活动研究成果转化。

7. 建立区域研究长效机制

按市、县（市、区）、园三级组织形式，以每学年评优课和基本功为抓手，聚焦集体教学活动的科学组织，开展系统深入的教学研究；以市级五大领域工作室每月一次的实践研讨活动开展，进行每个领域教学有效性的深度研究；以联片学区，6所直属园为实验基地，开展两周一次的入园实践观摩研讨，促进研究的螺旋式深入发展。

8. 依托培训整体提升

根据项目研究阶段需要，针对研究遇到的问题，聘请幼教专家、幼儿园园长进行专题培训，如《从教学目标制定看集体教学活动有效性》《五大领域核心经验解读》《集体教学活动中师幼互动有效性》《教师提问有效性》等，同时还依托牡丹江市农村园长高研班、区骨干教师pck培训、3年以内新教师培训等项目，聚焦集体教学活动有效性组织开展培训，支持项目持续滚动研究。

9. 五大领域基本课型的梳理

根据每个领域的核心价值、幼儿年龄特点以及学习方式，项目组成员带领教师逐步摸索五大领域七个学科的基本课型，教师在保教日常管理和教学实施的过程中，能够自查计划书写和活动是否做到五个领域活动能够均衡的目标，具体到一个领域，每项活动内容是否能够均衡，能够保证幼儿全面发展，有真正的实际获得。

  例如：健康领域包括体育锻炼、安全自护、自理能力、生活卫生习惯、心理健康等课型；语言领域包括文学作品、谈话活动、语言游戏、早期阅读等课型；社会领域包括自我意识、人际交往、社会适应、多元文化等课型；科学领域包括科学探究、数学认知等课型，而科学探究包括观察类、实验类、科技制作类；数学认知包括数、量；形、时间、空间等；艺术领域包括音乐和美术等课型，音乐包括歌唱、韵律、打击和音乐欣赏，美术类包括绘画、手工和美术欣赏。基本课型的简单梳理，让五大领域教学活动目标的落实有了基本的保障。

第五章　学前热点问题教研创新

第一节　幼小科学衔接研究与优化

近年来幼小衔接问题比较突出，引起了家长和社会的关注。为深入贯彻党的十九届五中全会"建设高质量教育体系"的要求，落实党中央、国务院《关于学前教育深化改革规范发展的若干意见》和《关于深化教育教学改革全面提高义务教育质量的意见》，2021年3月，教育部印发《关于大力推进幼儿园与小学科学衔接的指导意见》（以下简称《指导意见》）。幼小衔接是指幼儿园和小学两个阶段之间实现平稳过渡的教育过程，同时也是儿童在自身发展过程中必须经历的重要阶段。其目的是为协助学前儿童实现由幼儿园至小学教育的顺利过渡，让幼儿有机会、有自信、身体健康、快乐地适应小学的学习，以保持身心和谐发展。

一、幼小衔接研究的意义

幼小衔接教育要充分考虑儿童的年龄特点，以及儿童在社会中进一步学习和未来发展的需要，为儿童的健康成长创造有利条件，所以幼小衔接教育还是有其研究的必要性。

（一）幼小衔接教育研究的必要性

学生在幼儿园毕业之后，要踏入小学，其在小学要面临新的校园环境、新的人际关系、新的老师、新的教学方式等，如果幼小衔接教育不到位，那么很容易导致幼儿承受一些心理恐慌和心理压力，这会对幼儿的身体和心理发展带来严重的消极影响。这些恐惧和精神压力，会影响幼儿的成长心态，影响幼儿良好体魄的塑造；这些恐惧和精神压力还会给学生带来超出其年龄承受范围的负担，从而使得儿童形成心理问题，影响儿童心理以及智力的健康发育。由此可见幼小衔接教育是非常必要的。

（二）幼小衔接教育研究的重要性

随着社会压力的不断下移，家长们在孩子上幼儿园时期便开始担心孩子不能适应小学生活，并将关注点集中到提前学习小学知识上面，部分家长认为在上小学前要做好拼音、计算、识字等相关知识储备才能适应小学生活，这种错误的认知形成的剧场效应使得幼儿园教学小学化现象迟迟不能被彻底解决，同时严重侵害了儿童身心健康发展。因而，幼小衔接教育的研究意义深远。

二、幼小衔接中的变化因素

在幼小衔接的重要时期内，幼儿的生活、学习、环境等都发生了重要的变化，需要我们对这些因素进行逐一分析，有效地审视幼小衔接工作，优化幼小衔接策略。

（一）生活环境上的变化

幼儿园与小学的生活环境全然不同，幼儿园阶段孩子们依旧处于一个充满童趣的环境内，幼儿活动的教室、校园内、活动区域等都是经过幼儿园和师幼精心布置的，环境美观、形象、富有童趣，教室内的桌椅也是随时都可以活动的，幼儿在这种氛围下身心放松，学习和生活都充满了游戏性、活动性、趣味性，寓教于乐的教学方式占据了主导地位。

小学阶段，整体环境上发生了根本的变化，固定的桌椅、学生必须遵守教师的安排，教室里不再设置活动角、各种游戏性的玩具，孩子们面对的是具有规划性的教材和学习内容，这些对儿童失去了一定的吸引力。再将视角转向操场，各种专业性的运动器材也与幼儿阶段的校园运动设备完全不同，巨大的环境反差会给学生心理上造成一定的不适应，需要重新适应环境。

（二）师生关系的变化

幼儿园阶段每个班级两教一保，师生配比1：10，这使每名幼儿得到了老师细心周到的陪伴和照料，幼师承担的角色融合了生活、游戏、教育等多种功能，幼儿教师对幼儿的照顾是全方位的。幼儿园的老师更像妈妈一样，关心每名幼儿的生活，帮助幼儿解决遇到的问题，多以鼓励幼儿为主，尊重幼儿不同的发展水平。幼儿园一日生活中幼儿的时间相对宽裕，幼儿的活动更具自由性，这使得幼儿园教师能够及时发现幼儿心理上的变化并及时地给予其关怀和疏导，师幼关系相对融洽轻松。

小学阶段师生之间的联系维系基于的是课堂四十分钟，接触时间也集中在课堂时间上，教师有时甚至需要顾及几个班级的教学任务，对学生的注意力相对减少；课间活动减少至课间十分钟，师生之间的关系也发生了关键性的变化。

（三）教学方法上的变化

幼儿阶段以游戏为基本活动，一日生活活动、游戏活动、学习活动、户外体育活动等都是幼儿园的课程，都呈现出游戏化特点。幼儿园教育的重点在幼儿的行为习惯培养，集体教学也在强调直观性、趣味性，孩子们在教师的带领下玩中学、学中玩，而且学习和娱乐的过程没有明确的时间限制，幼儿有较为自由的活动时间，是一种轻松氛围下的学习与玩乐。

在小学阶段的学习与生活中，学习占据了主要的地位，呈现出的是系统化文化知识内容，语文、数学、英语等学科成为小学生的基本学习内容。如学习数字"5"，幼儿园的教学方法是运用道具，直观性地将事物展示给幼儿，让幼儿以直观的方式表示出数字"5"，同时还可以用道具对5以内的加减进行故事性分解，趣味性较强；小学阶段则多采用思维性的教学方法，需要学生用逻辑思维进行思考，而且还会面对学习后的多种练习任务。

（四）社会要求上的变化

社会层面对教育的不同阶段有不同的要求。幼儿园阶段的教学中，多以游戏类活动为主，对知识上并没有特别强求性的约束，规范性相对较少，重视的是幼儿的全面教育和启蒙式教育，家长和幼师更多地将注意力放在了幼儿习惯的培养和规则意识形成上，对幼儿的兴趣爱好较为重视，基本上能够遵循幼儿的心理需求，同时将学习内容融合到各种活动中，使幼儿在充满乐趣的氛围下习得教育成果、收获学习效果。

在小学层面，社会对小学生的学习要求有提升，家长、教师等更多地将注意力放在了学生的知识掌握和学习成绩上，对学生的评价体系发生了根本性的变化，对学生的成绩较为重视，一切兴趣和爱好都要为学习让路。如果说幼儿阶段的教育是一种非义务性的教育，那么小学的教育则是一种有计划、有大纲要求、有教学进度的文化知识教育。小学阶段的学习和教育成为一种社会性的义务，社会对小学生的要求也与幼儿园阶段不同，一定程度上可以说幼儿从走进小学阶段的那一刻起，就相对性地承担了一定的社会责任。

（五）作息制度上的变化

幼儿园和小学是两种不同的管理模式和教育机构，幼师和小学教师所使用的教学方法不同，作息制度上更是存在着明显的区别。幼儿园的一日生活多为游戏、活动，对幼儿的约束性较弱，各种规章制度不那么明显，娱乐性教学占据了主导地位。

小学阶段的教育中，学生需要严格遵守上学放学、上下课时间，生活中也以学习为主要内容，午睡时间不再像幼儿园生活那么长。小学生很快就会对这种规则内的生活失去新鲜感，脑海中会产生很多的"为什么"。为什么不能蹦蹦跳跳，为什么不能随性地选择自己喜欢的事情，为什么不能像幼儿园一样涂涂画画等。

幼小衔接教育包括幼儿园和小学的教育，其从来都不仅仅是一方的教学职责。也就是说，幼小衔接教育需要幼儿园以及小学的共同参与。双向衔接是幼小衔接教育顺利发展，取得实效的重要路径。

三、优化幼小衔接实施策略

幼小衔接是教育转化的一个阶段和过程，对幼儿综合素质的提升与发展具有重要影响。结合以上不同因素，我们尝试从政策与理念、幼小衔接课程、联合教研、家园校共育四个方面对幼小科学衔接的实施策略进行优化。

（一）政策先行：完善科学衔接机制

1. 试点示范，分层推进

一部分园（校）先行先试、大胆实践，综合园（校）整体情况，经自荐、推荐、选拔，确立幼小衔接试验区，建立试点园（校）的双向衔接实验单位，全面推行入学准备和入学适应教育，努力凝练可复制、可推广的衔接经验。

2. 制度保障，纵横联动

在贯彻《指导意见》精神的同时，针对国家和省义务教育课程设置方案要求，科学制定幼小科学衔接实施方案，结合地方特点和发展实际加以落实，且适时地对政策文件进行调整和补充，提升幼小科学衔接的精准度和针对性。探索建立纵向衔接联动消除壁垒、横向协同互助共享的"纵横联动机制"。

3. 综合治理，动态监管

行政牵头，统筹推进幼小科学衔接结对共建机制的建立，加大幼儿园小学化和小学零起点教学的查处力度，建立常态化治理措施。协调本区域有关部门建立联合执法机制，加大综合治理力度，纠正和扭转校外培训机构、小学和幼儿园违背儿童身心规律的做法和行为。特别是要针对以学前班、幼小衔接为名，传授小学课程的培训机构，定期进行专项整治。幼儿园对大班幼儿在校外参加学前班、幼小衔接班情况进行摸底调查，并将幼儿到校外培训机构的基本情况上报主管教育部门备案。

小学严格执行免试就近入学，坚持零起点教学。幼儿园不得提前教授小学课程内容，不得布置读写等家庭作业，不得设学前班。深入推进"小学化"专项治理工作，设立专门举报电话，对违规的校外培训机构、幼儿园依法依规从严查处，为做好幼小科学衔接提供良好的保障。对办学行为严重违规的幼儿园和小学，追究校长、园长和有关教师责任。将幼小衔接工作成效纳入教育督导评估，强化动态监管和综合治理，明确评价要点和处罚措施，加大对违反教育规律行为的治理力度，对幼小衔接推进成果进行全面抽检验收，以检查促规范，以督导促提升。

（二）丰富课程：寻求育人载体变革

幼小衔接最终要落实在育人载体——课程的改变上。《义务教育课程方案（2022年版）》明确提出："遵循学生身心发展规律，加强一体化设置，促进学段衔接，提升课程科学性和系统性。"因此，在各地开展幼小衔接工作中，课程变革始终是核心举措。

1. 环境互融，消除陌生体验

小学主动衔接幼儿园环境，创设更多自主学习、游戏的空间场地，如改变桌椅位置、创设游戏区域、阅读区域、操作区域等。《小学入学适应教育指导要点》（以下简称《指导要点》）明确提出，要创设包容和支持性的学校环境，最大程度消除儿童的陌生体验和不适应。小学要做到环境上的主动衔接：一是班级空间里突出自主合作。幼儿园在课程游戏化环境创设的基础上，支持儿童自主参与创设与小学相衔接的各类环境，如增设"班级公约""我是值日生"等。小学打破"排排坐"的桌椅布局，按合作小组编排座位，开发儿童专属的学习角落。二是公共空间突出探索体验。幼儿园利用专用活动室、门厅、廊道等，增设"小学生体验馆""心情日记墙"等成长体验的弹性空间。小学依靠走廊过道以及楼房周边环境，围绕课程目标科学设置综合主题区域。三是户外空间突出实践成长。幼儿园通过增设"流动服务站""儿童工作室"等多元化的户外实践中心，增强幼儿任务意识、自我服务意识。小学因地制宜，打造低年级学生户外学习场所，开辟种植园、运动场、饲养园等，将课程目标有机融入到学习场所。

2. 游戏化教学，搭建过渡阶梯

一年级孩子上课乱跑，在课堂上无法集中注意力，无法理解课堂知识……这是不少一年级教师的困惑。孩子虽进入小学，但熟悉的仍是幼儿园游戏化的学习方式。因此，要实现从游戏活动向课堂教学转变，必须调整小学教学方式。《义务教育课程方案（2022年版）》也明确提出，合理设置小学一二年级课程，注重活动化、游戏化、生活化的学习设计。基于此，小学一年级应采用游戏化教学，坚持以游戏为基本活动，不提前教授小学课程内容。语文学科，教师运用绘本讲述、情境识字、故事吟唱等方式引导儿童在情境中识字、阅读、思考、表达。小学借鉴幼儿园课程组织和实施方式，积极探索项目式、主题式教学模式，强调探究性、体验式学习。

3. 多元化衔接课程，建立积极入学体验

《指导要点》强调，幼儿园做好入学准备教育，小学实施入学适应教育。幼儿园与小学需要开设多元化的衔接课程与活动，这些有目的、有组织的活动，可以帮助孩子获得较为系统的积极入学体验。将整个一年级上学期设置为入学适应期，开展为期半年的适应性教育，多维度降低衔接坡度，让幼儿逐渐适应小学学习生活。入学适应课程围绕四个适应，设置以游戏、探究、体验为活动方式的适应课，课时长短结合、灵活多样，帮助儿童逐步适应小学生活。针对一年级新生，将会安排适应性课程，包括认识校园、午间就餐、课间如厕等。还要针对国家课程开发了专门的游戏和教具，形成独具特色的资源包。比如教孩子认识汉字时，教师会做一些绘有偏旁、部首的积木，让孩子自己摆一摆、拼一拼。

4. 尊重规律，以儿童为本

儿童发展具有连续性、整体性、可持续性，要尊重儿童的原有经验和发展差异，帮助儿童做好身心全面准备和适应，培养有益于儿童终身发展的习惯与能力。在幼小过渡过程中，采用谈心、绘画、讲述等适合儿童的方式，从而了解他们真实的内心世界和诉求。

5. 弱化考试，改变评价方式

《指导要点》明确提出，改革一年级教学评价方式，重点聚焦教师是否熟知儿童身心发展状况和特点，课程实施是否能有效帮助儿童适应小学生活。一年级教学评价方面也要做出改革，弱化考试，关注儿童身心发展的连续性和差异性，评价方式强调趣味性。如：低年级实施"乐考"评价，通过朗读、趣味数学、知识问答、智力闯关等游艺项目，考查孩子们的学习兴趣、沟通合作能力、动手能力等。淡化具体分数，而是从"学习兴趣""学习习惯"和"学业成果"三个维度展开，以 A、B、C、D 或者"优秀""良好""合格""需努力"等方式来评价儿童。

（三）联合教研：协同破解衔接难点

幼小衔接的核心难点在于，两个学段课程内容与教学方式存在较大差异。要解决这一核心问题，必须通过幼儿园与小学联合教研实现。《指导要点》强调，联合教研要实现幼小学段互通、内容融合。

1. 建立机制，搭建平台

联合教研需要幼儿园与小学通力合作，形成幼小科学衔接结对共建发展共同体。成立由小学教研员和学前教研员共同牵头负责的联合教研小组，负责区域内幼小衔接教研培训工作。建立联合教研共同体，形成区、片、学校三级教研机制，建立《教研指导责任区考核评价机制》，制定《教研指导责任区制度》，指导实践研究。搭建区域交流平台，组织幼儿园和小学相互学习、相互交流、资源共享、优势互补。结对共建校（园）建立幼小互访制度、结对共建制度，定期组织幼儿园和小学教师开展有效衔接专题教研，定期组织教师走进幼儿园、小学开展现场教研活动，注重对幼小衔接疑难问题、真实问题的解决策略和方法的总结，培育、遴选和推广优秀教学模式、教学案例。

2. 突出重点，按需施培

将幼小衔接教育纳入到对幼儿园教师、小学教师、新入职教师培训和小学校长、幼儿园园长任职资格培训，每学期要对小学低段教师和幼儿园大班教师进行专题培训。坚持"统筹规划、按需施培"的原则，以"市级—区域—校级"三级网络教研体系为基础和延伸，组织汇聚专、兼职教研员及学科团队骨干教师的教研力量，利用钉钉、微信等软件进行即时通信或直播，聚焦"幼小科学衔接""零起点"教学主题。以讲座、答疑、资源推送等方式开展三段式培训：一是进行课程与教育理念培训与研讨；二是向教师解答关于课标、教材、课程等方面的困惑，为深入推进"幼小科学衔接""零起点"教学奠定的坚实基础；三是学习省厅下发的《关于做好小学一年级"零起点" 教学工作的通知》精神，领会低年级教学方式与学习方式，制定教学目标及评价要求。让教师们在培训中体验感受到多种形态"看、听、说、写""学思结合"的研培活动，加快幼儿园大班和一年级教师的成长和发展。

3. 师师结对，互换课堂

小学和幼儿园教师一对一或二对一结对研修，探索"双师制"教研模式。双师协同上课，实验园（校）一个月进行一次线下主题课例研修。同时，创新开展家园校社区四位一体联合教研，邀请社区内所有幼儿园及小学低学段教师和家长、高校教育学院教授共同参与。每年小学与幼儿园共同开展"跟岗月"，幼儿园教师带着幼儿"探秘"小学校园、小学教师在幼儿园全日制跟岗，在这样的"互换课堂"沉浸式体验中，双方教师慢慢发现不同学段差异。从教学特点和教学内容来看，小学阶段实行的是班级授课制，幼儿园实行的是课程游戏化。从儿童身心发展规律来看，进入小学后还应适当保留游戏化教学形式，在创造性游戏、规则游戏中实现幼小渐进式、缓坡度衔接。

4. 组建团队，专家引领

组建幼小科学衔接专家指导团队，成立名师工作室。邀请教研员、优秀园长组成专家团队，带领骨干教师探寻幼小科学衔接策略和方法，用教科研来引领指导幼小科学衔接工作。通过邀请专家、名师开展系列讲座或开展线上理念推送等形式，让教师和家长树立正确的科学的幼小衔接观念；各校（园）成立由校（园）长、分管领导、教务主任、骨干教师组成的校（园）级幼小科学衔接研训团队，通过线上线下培训会、教研会，使幼儿园教师和小学教师学习有效帮助幼儿做好科学衔接的一些教育途径和方法。

5. 零起点教学，科学衔接

深入各所小学进行专项调研，通过听评课，对家长、学生、教师问卷调查，及时全方位掌握"零起点"教学情况。重点关注三个"零起点"：一是学生上课状态零起点；二是学生学习习惯零起点；三是学生学习知识零起点。一年级相关教师全程参与，将"零起点"教学向细微处延展，为学生今后的学习和生活打下坚实的基础。教研员们通过开学督导、日常督学等途径，对全市各小学的幼小衔接的实施情况，进行不定期、全覆盖、无缝隙检查指导，发现问题责令立即整改。

（四）家园校共育：构建良好教育生态

实现幼小科学衔接，仅仅依靠幼儿园和小学远远不够。家长是幼儿园和小学的重要合作伙伴，应建立有效的家园校协同沟通机制，引导家长与幼儿园、小学积极配合，共同做好衔接工作。

1. 问题导向，缓解焦虑

"双减"政策出台前，很多家长会带孩子参加幼小衔接班，还有一些家长会给孩子"加码"，让孩子学认字、学数学运算，这些都是在增加孩子的负担。"双减"政策实施后，科学的幼小衔接显得尤为重要，而科学衔接的重要一环，是改变家长过度重视知识准备的观念和行为。通过调查研究发现，家长对幼小衔接的焦虑点，主要集中在孩子的专注力、人际交往、学会书写等方面。家长虽然在衔接准备上有主动意识，但缺少科学有效的方法。他们多数认为幼小衔接是大班下学期的事，并没有建立起"衔接贯穿在整个学前阶段"的观念。可以利用寒暑假组织开展"幼小科学接家庭教育指导公益讲座"活动，聚焦幼小科学衔接难点、热点问题，学前教育围绕幼小科学衔接如何克服小学化倾向及做好入学准备；小学起始年段围绕"双减"背景下丰富的假期生活及入学适应等方面进行深入讲解。并且全方位为家长解读教育部《关于大力推进幼儿园与小学科学衔接的指导意见》，结合《幼儿园入学准备教育指导要点》《小学入学适应教育指导要点》进行详细讲解与案例剖析，促进家校、家园共育，转变家长对幼小科学衔接的错误认知，传递科学的教育理念，缓解家长焦虑。

2. 统筹联动，协同育人

《指导意见》的基本原则之一是坚持系统推进，应整合多方教育资源，行政、社区、妇联、幼儿园和小学统筹联动，家园校共育，形成合力。开展协同育人的生动实践。如邀请小学低年级教师给家长开展专题培训，讲解孩子进入小学所需的必备素质及易出现的问题；开家长培训课堂，帮助家长认识到提前学习小学课程内容的危害，缓解家长压力和焦虑，积极配合幼儿园和小学做好衔接。邀请家长走进幼儿园，感受孩子在活动过程中良好行为习惯及学习品质的发展变化，促使家长能够接纳和认同，进而实现从观念到行为的转变。编印《科学开展幼小衔接工作指导手册》通过家长学校、微课短视频等方式，引领家长树立科学理念，掌握具体方法，形成教育合力。通过上述多种方式，幼儿园和小学及时了解家长在入学准备和入学适应方面的困惑及意见建议，积极宣传展示幼小双向衔接的科学理念和做法，缓解了家长的压力和焦虑。整合多方资源，建立幼小协同的有效机制，不断创新家园校互动的形式和内容，引导更多家长参与其中，形成科学衔接的教育生态。

3. 科学宣传，共建共享

利用多种媒体宣传是做好幼小衔接有效途径，及时总结推广典型案例和经验做法，宣传科学的衔接理念和方法，引导全社会关心、支持幼小科学衔接，将每年6月份设定为"全市幼小科学衔接宣传月"，实现幼小衔接工作共创、共建、共用、共享。定期组织"幼小科学衔接"工作表彰，宣传优秀经验做法，推广幼小科学衔接理念，在本地区幼儿园、小学掀起"幼小科学衔接"研究热潮，形成幼小科学衔接正确导向。

幼小衔接的实践研究应以"发现真问题、破解真问题、探索真路径"为原则，遵循儿童身心发展规律和教育规律，深化基础教育课程改革，建立幼儿园与小学科学衔接的长效机制，坚决纠正幼儿园小学化倾向，严格实施小学零起点教学，引导家长树立科学教育理念，全面提高教育质量，促进儿童身心健康成长。

第二节 安吉游戏的应用与推广

"安吉游戏"是一种尊重并确保幼儿游戏权利，把游戏渗透在一日生活中，支持幼儿在自主、自发的游戏中学习与发展的幼儿园课程模式，它是浙江省安吉县学前教育工作者坚持20年，践行我国"幼儿园以游戏为基本活动"的理念，因地制宜、逐步形成、仍在发展、集体共创的享誉国内外的实践创新成果。因产生、发展于安吉，被国际专家称为"Anji Play"。2014年，"县域幼儿园教育实践整体推进机制研究—基于'安吉游戏'模式探索与实践"被评为"基础教育国家教学成果"一等奖；2020年，"安吉游戏"被世界经济论坛评价为"通过提供一个理想的幼教模式，引领21世纪教育未来"；2020年，教育部印发了《关于实施安吉游戏推广计划的通知》。至此，"安吉游戏"从国内外个别地区及幼儿园的借鉴实施发展到以行政力量推动其在全国幼儿园大面积推广和实施。

如何在地域内推进落实"安吉游戏"？如何学习"安吉游戏"的精髓，将其理念和精神实质真正落实到实处，本土化实施？如何将"安吉游戏"与幼儿园的一日生活相融合，促进幼儿园保育教育质量的提升？随着牡丹江市对"安吉游戏"的不断研究、探索、应用、推广，幼儿园教师的理念在变、幼儿园环境在变、幼儿在变、师幼关系也在变。

一、安吉游戏的实践探索

（一）安吉游戏实施中的误区

1. 教师对"安吉游戏"课程认识有偏颇。

"安吉游戏"本土化推广的初期，存在教师对课程模式认识模糊、环境改造和材料投放不到位、教师专业作用发挥不充分、教师对推广存在顾虑等问题。这是由于教师没有对"安吉游戏"进行细致学习和深入思考，没有对游戏环境、材料展开创新性实践，缺乏对教师专业能力的持续培养和有效提升。绝大部分教师对"安吉游戏"的了解主要来源于看过的图书、报刊，以及听过的讲座等，对"安吉游戏"的理念和模式处于似懂非懂、需要感知验证的阶段，还不是十分清楚在一日活动中应该怎样实施。有的教师会产生困惑："安吉游戏"仅仅是户外运动的游戏吗？室内游戏活动怎样才能更好地体现"安吉游戏"精神？原有的课程要怎么处理？如果设置了游戏主题，是否违背了游戏精神？

2. 幼儿园本土化游戏环境的改造和材料投放不到位

"安吉游戏"的户外环境创设具有多地形、多材质、多区域等特征，"安吉游戏"材料要自然原生态，可移动、可组合且具有无限探索空间。然而，我们大部分幼儿园的环境及材料目前还不能满足幼儿自主游戏的需要，教师对此也存在很多困惑。比如，幼儿园户外场地面积狭小，如何创设多元开放的环境？户外活动场地划分多少个区域比较合理？如何提供和开发富有地域特色的材料？

3. 教师在"安吉游戏"中的专业作用发挥不充分

"安吉游戏"强调将游戏的权利还给儿童，在哪玩、和谁玩、玩什么、怎么玩，都由儿童说了算，要求教师"闭住嘴，管住手，睁大眼，竖起耳""最大程度的放手，最低程度的介入"，不控制、不干扰儿童游戏，退后观察和记录儿童的游戏，分析、解读儿童的行为，并给予有效的支持。"安吉游戏"中充满了开放性和不确定性，对广大教师的专业能力来说是个巨大的挑战，因此许多教师在实践的过程中存在困惑。比如，"最大程度的放手"是指放手到什么程度？教师应如何把握观察的重点？

面对一系列困扰幼儿园和老师的客观问题，需要继续得到解决，为更好、更快、更加系统地开展安吉游戏推广工作，牡丹江市于2021年制定了《牡丹江市安吉游戏推广三年行动计划（2021—2024年）》以推进安吉游戏的推广工作。

（二）安吉游戏实施策略

1. 行政推进，教研引领

建立"行政牵动、教研引领、教师参与"的组织推进机制，制定《牡丹江市安吉游戏推广三年行动计划（2021—2024年）》，确立省、市级实验区、试点园，以各实验区、试点园为重点，探索和总结本土化推广实施的有效策略。

市教育局成立"安吉游戏推广"项目工作专班，整合教研部门、高校、学前教育专业委员会等资源，成立项目研究组，加强顶层设计，统筹规划和组织实施。各县（市）区教育行政部门要高度重视，充分认识安吉游戏推广项目的重要意义，成立相应机构，研究制定切实可行的实施方案，加强对实验区和试点园的指导和支持，确保试点工作组织好、实施好。

2.培训先行，理论筑基

在"安吉游戏"推广实施工作中，首先，要提升幼儿园全体教师对安吉游戏的理解和认识，通过线上、线下相结合的方式，聘请专家解读安吉游戏、学习安吉游戏理论、观摩安吉幼儿园一日生活，进而可以更深刻和准确地了解"安吉游戏"的精神，体会"安吉游戏"课程的内涵，充分理解"安吉游戏"对儿童发展的独特价值；坚持以儿童为本，尊重儿童的身心发展规律和学习特点，真正做到把游戏作为幼儿园课程的重要组成部分；在一日活动的各个环节渗透游戏精神，把"以游戏为基本活动"的理念落实到教育实践中，转变成教师的儿童观、教育观、课程观，并在幼儿园开展"每周一研"专题研讨，更新理念。

3.点面结合，实现全覆盖

省级试点区、试点园要抢前抓早，制定科学合理、切实可行的实施方案和推进计划，整合优秀师资、教研力量开展吉游戏推广研究，边研究边总结，在反思实践中梳理经验推广阶段研究成果。各县（市）区积极参与安吉游戏研究，确立本地区试点园，并面向辖区内各级各类幼儿园提出"以游戏为基本活动"的办园方向要求，号召辖区内所有幼儿园开展安吉游戏本土化实践研究，落实《指南》要求，保证幼儿游戏时间、创设游戏环境。

4.落实责任区制度，完善教研机制

实施《学前教育教研指导责任区制度》，完善教研机制，将调研、指导、培训三位一体，组建安吉游戏指导专家团队，专家组成员及责任区负责人定期巡回指导各区各园安吉游戏推广工作，每学期指导2~3次，分级分批开展教师培训工作，每年进行一次安吉游戏全员培训，2021年末完成第一期安吉游戏理念提升全员培训，成立"安吉游戏研究高研班"，选派安吉游戏研究优秀园长、教师外出学习，每月确立安吉游戏研究区域教研周，每周确立安吉游戏园本教研日，每学期开展一次全市安吉游戏研究成果交流会，每年组织一次安吉游戏推广拉练活动。

5.加大投入，保障实施

各县（市）区政府加大对实验区和试点园经费和政策支持，市里根据安吉游戏实验区、试点园及各县（市）区、幼儿园工作成效情况，准备适当资金进行奖补。加大投入力度，加大幼儿园游戏环境改善，补充实验园所必需的高效益、低结构、可移动、可组合游戏材料。充分发挥试点园示范引领作用，推广安吉游戏实验研究成果。

6.加强制度建设。

建立工作推进机制，建立实验区动态调整制度，对于实验意愿不强烈、不积极主动、效果不佳的实验区（园），取消资格，及时补充新的试点园。建立《试验区、实验园跟踪考核评价制度》，实施跟踪问效，对成绩突出的试点园和教师给予表彰奖励。建立《幼儿园保教评估制度》，将督导工作重点转向以游戏为基本活动的理念落实上。建立《幼儿园安全保障制度》，探索第三方保险制度，对试点园给予相应保障。

二、安吉游戏的研究过程

牡丹江市在实施安吉游戏推广过程中实施三步走战略，按照三年行动计划，系统规范落实到实际。

（一）实施三步走战略，逐步推进安吉游戏

在安吉游戏推广过程中实施三步走战略，即：改造环境放手游戏、倾听观察读懂游戏、回应游戏生成课程。

改造环境放手游戏，旨在转变儿童观。各县（市）区、各幼儿园结合幼儿发展需求从室内外空间规划、游戏材料投放、游戏时间保障入手；从引导教师放手游戏、相信儿童入手，转变教师及家长的儿童观。实施过程中因地制宜、因园制宜，以解决游戏发展关键问题为核心，突出创新，避免一刀切、齐步走，在幼儿园已有基础上开展研究和实践活动，利用现有条件找突破口，创造性解决实践中的问题，探索安吉游戏本土化实施策略。

倾听、观察、读懂游戏，旨在转变教育观。在教师真正放手游戏，发现真儿童的基础上，引导教师倾听观察儿童、解读儿童游戏；撰写观察记录、教育故事；与家长分享儿童游戏故事，转变教师和家长的教育观。实施过

程中边实践边反思，根据幼儿园实践中的具体问题、教师的实际需求制定切实可行的园本教研计划、区域教研计划，扎实做好每一步，切忌急于求成、急功近利，把"以幼儿为本"教育理念贯穿始终，把提升教师专业能力、转变家长观念作为首要任务。

回应游戏生成课程，旨在转变课程观。深入研究安吉游戏精神，将游戏精神落实到幼儿园一日生活中，树立正确的课程观。注重反思，研究教育教学与游戏的关系，以儿童为中心，形成园本化课程资源：高水平幼儿园可以尝试研究建构园本课程。

（二）宣传启动准备阶段（2021年1月—2021年10月）

确立试点园和做好宣传。各县（市、区）确定试点园并进行前期论证，通过教研群下发相关学习资料，组织教师开展学习，为实践推广奠定理论基础。充分利用家长会、家长工作群等多种方式，加大游戏教育的宣传力度，争取家长和社会的支持与认同。

建立研究团队。建立市级专家指导团队，建立安吉游戏研究项目推广教研工作团队，以课题研究方式进行专业化推进。

分层研究方案。召开牡丹江市安吉游戏推广项目启动大会，组织并开展市级培训。结合会议精神和市情，研制市、县（市、区）、实验区和试点园实施计划，逐级进行审议工作。

（三）实践探索示范阶段（2021年10月—2022年6月）

明确核心要义，突出幼儿为本。基于儿童视角，尝试改变游戏环境、调整作息时间、丰富游戏材料等，保证儿童游戏的权利，最大限度放手儿童游戏；

研究本土差异，挖掘自身优势。寻找实践契合点，利用本地、本园现有条件和资源，探索安吉游戏本土化的方法和路径，做好家长工作，形成教育合力；

组织全员培训，助力教师成长。组织开展教师观察儿童、解读游戏培训，开展案例式研究。开展多种方式研培活动，积累教师专业发展案例，做好保育员培训；

专家沉浸跟研，培育典型案例。市级专家、教研员要沉浸式深入试点园，与教师形成研究共同体。线上、线下结合的方式，以问题和案例等为载体，指导解决问题，培育典型，推动实验研究；

定期总结交流，形成推进机制。每月最后一周确定为安吉游戏教研周，各县（市）区开展教研活动，及时发现问题，积累案例。每学期通过"研究成果汇报""游戏案例分享"等途径交流总结梳理经验，阶段性推进工作，每年度要进行工作总结、反思，做好下一阶段计划。

（四）深化研究带动阶段（2022年6月—2023年6月）

进行个性化探索，积累实践经验。基于实际，以实践研究为基础，研究解决个性问题。进行个性化实践探索，积累本土经验和策略。

优化教师角色，树立专业自信。引领教师研究幼儿在游戏中的深度学习与能力发展，重塑教师角色定位。促进教师在实践与反思的循环反复中落实游戏精神，树立个人专业自信。

深化游戏精神，构建课程资源。将游戏精神落实到幼儿园一日生活中，树立正确的课程观。注重反思，研究教育教学与游戏的关系，以儿童为中心，形成园本化课程资源；高水平幼儿园可以尝试研究建构园本课程。

专家深入指导，打造典型案例。强化专家指导，形成游戏研究典型案例。基于课程理论视角，指导研究游戏与课程的关系，甄选课程资源，形成课程建构策略和案例。

建立成果机制，推动阶段研究。制定学期和年度成果总结机制。整理阶段性研究资料，提炼研究成果，做好阶段验收评估的相关准备。

（五）总结推广经验阶段（2023年6月—2024年6月）

完善实验档案，开展评估验收。总结反思研究和实践过程，撰写工作总结报告，完善研究档案，做好终期验收评估准备。

分层提升经验，形成一批成果。县（市）区、幼儿园分别形成安吉游戏推广经验和策略。遴选典型出来，挖掘一批游戏研究案例、教师成长案例、课程案例等资源，形成案例集进行推广。

召开总结会议，推广优秀经验。召开牡丹江市安吉游戏推广行动计划总结大会，表彰、宣传典型，推广优秀经验；通过现场展示、经验交流、成果汇报、研究分享等教研活动，推广相应实验成果。

三、安吉游戏研究的成效

在安吉游戏实践研究过程中强调在幼儿自主游戏、自我学习的基础上，发挥教师的主导作用，提高教师深入观察幼儿、实施有效指导的能力，使幼儿能实现在原有水平上的不断发展。同时要求幼儿园不能盲目地去照搬照抄，要因地制宜，探索安吉游戏本土化实施新路径。

（一）幼儿园一日生活时间安排更加合理

幼儿园从有利于儿童自主游戏的角度，根据儿童游戏活动的需要，对园所原有的空间布局、环境设置重新进行审视和改造，调整一日作息安排，根据本园实际规划活动场域，设计《自主游戏轮流表》，保障儿童每天至少有1个小时以上连续的自主游戏时间，每个班级在同一场域游戏一月（或三周），也会根据幼儿游戏时的状态，适当延长同一区域持续游戏的周期，支持儿童有充分的时间规划游戏、探索材料、创建场景、变化玩法以及深度学习。在不同季节，幼儿园还会根据天气变化灵活调整户外活动时间。

（二）教师敢于放手发现不一样的儿童

幼儿园营造尊重、接纳和关爱的氛围，倾听儿童的心声，为每个儿童都提供充分参与游戏的机会，支持他们自由交流、自主表达、自主游戏，满足儿童多方面的发展需要。重新定位师幼关系，让"儿童在前，教师在后"，用最大程度的自由和最低程度的干预来解放儿童。曾经的我们"经常对孩子喋喋不休、指指点点"的现象，改为"闭住嘴、管住手、睁大眼、竖起耳"，教师用谦逊、欣赏、敬畏的态度去发现儿童的"了不起"，让幼儿在真实问题情境的解决过程中得到成长与发展！

首先，在游戏前教师不规定玩法，设立具体的游戏目标，相信幼儿，让幼儿拥有想怎么玩就怎么玩的自由。教师尊重幼儿的决定，接受幼儿的游戏想法，尝试去理解幼儿行为背后的真实意图，向幼儿学习，而不是表现出通晓一切和胜任一切的姿态。其次，游戏中教师不凭主观意识去干预、干扰游戏的发展和进程，放下对幼儿游戏的期待和顾虑，学会等待，保障幼儿最大限度地拥有组织和掌控自己游戏的权利。让幼儿感受到：自己能够掌握自己的小世界，有能力妥善解决摆在前面的问题。

（三）观察与倾听在老师和幼儿之间自然发生

"安吉游戏"教学活动主要有三类：一是观察，发现儿童的"发现"；二是倾听，记录儿童的"记录"；三是对话，与儿童个别对话和集体对话。教师努力改变以传授知识为主的灌输式的教学方式，放手让儿童自主进行游戏，仔细观察儿童在游戏中的表现，鼓励儿童在游戏后进行分享和反思，记录儿童的典型言语和行为，分析解读儿童游戏背后的学习和发展。通过"问题案例"引领教师学会观察孩子，从看"孩子们在玩什么"——到观察"他是怎么玩的"——再思考"幼儿为什么这样玩，这样玩反映他怎样的发展水平"——最后考虑"我们应该怎样促进他的发展"，提高教师专业能力。把儿童的兴趣转化为课程的内容，支持儿童在游戏中探索、发现世界。让教师在游戏中发现、了解儿童，实现了师幼相互学习、共同成长。

（四）儿童在自主游戏中成长

安吉游戏中五个关键词：爱、投入、冒险、喜悦、反思。爱是所有关系的基础。在真正支持自由和自我表达的环境中，幼儿的身体、情感、社会和智力上不断超越，保持好奇心，不断发现，提问。解决问题的能力不断提升，深度学习在不断发生。在自主的环境中孩子不断突破自我，变得更加独立、自信。在他以后的人生中对自己也会有很好的期待，不逃避困难，不轻易放弃。分享活动使孩子们将积累经验转换为自己的知识，孩子们在游戏计划、自主游戏、共享反思中螺旋进步，逐渐构建对周围物理世界和社会生活的知识经验，在日复一日的坚持下，在相互学习、合作探索中，孩子们的游戏体验越来越深入、丰富、精彩。孩子们的观察能力、想象力、思维能力和语言表达能力、自我规划能力、归纳整理能力等多种能力也得到了更多的锻炼和发展。

（五）教科研能力在实践中提升

以课题研究为抓手，先后申报了省级立项课题《自主游戏中支持幼儿有意义的学习》《基于儿童立场的幼儿园一日生活》，组建教研共同体，围绕环境创设、材料提供、游戏开展、游戏观察、游戏解读与指导等进行重点研究；指导教师观察、记录幼儿在游戏中的关键环节、典型语言和行为，解读幼儿在游戏中所反映的经验与水平，给予适宜的回应与支持，推动幼儿在游戏中深度学习与探究，促进教师专业能力的提升和幼儿的全面发展。

通过定期组织联合教研和交流活动，及时解决教师在"安吉游戏"推广实施中的困惑与问题，边研究、边总结、边交流，推广有效的经验做法，并让教师写"游戏案例"举行游戏案例分享大会，以点带面，促进"安吉游戏"科学、平稳、有效的实施。

四、安吉游戏宣传与推广

加大宣传力度，借助各类媒体，通过生动多样的方式，向全社会广泛宣传安吉游戏的理念，统一思想、凝聚共识。深入挖掘项目实施过程中的优秀经验、典型案例等，通过报纸、杂志、微信公众号等进行专题报道、推广交流。树立正确的科学导向，引导家长自觉抵制违背儿童身心发展规律的行为，支持和参与幼儿园教育改革工作，营造良好的社会氛围。

（一）典型经验交流

集合专家力量打造试点区和实验园，遵循边研究边总结边提炼的原则，成熟一批推广一批，鼓励幼儿园积极参与到安吉游戏研究中来。两年左右的时间从园所环境改造、游戏材料投放，到教师观察游戏、了解儿童等方面积累了一些实践经验。组织召开"安吉游戏推广"经验交流会，面向全市推广本土经验，召开"安吉游戏"研讨会交流研讨安吉游戏实施中的困惑和问题，以更好地促进安吉游戏本土化实施。

（二）成果转化推广

安吉游戏的实施是对教师教育理念的转变，是从实践中帮助教师理解什么是"以游戏为基本活动"，让教师的实践中、在幼儿园的场域中、在孩子的游戏中去体验什么是以儿童为本的教育。如何评价教师在安吉游戏实施中专业能力的发展，需通过游戏案例征集、游戏故事征集、优秀游戏案例、故事展播等方式引领教师学会观察、倾听，学会静下心来读懂儿童，一步步走向专业化。

（三）现场观摩学习

现场观摩学习能够使教师身临其境，在真实的场域中发现问题，思考问题，找到相应答案。现场观摩学习是教师们普遍喜欢的学习方式。通过区域联动教研，组织区域内幼儿园拉练式观摩学习，将观摩与教研相结合，发现真问题，解决真问题，让研究成果可视、能够有效促进研究成果的转化和推广。

（四）信息技术应用

幼儿园利用微信公众号、微信朋友圈、家长群，定期推送幼儿园游戏小视频，面向家长和社会宣传游戏的价值和意义，并为家长推荐居家亲子小游戏。教研部门利用区域教研群，推送幼儿园在安吉游戏推广过程中的视频、案例，供全市各级各类幼儿园共同学习借鉴。

在"安吉游戏"本土化推广的过程中，我们发现不一样的儿童，孩子们在"真游戏"中释放天性，全身心投入游戏，创新玩法。未来，我们将继续推广实施具有本土特色的"安吉游戏"，充分发挥教研的引领、指导、服务和支撑职能，促进保教工作高质量发展。

第三节　幼儿劳动教育设计与实施

一、劳动教育的认识与思考

（一）劳动的概念

劳动，是人类实践活动的一种特殊形式，多指创造物质财富和精神财富的活动。在《中国大百科全书·哲学卷》中，劳动被定义为"是人类特有的基本的社会实践活动，也是人类通过有目的的活动改造自然对象并在这一活动中改造人自身的过程"。随着生产工具的快速发展，劳动过程也不断地由低级向高级发展。马克思强调劳动对人的全面发展具有重要作用，教育与生产劳动结合是实现人全面发展的唯一方法，是人由自然人转变为社会人的根本途径，推动着社会的发展与进步。

（二）劳动与教育的关系

教育与生产劳动相结合是我国教育方针中的重要内容，为我国发展培养高素质建设人才，实现中华民族复兴、国家富强的远大理想。劳动教育是在教育方针指导下的教育实践活动，它不仅能够涵养学生的精神世界，也是促进学生树立正确的劳动观点和劳动态度，热爱劳动和劳动人民，养成良好劳动习惯，促进其全面发展的重要手段，是素质教育不可缺少的组成部分，它与德、智、体、美等内容紧密相连，也是教育不可取代的基本内容。

（三）劳动教育实施背景

2020年3月20日中共中央 国务院出台了《关于全面加强新时代大中小学劳动教育的意见》；2020年7月，教育部关于印发《大中小学劳动教育指导纲要（试行）》的通知。文件强调：要充分认识新时代培养学生对加强劳动教育的新要求、全面构建体现时代特征的劳动教育体系、广泛开展劳动教育实践活动以及切实加强劳动教育的组织实施，以此为教育者进行劳动教育指引方向。

（四）幼儿劳动教育的内涵

幼儿劳动教育是指指导幼儿在亲历事件和动手操作的过程中，有目的，有意识地运用体力和智力改造外部世界，从而获得劳动知识，劳动技能，劳动习惯，劳动意识和劳动情感等方面发展的一种教育活动。幼儿劳动教育有别于中小学的劳动教育，更区别于财富创造的社会劳动。其基本特征是自主参与生活体验，拓展社会性认知，幼儿劳动教育的目的在于帮助幼儿养成基础的社会行为滋养以自然知识，社会知识，促进其全面发展及培养他们潜在的未来劳动力为目标。幼儿劳动教育必须注重幼儿认知发展与社会生活的紧密结合。一般来说，幼儿参与劳动，感到自己的劳动行为帮助了他人，就会竭力在劳动中表现得更好。这样的话，劳动潜在地锻炼了幼儿的创造力和综合能力，并且使他们逐渐走向独立的自我服务和自我管理。可以说，幼儿通过劳动获得直接生活经验，学习社会性知识，并以创造劳动成果体现生命存在的价值。

（五）幼儿劳动教育的价值和意义

首先，劳动对幼儿具有强大的吸引力，能够满足幼儿天生的探索世界的好奇心。幼儿通过参与劳动，模仿成人劳动，可以体验不同社会劳动中的情感内涵，了解社会不同行业生产活动的特点，形成基于自我劳动及其角色认同的、愿意服务他人的社会学人格基础。对于幼儿来说，参加适当的劳动，是身心健康成长的需要，也是优秀品格形成的需要。其次，幼儿的成长离不开生活劳动的锻炼。幼儿劳动包含认识生活、锻炼意志、形成经验、塑造品格及生活价值的情感体验。良好劳动品质的培养，对一个人一生的幸福生活具有积极的影响。一个从小热爱劳动的儿童，往往会成长为不断创新、不断探索的社会人。一般来说，幼儿自主独立地应对生活的能力与其年龄的增长呈正相关关系。劳动的幼儿，生活自律能力、社会适应能力、综合生活应对能力一般比较强，他们能够体会劳动的艰辛，享受劳动带来的快乐，对生活充满热爱，对劳动者多能予以尊重。《3~6岁儿童学习与发展指南》中指出，促进幼儿身心全面和谐发展。3~6岁是人智力、个性、品德发展的关键期，在学前阶段对幼儿进行劳动教育，能对孩子一生的健康发展产生积极重要的影响。劳动教育是中国特色社会主义教育制度的重要内容，直接决定着社会主义接班人和建设者的劳动素养。学前教育作为终身教育的奠基阶段，因此，开展好劳动教育够帮助幼儿树立正确的劳动观并画好勤劳、踏实的人生底色。

二、实施"三位一体"劳动教育的必要性

《意见》明确提出："将劳动教育贯穿于家庭、学校、社会各个方面"，"综合实施劳动教育，整合家庭、学校、社会各方面的力量，形成协同育人的格局。"幼儿园、家庭和社区是实施幼儿劳动教育的最主要场所，各自拥有着自己相应的优势地位。

幼儿在幼儿园中所受到的劳动教育，是相对系统化、科学化、整体化的。幼儿园中的劳动教育不仅是作为课程形式存在的，同时也体现了一种文化的渗透，中国人民勤劳质朴、艰苦奋斗的精神传承就在其中。因此，开展在幼儿园劳动教育活动，需要打造相对应的园所文化，通过耳濡目染、言传身教来达到一个良好的劳动教育水平。

家庭中的劳动教育是幼儿劳动教育启蒙的第一站，是实施高质量的幼儿劳动教育重要途径。儿童最初的劳动意识萌芽，始于对家庭中成人劳动的模仿，从家庭一日生活中每一个琐碎的小环节，再到幼儿的劳动实践，都是家庭能够给予幼儿进行劳动锻炼的机会。

社区中的劳动教育面向的是全体社会，社区劳动教育能够突破当前幼儿园、家庭劳动教育场域狭窄、劳动资源有限和劳动机会缺乏的困境，解决教师提出无法为全体幼儿提供现实实践机会的问题，为劳动教育的实施提供资源保障以及良好的劳动氛围。在这个过程当中，需要利用好社区中与幼儿生活贴近的部分，如：同小区中生活环境的打扫等活动。还要充分发挥社区中的人力资源优势，社区人员从事着不同的职业，利用职业的丰富性，为幼儿认识成人的劳动积累丰富的感知经验。以这种潜移默化的方式感染幼儿，以达到更好的劳动教育渗透效果。并从社会需要的角度出发，为幼儿劳动教育增添社会背景下的特定要求，以帮助幼儿更好地适应快速变化发展的社会生活，确保教育的正确导向性。

幼儿园、家庭和社会，无论哪一方面都拥有着大量劳动教育的资源可供我们利用。虽然都集中在各自的场所或特定场景，但只要将三者有机结合起来，提升幼儿园、家庭与社会教育的契合度，将原本单一方面的劳动教育内容丰富化，那么就能为幼儿创设多元而丰富的劳动实践机会和环境，就能打造"三位一体"的协同教育模式，进而整体推进幼儿劳动教育的开展与实施。

三、幼儿劳动教育的目标及内容

劳动教育重在亲身参与和实践，幼儿的劳动教育应不仅只包含体力劳动，还应有操作，即更多指向的是"劳作"。在劳动教育的设计与实施过程中，应注重强调在儿童亲身体验的过程中幼儿动手能力的发展，其关注的焦点应是劳动品质的培养。幼儿劳动教育应统筹家庭、幼儿园、社会三方面教育资源，全方位全面同步、同向、同频开展与实施。

在课程目标上强调知情意行的统一，指身心的全面和谐发展；在课程内容上注重融通创生，统整身体在场的多维经验；在课程实施上主张身体力行，支持多渠道的亲历实践；在课程评价上突出多元参与，关注过程性的成长体验。

幼儿劳动教育从场所环境的角度可分为：家庭劳动、在园劳动、社会实践劳动；从劳动形式的维度可分为：自我服务劳动、为他人和集体服务劳动、美劳、种植、饲养、智能劳动了解等。

四、"三位一体"的幼儿劳动教育的实践研究实录

基于当前全市幼儿园教育实践中，劳动教育存在幼儿劳动教育被误解、被忽视、其教育价值被片面化，教师对幼儿园劳动教育认识不足，教育目标易偏离、教育实践形式单一、教育资源不足、保障机制缺失等一系列问题，我们应该立足于实践研究，依托课题研究、区域联动教研、园本教研、信息技术应用等多种载体，来分析当前幼儿劳动教育实践困境出现的原因，探寻实施幼儿劳动教育的原则、路径、策略及评价方法等，为全市更好地深入开展幼儿劳动教育活动提供相关思路和建议。

（一）梳理和思考幼儿劳动教育设计与实施的原则

1.把握侧重点，坚持启蒙性原则。知、情、意、行在劳动教育中是统一的完整体，但在实际的劳动教育开展中应该有不同的侧重点。在幼儿阶段，幼儿身心发育尚未成熟，其精细动作与大肌肉动作处于最基础的发展阶段，幼儿的劳动能力受到了一定的限制，所以该阶段的劳动教育课程目标的重点是在各种生动有趣的劳动体验中对幼儿进行劳动启蒙教育，帮助幼儿树立正确的劳动意识，端正其劳动态度，激发其热爱劳动的情感，使其掌握基本的生活自理能力并形成良好的行为习惯。

2.注重融通创生，统整多维经验。幼儿劳动教育的内容从宏观上涵盖了生活自理劳动、为他人服务的劳动、手工及生产劳动、认识成人的劳动及智能劳动，这四方面的劳动内容蕴含于幼儿园、家庭和社会环境之中。幼儿的生活世界就是最丰富的劳动经验场，整合多维经验，开发联通幼儿园、家庭与社会的劳动教育资源，生发科学、适宜、有效的教育内容。

3.承前适现，顺应时代需求。社会生产力和科学技术的发展驱动着劳动形态的变迁，在信息化人工智能时代背景下，幼儿园应重视对幼儿劳动创造力的培养，要将新技术、新知识、新工艺引入到幼儿劳动教育活动中，让幼儿感受新科技给生活带来的变化，从而使其认识到劳动创造的意义，

激发其劳动创造的热情。同时，我国的传统民间工艺也是重要的幼儿劳动教育资源。传统民间工艺是审美与实用相结合的造型艺术，凝聚着我国劳动人民的智慧，其中面塑、泥塑、剪纸、编织、扎染等传统手工艺制作均能够很好地培养幼儿揉、镂、缝、染、磨、绘、雕、铸等技能，对幼儿动手能力、科学态度、劳动创造力的培养具有积极的意义。

4. 身体力行，支持多渠道的亲历实践。家、园、社是幼儿日常生活的场域，也是实施幼儿园劳动教育课程的三大责任主体，三者的结合能够为幼儿劳动教育的实施创设更为丰富的活动情景，提供更为广阔的活动场地和更为多样的活动材料，也可以更好地为幼儿自发、主动探究的劳动活动创设良好的氛围。

（二）探索和发现幼儿劳动教育的实施路径

幼儿劳动教育的出发点在于培养幼儿的劳动情感、习得劳动技能。实施幼儿劳动教育的基本途径有两种：一是观察成人的劳动行为并作为榜样或范例加以模仿；二是符合幼儿的能力最近发展区的自身生活和身体机能需要的劳动探索。

1. 依托领域课程，拓宽劳动教育渠道。领域育人是以促进幼儿全面发展为目标，在五大领域课程的基础上，充分挖掘育人点，培养幼儿多方面的能力，以实现幼儿身心的全面发展。如：在健康领域中，培养幼儿良好的生活卫生习惯和自理能力；在语言领域中，利用与劳动相关的优秀文学作品，采用讲故事、唱儿歌、看绘本等形式实施劳动教育；在社会领域中，开展认识"成人的劳动"的劳动课程，培养幼儿热爱劳动的劳动者感情；在科学领域中，开展科学小制作、认识新科技、科学小实验、认识动植物等活动，可以很好地培养幼儿勇于探究的劳动精神及提升幼儿动手操作的劳动能力；在艺术领域中，幼儿的手工制作活动、工艺品欣赏活动、劳动成果的审美教育也是实施劳动教育课程的重要方式，既能够提升幼儿劳动制作、劳动创造的能力，又能够培养幼儿正确的劳动价值观。

2. 融入区域游戏，开展情景性的自主劳动体验活动。区域游戏是指教师为幼儿提供一定的游戏空间和游戏材料，引导幼儿在丰富的环境中进行自主探索的活动。区域游戏具有环境的丰富性、真实性和活动的自主性、探索性等特点，能够为幼儿劳动教育的实施提供情景性的环境，满足幼儿自主体验的需要，是实施幼儿园劳动教育课程的重要渠道。例如，在美工区投放各种丰富的材料和工具，开展剪纸、木工、泥塑、编织、扎染等活动，发展幼儿的动手操作能力与创造美的能力；在表演区引导幼儿通过扮演医生、警察、厨师等不同的劳动者角色，体会不同劳动者的工作内容和价值。

3. 聚焦主题活动，进行综合多元化的劳动实践。开展以劳动为核心的主题活动，以及综合多元化的劳动实践，能够全面提升幼儿的劳动素养。教师应结合劳动教育的课程目标和内容，着眼于幼儿的兴趣和年龄特点，综合设计与开展劳动主题活动。例如，"我是小小志愿者"主题活动中，引导幼儿帮助身边有困难的人做一件力所能及的事，或参与社区美化清洁捡拾垃圾等活动，培养幼儿的责任感，体验劳动的成就感，感受劳动带给自己和他人的快乐。

（三）总结和验证幼儿劳动教育的实施策略

幼儿劳动教育的实施与开展，需要管理者、教师、幼儿和家长在共同讨论、共同探索、共同学习、共同实践、共同反思理念的引领下，共同发力，合力推进幼儿劳动教育。

1. 善于鼓励和示范。幼儿对于称赞与奖励是极其敏感的，奖励是幼儿劳动的催化剂。幼儿主动参与劳动，父母或教师应当及时给予肯定和表扬，尤其在众人面前的表扬或奖励，有助于强化幼儿热爱劳动的行为，有助于幼儿确立正确的自我价值认同意识，进而推动他们主动参加劳动并提高劳动能力。只要幼儿能够参与劳动，教师和家长就要努力发现幼儿的闪光点并及时给予肯定，让幼儿体会劳动的光荣和被尊重。

成人的示范是幼儿劳动启蒙教育的开端，因为幼儿在观察成人的行为中固化自己的行动。"童年期的教学只有走在发展前面引导发展，才是好的教学"。学前期幼儿劳动技能、劳动方法和劳动情感处于发端期，成人的示范指导应先于幼儿动手。儿童通过观察他人的态度、行为而内化一定价值观念、形成一定行为习惯。幼儿通过观察生活劳动情景中教师和家长的"榜样"行为，模仿各种劳动样式。教师和父母对待劳动的情感态度、劳动过程与方法都对幼儿劳动行为产生潜移默化的影响。在园，教师和幼儿共同劳动不仅把劳动技能传授给幼儿，还能和幼儿一起分享劳动的快乐。父母陪同幼儿劳动，共同解决劳动问题，尊重幼儿自己动手的权利，规范示范以增加儿童劳动的胜任体验，减少行为失败或者劳动差错引发的意外伤害，帮助幼儿逐渐学会独自应对不同环境下的劳动，在充分理解劳动的意义的基础上不断积累生活经验。

2. 信任和放手。幼儿三岁后就有强烈的自我完成任务和动手参与劳动的内在需求。成人对幼儿越信任，幼儿对成人安排的"工作"就越认真负责，责任感和责任心就越强。我们信任幼儿在日常生活中能够独自完成自我服务，放手让幼儿发挥自身的劳动积极性，支持幼儿在参与中体验劳动、动手中掌握劳动技能，允许幼儿从简单的生活自理开始做起，就能够让幼儿逐步学会独立地应对较复杂的劳动。教师和家长要给予幼儿充足的时间、可用的工具和明确的任务并一起劳动，幼儿因动手能力差、坚持性弱导致劳动效果较差甚至造成一些"破坏"时，成人要给予充分的理解和耐心，不要直接指责或批评，要引导幼儿独立探索，日渐养成完成劳动任务的习惯。

放手前提是安全第一。成人在幼儿劳动前、劳动中和劳动后都要把安全放在首位，不间断地确认幼儿劳动方法是否正确，避免劳动中意外情况的出现，并引导幼儿从小树立劳动安全意识。适度的放手有益于营造自由、宽松的劳动氛围，让幼儿与劳动工具和材料进行互动。

3. 强化幼儿劳动的游戏化。游戏是幼儿的天性，游戏的自发自主性和幼儿劳动的自主体验性都建立在幼儿动手操作和切身体验中。让幼儿在劳动中游戏、在游戏中劳动是提高幼儿劳动教育效果的有效途径。在游戏活动中融入劳动元素，可以提高幼儿对劳动的认识，在劳动中添加游戏样式，可以增加幼儿劳动的乐趣。劳动教育游戏化，不仅可以增加劳动的趣味性，还有助于幼儿重复练习劳动技能，使劳动教育的效果得以提升。教师要巧妙地将劳动内容渗透于游戏中，赋予劳动游戏以综合的教育功能，增强幼儿的劳动积极性，培养幼儿坚持、耐力、勤劳、独立及自强等品质。

4. 坚持家、园、社"三位一体"整体推进。家、园、社协作是推进幼儿劳动教育实施的必要条件，家长是促进幼儿劳动素质教育的桥梁，幼儿园是实施劳动素质教育的主体，社区是拓宽幼儿劳动实践的有效途径。只有家、园、社形成教育合力，才能将幼儿的劳动素质、品质进行内化。首先，我们依托于课题研究来开展前期劳动教育现状的分析与调查。

调研目的：针对教师、家长、幼儿三种不同实施本体，从教育活动开展、参与劳动情况、劳动教育观念等三个维度开展有针对性的问卷调查。依据数据比对和分析，来了解幼儿在家庭劳动、幼儿园劳动、社会劳动中劳动意识、劳动态度、劳动技能、劳动品质等方面的实际能力发展水平及广大教师、家长的劳动教育观念和教育水平。从而，为进一步有效地设计和开展幼儿劳动教育活动，探索和深化幼儿劳动教育的实施策略和途径，提供科学的依据。

调研内容：

1. 教师开展的幼儿家庭劳动教育的方法和措施；
2. 幼儿在园参与劳动教育课程的具体表现；
3. 幼儿家庭劳动教育的现状；
4. 幼儿的劳动习惯、态度、对劳动者的看法、对劳动成果是否珍惜。

调查对象：幼儿园大、中、小班各20名幼儿（男孩、女孩各10名）、家长。

调查方法：

问卷调查法：设计三类调查问卷，教师层面的即《教师开展幼儿劳动教育实施情况调查问卷》，幼儿层面的即《幼儿在园参加劳动教育课程表现情况调查问卷》《幼儿家庭劳动教育情况调查问卷》，家长层面的即《如何看待幼儿家庭劳动教育的必要性调查问卷》，将以上三个层面四个目标指向的问卷数据进行汇总、分析，最终得出全园幼儿家庭劳动教育实施的整体数据。

教师开展幼儿劳动教育实施情况调查问卷

内容	开展劳动教育的途径				活动的方式					劳动教育情况反馈情况统计			开展劳动教育存在的困惑		
选项	集体教学	区域活动	主题游戏活动	社会实践活动	家园劳动教育互动手册	劳动视频录制	开展"劳动服务小明星"评选活动	劳动小故事分享	其他内容方式	幼儿主动参与劳动教育内容	在教师引导下完成活动内容	不喜欢参与活动内容	活动内容较单一	家长劳动教育观念不强	活动持续性坚持性不够
百分比															

幼儿在园参加劳动教育课程表现情况调查问卷

内容	班级劳动内容					幼儿态度			引导幼儿参与劳动的措施				幼儿参与劳动的时间	
选项	穿脱衣物	叠被子	整理桌椅	摆放图书	收放玩具	帮助教师或同伴做事情	积极参加劳动实践课程活动	认为劳动很件很光荣的事	积极主动	被动参与	教师鼓励或引导	说教的形式	陪同幼儿一起劳动	教师示范	邀请孩子参与劳动	用奖励的办法吸引孩子劳动	犯错时惩罚的一种方式	每天按计划和目标固定时间开展	随机性的开展
百分比														

幼儿家庭劳动教育情况调查问卷

内容	家务事承担对象			对幼儿参加劳动的看法				引导幼儿参与劳动的措施				幼儿参与劳动的时间	
选项	钟点工	家长	专职保姆	给家里添麻烦	太小不用劳动	孩子自己想劳动	适当做些自己能做到的小事	应该学会劳动,养成劳动习惯	陪同孩子一起劳动	孩子劳动在旁当监工	邀请孩子参与劳动	用奖励的办法吸引孩子劳动	犯错时以此来惩罚	每天都进行	每周一次或两次就行	从来都不劳动
百分比															

如何看待幼儿家庭劳动教育的必要性调查问卷

内容	幼儿参与家庭劳动			幼儿应参加家庭劳动的内容					幼儿参与家庭劳动的方式			幼儿参与家庭劳动的时间		
选项	应该参加	不应该参加	偶尔参加	扫地、拖地	擦桌子，收碗筷	整理衣物和床、被	收放玩具和学习用品	洗袜子	为父母或长辈做事	以完成任务的方式进行	自己主动做	用奖励的办法吸引	犯错时拿劳动的方式惩罚他	每天都参与	每周一次或两次就行	偶尔一次表现一下就可以
百分比																

数据分析与整理：

在经过实际的数据分析后发现：一是，教师在持续开展幼儿家庭劳动教育课程，并借助多种形式拓宽家庭教育途径，但形式较单一；二是，幼儿在园期间，在教师精心组织的劳动教育活动中，整体表现是积极主动的状态，以此可以判断，幼儿并不排斥参与劳动。绝大多数家长能够支持配合班级劳动教育，家园沟通效果明显。同时也可看出幼儿期孩子自主、自发珍惜劳动成果的意识和行为还没有养成；幼儿园组织幼儿参与社区劳动的机会比较少，利用社区资源的意识比较薄弱；三是，幼儿虽参加家庭劳动，但态度不够主动，主观意识不强，家长对于劳动教育意识淡薄，态度不明确，存在应付完成的想法，甚至对幼儿参加劳动持不支持态度。数据可见，幼儿期孩子是有主动参与家务劳动的意愿的，大多数幼儿在家长的邀请下能够参与家务劳动中。同时数据也反映出，幼儿时期的劳动意识、行为及习惯的养成都是基于成人的外力作用的，成人思想、行动的正面引导能够吸引孩子积极参与到家务劳动中来；四是，多数家长的劳动教育观念方向是正确的，赞同幼儿适度参与家庭劳动，内容多以幼儿自我服务为主要方向和目标，但在服务长辈上意识欠缺，并在时间上仍以偶尔表现为标准，以物质吸引和犯错惩罚为主要方式，造成幼儿劳动意识主观能动性不强，以完成任务的被动心态参与为主调，故而形成了幼儿在园积极，在家被动的"两层皮"状态，是幼儿家庭劳动教育不扎实、效果不明显，持续性、有效性不足不够的主要原因。

基于以上调查情况中目前普遍存在的幼儿劳动教育的现状和困境，我们将借助各种形式的教研活动，带领广大教师从问题出发，以培养幼儿主动参与、亲身体验、深度探究的劳动品质为目标，探索家、园、社三位一体同步推进的幼儿劳动教育实施的新路径、新方法，助力全市幼儿劳动教育研究向纵深推进和发展，取得新成效。

以下将从幼儿家庭劳动、幼儿在园劳动及幼儿社会劳动教育实践三方面逐一剖析和诠释具体的实施方法及策略。

案例一：幼儿家庭劳动教育的研究：

（1）制定科学有效的家庭劳动教育目标及评价方法

将每周五定为家庭劳动教育日，根据幼儿年龄特点制定科学适宜的家庭劳动教育目标。小班以自我服务劳动为主要内容，如自己整理衣物、被褥、玩具等；中班在自我服务的基础上初步尝试为他人服务，如：帮忙擦桌子、收拾碗筷、打扫卫生等；大班幼儿着重培养为他人服务的意识，如：帮妈妈择菜、洗菜、擦地、洗衣服等。此外，结合父亲节、母亲节及三八妇女节，开展为爸爸妈妈捶背、洗脚等活动，鼓励家长做幼儿劳动教育的引导者、支持者、合作者。

为确保幼儿家庭劳动教育实施的有效性，我们采用家庭劳动教育动态评价方法。教师根据每周劳动教育日活动的目标及内容，生成周劳动任务单。任务单中包含：劳动目标、内容、次数、实操情况、成果及评价等几项内容。其中，评价主要从幼儿习惯养成、实践创新、态度情感三个维度分别对劳动常识的知晓率、情感态度的认同度、劳动意志和劳动的稳定性等几方面进行幼儿自评、亲子互评及教师综合评定。努力让幼儿将劳动观念和劳动意识内化于心，外化于行。

（2）加强家庭劳动教育指导与培训

①引领家长树立正确的劳动教育观念，切实提高家长育儿水平。

充分利用家长学校开设"家庭劳动教育"专题培训，帮助家长掌握科学的家庭劳动教育方法；通过"家访""家庭劳动教育金点子"了解家庭劳动教育的小妙招。引领广大家长树立正确的劳动教育观念，切实提高家长育儿水平。

②密切家园联系营造良好氛围，形成有效家园合力。

为积极营造劳动教育良好氛围，幼教中心通过牡丹江教育网、微信公众平台、牡丹江晨报、幼教365家园共育平台、家长会、家园劳动教育亲子活动等多种途径开展劳动教育宣传工作，如：开展"小鬼当家""我是小厨师""家长客座教师"等活动。除此之外，还在家庭劳动分享日将幼儿在家积极参加家务劳动的照片和视频制作成电子相册，在班级微信群里进行展播，家长与教师之间，家长与家长之间可以随时进行交流、沟通或反馈，为形成有效的家园合力奠定了坚实基础。

（3）深研家庭劳动教育载体及特色活动

①延伸家庭社会实践活动教育载体，拓宽劳动教育渠道。

在全面开展劳动教育的基础上，我们以家庭成员从事的工作内容为基点，扩大劳动教育范围，拓宽劳动教育渠道。鼓励幼儿到爸爸妈妈、爷爷奶奶等亲属工作、劳动的场所进行体验、参观。例如：超市、理发店、银行、邮局等，让幼儿了解各行各业劳动人民的工作，激发幼儿对劳动人民的热爱与尊重。

②创新开展亲子特色劳动活动，提升幼儿综合素养

一是，以美劳活动为突破口，培养幼儿创新意识。在亲子劳动内容中设置美劳活动，将美术与劳动有机融合，旨在让幼儿充分体验劳动中蕴藏的艺术美，进而用劳动创造美，激发幼儿热爱生活、热爱劳动的积极情感。二是，创新亲子劳动教育模式。我们根据亲子劳动多元化特点，分层次开展不同的亲子劳动活动。如：幼儿园定期开展亲子手工创意展、亲子美食制作、亲子绿化植树等活动；各年龄段班级开展亲子劳动教育家庭分享日、亲子传统节日包饺子、包粽子、做香包、打月饼、做灯笼等。此外，还定期邀请家长来园开展"巧手匠心"亲子劳动体验活动。在陶艺、木工、编织等劳动实践中，家长通过协助、合作，不仅为幼儿树立了良好的劳动榜样，而且亲子双方充分感受到了共同劳动的快乐。

案例二：幼儿在园劳动教育的研究

幼儿园根据劳动教育目标，以自我服务劳动、集体服务劳动、社会实践劳动、特色劳动活动为主要内容开展劳动教育。结合幼儿年龄特点，科

学合理确定各阶段劳动教育课程的具体内容，在集体教学中注重学科渗透，有机融入劳动教育内容，利用讲故事、歌唱表演、在游戏中扮演角色、实地参观、亲身劳动实践等多种教育教学形式传授幼儿劳动知识，掌握相关的劳动技能，激发幼儿对劳动人民的尊敬和对劳动的热爱。

（2）拓展劳动教育途径

①积极开展生活劳动教育。我国著名教育家陈鹤琴曾说"生活即教育"。为此，除了集体教学活动外，还积极进行生活劳动教育活动。为了培养幼儿为集体服务能力，我园将劳动内容分为日常劳动：如，用餐前后整理、擦桌子、分发餐具、扫地、擦地……室内环境清洁整理：如，擦玩具、倒垃圾、整理玩具、物品书籍等。集中劳动：如，周末卫生大扫除，整理玩具，洗娃娃衣服、修补图书、收拾寝室等。帮厨劳动：如，择菜洗菜切菜、做简单的面食等。户外活动：组织幼儿到菜场上拾树叶、垃圾擦拭栏杆等。

②特色劳动实践活动。充分利用幼儿园教育资源优势，积极组织幼儿开展特色劳动教育活动。如，陶艺活动、手工制作活动、编织活动、木工实践活动、小厨房劳动实践体验活动、种植饲养活动等。在特色活动实践中，让幼儿掌握了特色领域基本的劳动技巧，感受到劳动创造了生活，创造了价值，也体验到劳动中蕴含的艺术美，激发了幼儿热爱生活、热爱劳动的积极情感。

③运用影视作品、动画片、童话剧、劳动儿歌创编、录制视频展播等载体宣传正确的劳动观念，如大班开展童话剧表演《小熊请客》，组织幼儿观看动画片《寒号鸟》《三只小猪》利用作品和影视中的人物形象、言行、品格，影响幼儿的发展，从而得到受益。

④开展劳动教育主题活动。利用"三八节""五一劳动节""母亲节""父亲节""重阳节"等节日活动的有利契机，组织幼儿为父母家人做力所能及的事，如为父母亲人捶背、洗衣物、擦地、洗脚等，让幼儿从小懂得要孝老敬亲的同时，培养了幼儿爱劳动的优秀品质。

案例三：幼儿社会劳动的探索

（1）定期开展亲子劳动教育家庭分享日、组织幼儿到社区公共服务场所参观学习，如，组织幼儿到超市、理发店、建筑工地、饭店、银行等地参观，让幼儿了解各行各业劳动人民的工作，感受劳动人民职业的辛苦，从而激发幼儿对劳动人民的敬爱与尊重。

（2）为幼儿增加社会实践体验的机会。如到江滨公园、北山公园开展"我是环保小卫士"活动，组织幼儿拾垃圾，保护公共卫生，到社区清理小广告、擦护栏、除草等，教育幼儿爱护公共环境。通过系列社会公益活动，让幼儿深刻理解认识劳动的社会意义，增加幼儿的社会责任意识、担当意识，成为愿意为社会、为他人服务的合格小公民。

（3）巧用"大带小"开展混龄采摘、种植活动。

先从同年龄组平行班级幼儿混班开始进行尝试，逐步扩展到小中大三个段的混龄活动。幼儿在一起采食园内的樱桃、哥哥姐姐帮弟弟妹妹摘杏、大班哥哥挖坑栽苗，小班弟弟妹妹帮忙培土浇水……共同劳动协作的氛围其乐融融。这一活动的开展，既为中大班幼儿提供了为他人服务劳动的机会，也为小班幼儿或能力较弱的幼儿创设了相互学习和交流的机会，培养了幼儿参与社会劳动的积极情感。

5. 巧用信息化手段，合理引入人工智能。

信息技术的应用可以有效提升幼儿劳动教育实践的科学性。一是，利用信息技术收集数据，通过数据分析及对比，可以让教师进一步清晰准确地掌握劳动教育活动的情况及问题，有益于活动的调整和改进。二是，利用动态漫画图片及视频，让幼儿对劳动产生兴趣。微课课件的动态漫画可以有效激发幼儿对劳动兴趣，让他们在游戏中感受劳动带来的成就感，让幼儿懂得劳动的意义。三是，运用信息化，选择适合孩子的劳动。不同年龄发展阶段的幼儿，能力有所不同。家长可以依靠信息技术在网上学习浏览，选择适合他年龄特点的家务内容，让幼儿的劳动活动力所能及。

让幼儿初步了解和体验智能劳动，是新时代幼儿劳动教育内容的重要组成。生活劳动智能化是人工智能与信息技术带给新时代的礼物，生活劳动智能化使幼儿发展与生活劳动便捷化，改变着幼儿的劳动理念和劳动形态，拓展了幼儿劳动教育的新途径。传统的"动手"劳动日渐被智能化所取代，这正在影响着幼儿劳动的路径选择。当前，幼儿劳动教育方式正处在继承传统和适应智能时代的转换进程中。

综上所述，全面实施幼儿劳动教育需要点燃幼儿劳动的热情，唤醒幼儿劳动潜在的天性，激励幼儿在连续劳动中养成习惯，鼓励幼儿在经常性劳动中发展独立自我，需要家、园、社会提供充足的劳动机会。家长应当转变教育理念，担当核心职责，注重在生活中培养幼儿的动手劳动意识与习惯。幼儿园要围绕幼儿真实生活进行长期的系统化劳动课程实践体系构建，建设"幼儿—家庭—社区"共同参与的劳动文化生态，坚持以发展幼儿劳动能力为核心，谋划幼儿劳动习惯养成的多维路径，引导幼儿在学会自我管理的基础上掌握基本的生活能力所需的劳动技能，丰富幼儿社会体验，为幼儿的全面发展奠定基础。作为引领和指导区域学前教育发展研究的我们，要切实担当助力基层教师学术研究能力提升和专业理念引领的责任使命，努力形成区域特色鲜明、凸显生命活力、助力教师专业成长的区域及园本研究文化，让劳动教育真正在丹江沃土上落地生根。

第四节　幼儿园质量评估引领与支持

2022年教育部公布《幼儿园保育教育质量评估指南》（以下简称《评估指南》），《评估指南》坚持以促进幼儿身心健康发展为导向，聚焦幼儿园保育教育过程质量，评估内容主要包括办园方向、保育与安全、教育过程、环境创设、教师队伍等5个方面，共15项关键指标和48个考查要点。这意味着幼儿园保教质量评估有了更科学的标准，《评估指南》的公布对促进学前教育高质量发展具有重要意义。

一、《评估指南》出台背景

一是贯彻党中央决策部署的重要举措。党的十九届五中全会提出建设高质量教育体系。中共中央、国务院《关于学前教育深化改革规范发展的若干意见》和《深化新时代教育评价改革总体方案》都明确要求，国家制定幼儿园保教质量评估指南，各省（区、市）完善幼儿园质量评估标准。

二是满足学前教育质量的迫切需求。经过连续实施三期行动计划，学前教育实现了基本普及目标，迈入全面普及和高质量发展的新阶段，迫切需要加强幼儿园保教质量评估，发挥好质量评估的引领、诊断、改进和激励作用，引导各类幼儿园树立正确的质量观，科学实施保育教育。三是深化学前教育评价改革的必然要求。长期以来，各地幼儿园保教质量评估普遍存在"重结果轻过程、重硬件轻内涵、重他评轻自评"等倾向，难以适应学前教育高质量发展的新要求，亟待从国家层面出台指南，强化科学导向，加强规范引导，推动各地健全科学的幼儿园保教质量评估体系。

为了使《评估指南》具有科学性、实践性，教育部组建了由高校学前教育专家、学前教育行政干部、教研员、骨干幼儿园园长参加的专家团队，从理论与实践层面开展研究论证和文件起草工作。一是组织专题研究。组织有关专家成立课题组，全面梳理了各省（区、市）的幼儿园保教质量评估标准和指标体系，对美、英、德、澳、法等国家和地区的学前教育评估标准进行了比较研究，总结和学习借鉴已有经验。二是深入开展调研。多次赴基层开展实地调查，分析了解幼儿园保教质量现状，召开20余场座谈会，广泛听取高校专家、行政人员、教研人员及园长教师等不同层面的意见建议。三是认真研制文本。在前期深入研究的基础上，进一步明确了《评估指南》的研制思路、基本原则、评估内容与方式，特别是围绕幼儿园保教特点、质量评估价值取向、指标体系进行了多次研讨，反复修改，形成了指南文本。四是广泛征求意见。初稿形成后，多次召开座谈会，征求学前教育专家、行政、教研人员及一线园长教师的意见建议，广泛征求各省级教育部门的意见，并根据各方意见做了多次修改和完善。

《评估指南》立足建立科学评估导向，促进幼儿园保教质量提升，在研制过程中总体把握以下几点：一是体现引领性。坚持社会主义办园方向，全面贯彻党的教育方针，引导幼儿园树立科学的保教质量观，尊重幼儿年龄特点和发展规律，推动幼儿园不断提升科学保教水平。二是体现针对性。聚焦落实促进幼儿身心全面和谐发展的培养目标和深化幼儿园教育改革的重点任务，着力扭转地方幼儿园质量评估存在的问题，不断改进幼儿园保教质量。三是体现发展性。充分发挥教育评估的引导、诊断、改进、激励功能，强化过程评估，重点关注保育教育过程质量，关注幼儿园提升保教水平的努力程度和改进过程，支持幼儿园自我诊断、自我完善、自我提升。四是体现操作性。对评估的重点内容、关键指标和具体考查要点，以及评估方式、组织实施等方面提出明确要求,为地方具体实施提供了可操作的指引,确保导向清晰,解决实际问题。

二、《评估指南》的评估方式

《评估指南》以促进幼儿身心健康发展为导向,聚焦幼儿园保育教育过程质量,围绕办园方向、保育与安全、教育过程、环境创设、教师队伍等五个方面提出 15 项关键指标和 48 个考查要点。在办园方向方面,围绕"党建工作、品德启蒙、科学理念"提出 3 项关键指标和 7 个考查要点,旨在加强党对学前教育的全面领导,促进幼儿园全面贯彻党的教育方针,确保社会主义办园方向;在保育与安全方面,围绕"卫生保健、生活照料、安全防护"提出 3 项关键指标和 11 个考查要点,旨在促进幼儿园加强卫生保健与安全防护工作,确保幼儿生命安全和身心健康;在教育过程方面,围绕"活动组织、师幼互动、家园共育"提出 3 项关键指标和 17 个考查要点,旨在落实以游戏为基本活动要求,促进师幼有效互动,构建家园共育机制,促进幼儿身心全面发展;在环境创设方面,围绕"空间设施、玩具材料"提出 2 项关键指标和 4 个考查要点,旨在促进幼儿园创设丰富适宜、富有童趣、有利于支持幼儿学习探索的教育环境;在教师队伍方面,围绕"师德师风、人员配备、专业发展和激励机制"提出 4 项关键指标和 9 个考查要点,旨在加强教师队伍建设,采取有效措施鼓励教师爱岗敬业、潜心育人。

《评估指南》着力从三方面改进优化评估方式,切实提高评估工作的科学性、有效性。一是突出过程评估。针对幼儿园质量评估中重终结性结果评判、轻保教过程考察的问题,强调聚焦保育教育过程及影响保教质量的关键因素,通过对班级师幼互动情况、对保教实施过程中教职工的观念和行为的专业判断,着重考察幼儿园对《3-6岁儿童学习与发展指南》《幼儿园教育指导纲要》的具体落实情况,激励促进幼儿园不断发展提高。二是强化自我评估。针对幼儿园被动参与、难以发挥评估的激励作用问题,强调将自评作为提升教师专业能力的常态化手段,通过教职工深度参与,建立幼儿园自我诊断、反思和改进,外部评价激励引导的良性发展机制,切实转变园长教师的观念和行为,提高保教实践能力。三是聚焦班级观察。改变过去把关注点放在材料准备，评估过程走马观花，幼儿园忙于打造材料不堪重负的做法，在班级观察时间上强调不少于半日的连续自然观察，在观察的覆盖面上，强调不少于各年龄班级总数的三分之一，确保全面、客观、真实地了解幼儿园保育教育过程和质量，提高评估的实效性。

三、实施《评估指南》的注意事项

幼儿园保育教育与义务教育学校和高中的系统学业学习有本质上的不同，实施幼儿园保教质量评估应注意把握好两点：

一是尊重学前教育规律和特殊性。学龄前儿童的学习以直接经验为主，主要是在日常生活和游戏中学习。因此，幼儿园保教质量评估强调尊重幼儿的学习特点和成长规律，珍视幼儿生活和游戏的独特价值，有针对性地创设环境和条件，支持和引导每个幼儿从原有水平向更高水平发展，不做专门的幼儿发展结果评估，在实施中应充分尊重学前教育规律和特殊性，严禁用直接测查幼儿能力和发展水平的方式评估幼儿园保教质量，以免引发强化训练的非科学做法，制造家长和社会焦虑。

二是处理好与办园行为督导评估的关系。目前各地普遍开展了办园行为督导评估和保教质量评估，应注意做好区分定位。幼儿园办园行为督导评估作为单纯的外部评估，主要是针对薄弱幼儿园，解决规范问题，侧重于基本办园条件和办园行为。幼儿园保教质量评估强化自我评估，聚焦保育教育过程及影响质量的关键要素，主要解决质量提升问题。在实施中应注意处理好二者之间的关系，既要有效促进幼儿园保教质量提升，又要注重统筹实施，避免重复评估，切实减轻基层和幼儿园的负担。

四、《评估指南》出台的意义

（一）注重保教过程质量

近年来，有关教育教学质量的研究表明，在幼儿园教育教学中，我们虽然可以通过不同的教育过程得到相同的教育结果，但其教育的质量是不同的，有的过程在获取结果的同时，在幼儿的内心种下了良好品质的种子，激发了主动学习的热情，养成了良好的学习品质，因为我们在这一保教过程中有更多的相互理解与相互尊重；有的保教过程在取得结果的同时，可能埋下的是不敢逾越雷池一步的恐惧与思维的固化，因为这种保教过程只有更多的被动的、机械性的灌输与训练。而重视对过程的评估，主要关注的不再是直接就能看到的是或否的直观现象，而是需要通过系统性的观察与思考，去发现那些能够间接反映出教育过程的行为。在评估保教质量过程中，这些行为是否蕴含着以幼儿为主体的教育理念，将成为我们的重点关注对象。

（二）要有足够时间观察班级

对保教过程质量的评估，不能敷衍了事，只通过查阅相关资料去实现，而是需要花费更多的时间走到幼儿园，观察教师与幼儿真实的互动状态，去听他们之间的互动对话情况，去观察他们的行为，从而去发现和思考这种互动能否实现以幼儿为主体的教育理念，能否达到相互尊重、相互理解的要求等。因此《评估指南》在评估方式上提出了"重视班级观察"的方式方法，而且在连续观察的时间上不能少于半日，这样对时间上的要求，保障了评估人员能够从幼儿园一日活动的各环节中看到全面、具体、真实的师幼互动情况，有利于对幼儿园保教的过程进行全面评估。

（三）加强师幼互动

《评估指南》将师幼互动质量作为儿童早期学习和发展的关键评估指标，表明了《评估指南》抓住了学前教育高质量发展的核心命脉。

很长一段时间里，在于幼儿园的建设中，人们更多关注的是班级规模、园舍建筑、游戏玩具投放等，这都属于结构质量。对师幼互动、同伴互动、课程实施等过程质量则不够重视。国际教育组织调查研究显示，教育过程质量是幼儿园保教质量的关键内容，而师幼互动质量又在很大程度上决定着保教过程质量。

（四）严禁用直接测查幼儿能力的方式评估幼儿园保教质量

学前教育一直有个争议点，家长们支持、鼓励孩子们多学几个字、多背几首诗、多数几个数字、多会一些加减法。专家们则担忧幼儿园"小学化"

不利于幼儿身心健康发展。

《评估指南》明确指出："关注幼儿园提升保教水平的努力程度和改进过程，严禁用直接测查幼儿能力和发展水平的方式评估幼儿园保育教育质量。"这一要求不仅有利于全面规范幼儿园办园行为、防止和纠正"小学化"倾向，更有助于保护幼儿身心健康、规范学前教育秩序。

（五）他评+自评：更好发挥指挥棒的作用

幼儿园评估将怎样开展？教育部基础教育司负责人介绍，评估由他评和自评组成，要求幼儿园每学期开展一次自评，各地县级督导评估依据所辖园数和工作需要，三至五年为一个评估周期，确保每个周期内包含所有幼儿园。

幼儿园自评，注重保教过程质量，促进教师及幼儿园工作人员的反思与交流，提出改进措施，并通过他评提供持续的支持与引导，将引导幼儿园完善自我评估，改进保教实践。

五、教研员对幼儿园质量评估的引领与支持

近年来，我国幼儿园保教质量不断提升，科学的保教理念渐渐深入人心，各级各类幼儿园办园行为不断规范，幼儿园环境和保育教育条件有所提高。为更好地推进幼儿园教育普及普惠、安全优质发展，加强对各级各类幼儿园的指导、管理力度，提高幼儿园保育整体水平，促进幼儿园教育教学高质量发展，贯彻落实《评估指南》的核心要义和精神内涵，教研人员应从以下几个方面提供支持和引领。

（一）制定幼儿园评估管理指导细则，开展培训

根据各地区幼儿园实际的总体发展状况，制定幼儿园教育管理指导细则，旨在提升幼儿园管理者管理水平、专业化管理能力、研究性学习能力。指导细则应包含教育教学工作管理细则、后勤工作管理细则等内容，此外，指导细则的制定要遵循三个原则：一是，以国家文件要求为依据。在细则制定过程中需查阅大量国家、省幼儿园管理相关文件，确保细则内容符合国家要求。二是，从幼儿园实际工作出发。细则应选取区域内幼儿园管理中的突出问题，其目标、具体内容也应综合区域内各级各类幼儿园的平均水平，以确保各类幼儿园在现有条件下能整改达标，并且符合国家办园要

求。三是，指向明确、易操作。在细则中，不仅要指出幼儿园管理中应该怎样做，而且要明确指出不能怎样做，解决管理者把握不准，理解不清的问题。

为进一步解读指导细则的具体内容及要求，使细则落实到幼儿园的工作中，教研人员应面向全区域幼儿园园长、教师以及后勤工作管理人员组织培训活动，围绕指导细则以幼儿园食品安全、卫生保健、档案管理、游戏环境创设、园本教研培训、幼儿园一日生活、教师观察、幼儿自主游戏等方面为主题。培训可采取三级培训模式：一是充分发挥名园、中心园的辐射带动作用，对此类幼儿园进行一级培训二是由名园、中心园带动县区各级各类幼儿园开展二级培训，三是将培训辐射到农村、边远地区幼儿园，形成三级培训模式。使培训覆盖全区域各级各类幼儿园，为幼儿园规范办园行为，提升保教质量提供有力的抓手。并就培训内容形成培训方案，以确保培训内容的长效性。

（二）组织幼儿园教育教学创新管理调研活动

通过组织调研活动，可以更全面、具体地掌握幼儿园实际情况，有助于依照《评估指南》推进全市学前教育普及普惠、安全优质发展，加强对各级各类幼儿园指导管理力度，提高学前教育整体水平。教研员应依照区域内幼儿园整体水平、典型性问题，选取调研内容，并通过"听、看、问、查"等方式进行调研，"听"指听取区域内幼儿园工作情况汇报；"看"指查看相关资料，深入幼儿园看工作轻开展情况；"问"指通过现场座谈交流，提问区域内幼儿园管理中存在的问题及意见建议；"查"指查看指导细则落实、开展情况。最后根据调研情况，形成调研报告，总结各个地区幼儿园教育创新管理工作经验，查找本区域内幼儿园教育发展中的不足，进一步推进区域内幼儿园教育高质量发展。

（三）组织经验交流推广活动

通过开展经验交流活动，实现教育资源共享。活动采取"听、问、看、评"等方式进行，"听"指听取区域内各级各类幼儿园推广本园的教育教学、创新管理经验成果的工作情况汇报；"问"指现场开展座谈研讨交流，提问各幼儿园管理中的问题及意见建议；"看"指查看相关资料，深入了解各个幼儿园工作开展情况；"评"指发现问题，并进行现场点评，将存在的典型性问题整理清单、限期整改，并进行跟踪回访，保证交流活动效果的长效性。

第六章　园本教研的指导推动

第一节　园本教研的区域规划

园本教研，是指以园所为中心，利用教科研的方法、手段和技术，对园所教育教学中的实际问题进行研究和改进的一种教育改革实践。而教育区域规划，则是在教育改革和教育发展的大背景下，针对不同的区域特点和需求，制定出切实可行的教育工作计划，从而提高教育质量。

园本教研是教育区域规划的重要组成部分，不同类型的教育区域都需要在园本教研的基础上制定出相应的教育规划。园本教研是针对园所教育教学中的实际问题进行研究和改进的，而教育区域规划则是在园本教研的成果基础上进行的。

园本教研与教育区域规划紧密相连，彼此之间互有使命。园本教研是教育创新的先导阵地，是参与者了解园所实际情况，制定规划，解决实际问题的重要环节。教育区域规划则是园本教研的总体布局，要贴近实际，深入研究，提出长期目标，明确中长期教育发展战略，策划教育投入，实施教育改革，协调教育资源。

园本教研在教育质量提升过程中有着不可替代的作用，而教育区域规划则可以帮助园本教研更加高效和系统化地进行。

一、园本教研的区域规划目标

园本教研的区域规划是针对幼儿园的教研工作，根据幼儿园的情况、文化特点和教育需求等因素，制定出合理的教研规划方案，以提高幼儿园的教育质量和教师的教学能力为目标。

（一）提高教师专业素养和教育质量

随着社会的进步和发展，教师的素养和教育质量也成了越来越多人关注的话题。教师的学科知识、教育理念、教育方法、能力素质、教育体系结构等方面的提高都将直接关系到学生的学习效果和未来的发展。而实现这一目标，需要通过园本教研，建立科学合理的教育区域规划，来提高教师的教育质量和专业素养。

1. 提高教师专业素养

通过园本教研和教育区域规划，可以通过提高教师的专业素养，促进教育质量的提升。通过学习、掌握新的教育理念、教育方法、教材等，教师将会有更好的水平达到"知行合一"的境界，从而提高自身的专业素养，更好地服务于学生的发展。在规划教育各项工作时，应将教师的培训放在重要位置。教师的专业素质对于学生的成长是十分关键的。只有提高教师的素质，才能保障学生有一个良好的受教育环境。

2. 促进教育改革

园本教研和教育区域规划可以促进教育改革。在园本教研中，教育工作者可以对学生的实际需求进行深入研究，要以园所教育教学中的实际问题为研究对象，系统化地进行分析、探究、讨论，重点关注教育工作者实践中遇到的实际问题，进行有效的反馈和调整，从而让教育变得更具针对性和有效性。而教育区域规划则可以帮助学校和园区更好地规划教育资源的布局和调配，更好地实现教育功能的发挥。

3. 提升学生学习质量

通过园本教研和教育区域规划，教师既能提高自身的专业素养，也能优化教育环境和教学手段，使学生的学习质量得到提升。教育的目的不仅要通过知识的传授来提高学生的综合素质，更要通过培养学生的良好习惯、道德情操等方面的个人发展，使学生能在未来的生活和工作中更加自由和自主。通过设置环境良好的教室、宽敞的活动场所、丰富和多样性的教学资源、拥有合理的卫生保健设备等，创造良好的学习和生活环境，让学生能够在安静、整洁、愉快的环境中学习。

园本教研和教育区域规划是提高教育质量、提高教师专业素养的必经之路。凭借着园本教研和教育区域规划，可以让教师们从实际出发，更加深入了解学生的需要，针对不同的学生群体，建立适合其发展的教育方案，同时还可以提高教师的专业素养。在这样的背景下，我们将可以打造更为优秀更为人性化的教育，让每一个孩子都能够茁壮成长，健康成才。

（二）深化园本教育教研，推进幼儿园教育学科建设

幼儿教育是一项良好的早期教育，具有培养人才的重要意义。随着社会经济的快速发展，幼儿园的数量不断增加，教育水平也在不断提高。然而，对于很多幼儿园来说，如何提高其教育的实效性，加强学科建设，提高幼儿早期教育的教育质量和专业素养，是摆在其面前的一大难题。

1. 深化园本教育教研

园本教研是提高幼儿园教育质量和专业素养的关键因素之一。通过深入开展学前教育教研活动，可以发掘每位教师的教学特点和优势，形成"人人参与、人人成长"的共同发展格局。

在园本教育教研活动中，除了对于教师日常教学工作的反思，更需要教师注重与同行的沟通和交流，跨界合作，更好地促进教育教研的深入开展，促使教师能够深化对于幼儿园教育教学内容和方法的认识和理解，提高教学水平和教育质量。

2. 推进幼儿园教育学科建设

如何推进幼儿园教育学科建设，提高教育质量和教育专业素养呢？

首先，需要加强幼儿园教育的学科建设。幼儿园的教育不是简单地传授知识，更需要注重对幼儿全面发展中的各个方面进行系统化的科学研究，形成系统化的教育理论，从而更好地指导实践。

其次，要培养幼儿园教育科研和教育教学创新人才。提高教育质量和教育专业素养是需要一整套制度保障来支持的，而这一点相信每个人也都有共识。培养幼儿园教育科研和教育教学创新人才，可以更好地推动幼儿园教育科研与实践相结合，推动教育教学改革，提高幼儿园教育质量。

3. 具体实例

（1）以"交流学习、互相观摩"为基础的教育教研

现代教育教研需要注重多学科融合和多方合作的原则。通过对于"交

流学习、互相观摩"的活动的开展，既可以拓宽教师们的视野，分享彼此的成功经验，发现问题，又可以促进教师创新教育教学的动力和成就感，提高教育质量和教育专业素养。

（2）推进研究式教学和探究式学习

研究式教学是指老师们在教育教学过程中，开展主题性、探究性学习活动，培养幼儿探究和学习的主动性，在教师的指导下，拓展幼儿的思维，并促进幼儿物理、感性、认知、语言等各方面的发展。这种方法在实践中取得了不俗的成绩。

（3）提高幼儿对于道德的素养和情感的情怀

幼儿教育教学内容不仅仅是知识的传授，还包括对于人际关系、良好的行为习惯等道德素养和情感方面的教育。通过开展积极向上、阳光向前的活动，激发幼儿爱心和信仰，增强幼儿自信心，并使他们明白在小小年纪中做一个有责任心、有共情力的人是多么可贵，也是多么的重要。

综上所述，深化园本教育教研，推进幼儿园教育学科建设，有具体可实施指导计划来促进幼儿教育教学的进步是十分有意义的。这样做的目的在于使现代教育教研更加深入精细、学术化，从而使学前教育教学体系更加完善，教育教学质量更加突出。

（三）促进学生全面发展，提高学前教育质量

随着学前教育的不断推进，越来越多的幼儿教师加入园本教研的行列中，它是一种集体学习和分享经验的方式，团队合作能够促进师生之间的交流和互动，让师生之间的关系更加融洽，增进彼此信任，提高幼儿的学习兴趣和积极性。通过园本教研的方式，这些幼儿教师不仅可以提升自己的专业水平，同时还可以促进幼儿的全面发展。园本教研可以促进师生互动，增进师生感情。

1. 培育园所文化

园本教研可以有效促进学生全面发展。首先，园本教研可以帮助教师更好地了解幼儿的生理和心理发展规律，科学地制定教育计划和教学方法，更好地满足幼儿的学习需要，从而促进幼儿的身体、智力、语言、情感、道德等方面的全面发展。

园本教研强调以集体为单位进行研究，这一形式可以增强教师之间的联系和互动，带来良好的团队合作和共同协作的氛围，形成了自己园所的特色和个性化的文化，这样的文化在幼儿教育领域是非常重要的。

2. 促进学生全面发展

（1）科学实验体验式教学

幼儿在学习的过程中，通过各种切实有效的体验式科学实验，对科学知识产生兴趣和好奇心。从而鼓励幼儿完成对知识的探究和尝试，让幼儿学会发现问题并寻求解决方法。

（2）多样化的音乐教学

音乐教育能够激发幼儿的情感，提高感性认知能力，使他们更加能够感受、理解这个世界的美好。教师们可以通过音乐游戏等形式带领学生进入音乐世界中去，培养幼儿嗅觉性的感知，激发幼儿的创造力和创新思维能力。

（3）阅读推广计划

书是人类文明积淀的历史遗产，阅读能够丰富幼儿的知识和想象，增强他们的语言能力和思维能力。教师们可以通过各种形式的阅读推广计划，引导幼儿读懂图书的内容，培养对知识的好奇心和求知欲望。

（4）亲子活动

在幼儿园中，亲子活动也是一项重要的活动。通过亲子活动，幼儿们能够与家长、教师及其他孩子互动，增强社交技能及情感能力，开阔视野、丰富生活经验。

（5）艺术展览

幼儿在欣赏艺术品的过程中，不仅能够感受到美的价值理念，还能够拓展自身文化知识范围，提高审美观。教师们可以通过组织艺术展览，让幼儿了解艺术的多样性，提高他们的文化修养。

园本教研不仅可以提高幼儿教育教学的质量，也可以让幼儿获得更好更全面的发展。教育教学是一个永无止息的过程，幼儿教育也是一个不断调整和适应的过程。教师通过多种形式的园本教研活动，不断地探索、研究，发现并解决问题，无疑是实现优质教育教学的一种有效方式。

二、园本教研的区域规划目标任务

园本教研是推动幼儿园教育质量和效果的重要途径，而园本教研的特点和策略，特色园本教研的实践规划，都是促进教师团队栽培、学生全面发展和幼儿园教育质量提高的关键。

规划目标应与园本教研的目标相一致，园本教研的目标应该是：提高学生的全面发展，提高学前教育的教育质量，让每一个幼儿得到最好的教育。规划目标的确立是园本教研区域规划的第一步，也是最重要的一步。

首先，确定规划内容。应包括：教学研究的内容、研究目标的具体化、研究方法和过程、规划人员的要求和规划时间表等方面的内容。在明确规划内容时需考虑到教研的长远性，通过确定规划内容才能更好地实现规划目标。

其次，确定规划范围。确定规划范围是指确定园本教研的空间范围。一般来说，规划范围应包括教室、操场、图书馆、实验室等地方。规划范围要根据实际情况确定，需要考虑到园本教研的一些实际情况。

再次，制定规划方案。制定规划方案是制定园本教研区域规划的具体步骤。规划方案是规划的核心，规划方案的制定需参照教研目标、教研内容、规划范围等因素。

最后，推进规划实施。规划方案制定后，需进行推进实施。实施规划的过程中，需注意规划的落实和检查。园本教研区域规划并不是一次性的，它需要长期实施和逐步完善。

园本教研设置区域规划目标任务时应注意以下方面：

（一）深入了解幼儿园教育需求，实时收集幼儿园的教育情况和需求，了解幼儿的发展情况，为制定教研规划提供依据。

随着现代社会的发展，对于幼儿园教育的需求越来越高。幼儿园是孩子离开家庭后的第一个学校，是幼儿的重要成长阶段。对于幼儿园教育的需求，应该综合考虑幼儿的生理、心理和社会发展、各地区文化和家庭情况、教育机构和教育资源等多个方面的因素。

1. 实时收集幼儿园教育情况和需求

收集幼儿园教育情况和需求是确保制定有效的教育规划的首要步骤。幼儿教育的需求包括家长对幼儿教育的期望和幼儿园老师对幼儿在不同方面的发展建议等。而幼儿园教育情况包括幼儿在学前教育阶段学习的程度和各种能力、在课程中表现和出现的问题，以及幼儿家长对学前教育的评价等。通过收集和了解这些情况和需求，可以为幼儿园制定更有针对性的教育规划提供必要的支持。

2. 了解幼儿的发展情况

幼儿园的教育体系应该充分照顾到幼儿的发展特点。幼儿的生理、心理和社会发展都具有一定的规律性和阶段性。了解幼儿的各个发展阶段，就可以更好地制定教育规划，满足幼儿的特殊需求。例如，3~4 岁的幼儿处于对事物认知的发展阶段，应该在他们感官刺激和经验输入的同时重视语言和思维能力的培养，使幼儿园的环境和教育活动能够满足幼儿的这种发展需要。而 5~6 岁的幼儿则处于逻辑思维能力真正开发的阶段，应该在此阶段注重分类思维和推理能力的培养。

3. 了解各地区文化和家庭情况

不同地区的文化和家庭情况因素也会影响到幼儿园教育的需求。文化因素包括风俗习惯、宗教信仰、地域文化等，而家庭情况则包括社会经济水平、受教育程度等因素。对于广大农村地区的幼儿教育来说，其文化和家庭情况与城市地区有很大的不同，即使在同一地区，由于历史上遗留的差异和其他原因，都会导致不同的幼儿教育需求。因此，为了更贴近幼儿实际需求，教育工作需要选择合适的方案，在不同地区制定不同的教育方案，并对方案进行评估和优化。

4. 关注教育机构和教育资源

教育机构和教育资源的供需关系也是制定幼儿园教育规划的一个重要参数。目前，在城市地区，教育机构丰富，但是教育资源紧缺，教育行业不断向服务型转变。针对这一现状，社会应该加大对地方幼儿园教育设施的投入力度，同时加强教师培训，培养更多的专业人员，推动幼儿园教育的发展和进步。

总之，幼儿园教育需求和实际情况的深入了解对于幼儿园教研规划具有重要的意义。通过分析幼儿园教育需求、了解幼儿的发展情况、了解各地区文化和家庭情况以及关注教育机构和教育资源，才能制定出既具有可行性又切实可行的幼儿园教研规划，为幼儿的成长和发展提供更好的支持和帮助。

（二）制定教研规划方案，包括学科建设、教学理念与方法创新、师资培训、家园共育等方面的内容。

1. 学科建设

在幼儿园教育中，学科建设是非常重要的一部分，对幼儿园教育的质量和水平有着非常重要的影响。在学科建设上，我们应该重点发展幼儿的语言、数学、自然、艺术、体育五大学科。

（1）语言：应该注重幼儿的听说读写能力的培养，提高幼儿的语言表述与表现能力，让幼儿能够自信地表达自己的意见和观点。

（2）数学：应该注重幼儿的数学概念及运算能力，同时注重培养幼儿的逻辑思维和问题解决能力，让幼儿能够掌握简单的数学知识和基本的计算能力。

（3）自然：应该注重幼儿对周围自然环境和小生命的了解与探究，同时注重培养幼儿的观察能力和科学探究精神，让幼儿能够认识自然、理解自然、保护自然。

（4）艺术：应该注重幼儿的艺术表现力和创造力的培养，让幼儿能够愉悦地表达自己、塑造自己，让幼儿在艺术中感受生活、创造生活。

（5）体育：应该注重幼儿的身体素质及运动技能的培养，同时注重培养幼儿的团队合作和竞争意识，让幼儿能够在运动中快乐成长。

2. 教学理念和方法创新

在幼儿园教学中，教师的教学理念和方法是非常重要的，直接影响幼儿的学习效果和学习兴趣。为此，我们应该在教学理念和方法创新上做出以下的努力。

（1）关注个性化教育：尊重每个幼儿的个性差异，因材施教，注重幼儿的情感互动，满足不同幼儿的发展需求。

（2）以情感为中心：建立亲近温暖的教师幼儿关系，鼓励幼儿表达自己的情感和情绪，让幼儿在情感中有一个稳定的依靠。

（3）引导自主学习：通过情境教学和幼儿参与式教学，引导幼儿自主探究与学习，提高幼儿的主动性和探究能力。

（4）着眼综合素质：注重幼儿的多元智能和综合素质的培养，将文化素质、思维能力、人际交往能力与个性品格的培养同等看待。

3.师资培训

成功的幼儿园离不开优秀的教师队伍，只有教师们过硬的业务素质和不断的专业培训才能更好地为幼儿服务。为此，我们应该进行以下的师资培训：

（1）思维方式：进行课程创新和课堂教学改革的讲解及培训，培养教师锐意进取和持续求知的敬业精神。

（2）业务素质：开展业务技能培训、教育论文写作及撰写及操作技能培训等方面的课程，提高教师教学水平。

（3）职业道德：开展教师职业道德规范与实践培训，研究幼儿园教师的教育职业特点，打造高素质幼儿园教师。

4.家园共育

家园共育是指家庭和幼儿园之间的教育合作，将幼儿的家庭生活和社会生活与幼儿园的学习和发展紧密联系在一起。因此，我们应该采取以下措施：

（1）家庭访问：定期访问幼儿的家庭，了解幼儿的成长环境和家庭教育情况，与家长进行沟通和交流。

（2）家长培训：针对家长群体，开展幼儿教育知识、生活习惯、健康环保知识等方面的培训。

（3）家园互动：建立家园互动平台，让家长了解园中教育情况，主动参与孩子的教育过程。

在实际制定教研规划方案中，应结合幼儿园的具体情况和需求，制定具体的教研规划方案。

建立科学合理的教研体系，完善教研管理机制。建立教研领导小组和教研工作组，明确职责、细化工作目标，实现信息共享和协同合作，制定和执行教研计划，有效管理教研工作。

随着教育环境的不断发展和变化，教师的教学方式和方法也需要不断改进和进一步提升。为了保证幼儿园的教学质量，建立科学合理的教研体系和完善教研管理机制是必不可少的。

1. 建立教研领导小组和教研工作组

（1）建立教研领导小组

幼儿园教研领导小组的设立是教研体系建设的核心。其中，领导小组成员选择要考虑到擅长的学科和领域，工作经验和教研能力等综合素质。教研领导小组的职责应该包括：

①制定教研计划：针对幼儿园教育和教学的需求，制定教研计划，并明确教育目标和方向。

②推进教研成果在教学中的应用：加强教研成果的推广，培养教师的教学能力，提高教学效果。

③负责教育咨询工作，及时转达学校的教育价值、未来发展方向等信息给其他相关机构和个人。

（2）建立教研工作组

教研工作组是教研领导小组的下属组织，要领导教师团队定期开展教研活动，讨论教研结果并针对性地对教学方式和方法进行改进。教研工作组的职责应该包括：

①定期组织和带领教师进行教研活动及专业学习。

②收集幼儿园教学实践和研究资料，及时更新幼儿教育知识与技能。

③为教学设计和评估给予支持。

2. 明确职责，细化工作目标

（1）明确职责

明确各类幼儿园教师的教研职责，制定教学重点和目标，推荐教材及辅导材料。分工明确、职责明确，使得教师们按部就班、有条不紊地进行教研活动。

（2）细化工作目标

设定可实施的教研目标，实现教学目标的持续性和有效性。教研要紧密关联幼儿园教育和教学的实际需求，从而确保教学工作中所有的教育目标能够完美达成。同时，也要配合幼儿园教学活动的实际安排，例如季节性主题教学、活动教学等，结合不同年龄阶段幼儿的性别差异、生活居住环境的差异等特点，制定多个的教研目标。

3.实现信息共享和协同合作

（1）实现信息共享

充分运用组建的教研机构和各类有效的渠道，实现教育情报和教育信息共享。教研领导小组负责建立和完善系统，保障信息及时到位、处理和解决。利用现代信息技术的科技手段和方式，增强沟通、交流和合作的效率，避免教育资源的浪费和反复操作等情况的出现。

（2）协同合作

教研要与教学环节结合起来，秉承"以人为本"的办学理念，多方面引导学生提高其全面素质，从而实现教育教学目标的有效进展。

4.制订和执行教研计划，有效管理教研工作

（1）制订教研计划

教研活动需要制订教研计划，该计划应安排教研调查、研究和论证群体、式样、主题、内容、时间、地点、负责部门，以及教师的科研任务和公共参照框架。制订计划需要深入了解幼儿园教育的发展和需求，明确时间计划和具体任务，以及合理调配各类教育资源，最终达到满足各类需求的全面目标。

（2）执行教研计划

执行教研计划是教研工作的关键，需要安排足够的时间和资源，将计划具体化、细化，明确要求和标准，保证上述内容的顺利执行。在执行过程中，应建立积极的沟通方式，各项任务的完成情况也需要及时跟踪和反馈。

（3）有效管理教研工作

教育教学科研活动的管理需要严谨和高效，只有在管理规范的前提下，才能实现教育教学目标的顺利完成。依据学校和教师的实际需要及国家有关教育方针和政策，有效管理幼儿园教研工作，制定教育教学计划，监督和评估教师的科研之路，同时给予激励或惩戒以及及时回馈等方面都有所考虑。

以上是幼儿园教研体系建设的一些思路和建议。要建立科学合理的教研体系，必须深入了解幼儿园教育需求，真正了解幼儿的发展情况，从而为制定教研规划提供依据。未来，幼儿园教研体系将不断完善和创新，让幼儿园教育质量得到更好的保障。

（四）加强教师培训，提升教师综合素质和教育技能，推广教育教学新理念与新方法，推进教育改革。

教师是教育的主体和基石，而这个时代的社会变革和科技进步要求教师必须跟上时代的步伐，不断更新教育教学新理念和方法，提升教师综合素质和教育技能，让他们更好地服务于教育事业和学生的发展。

1. 加强教师培训

教师在教育教学实践中面临的问题不断增多，要想解决这些问题，必须进行培训，不断提升自己的专业知识和能力。对于幼儿园教师来说，教育教学的基础知识和专业技能是非常重要的，因此，我们应该加强针对幼儿园教师的培训工作，包括以下几种培训方式：

（1）线上培训

线上培训是一种非常便捷的培训方式，教师可以在自己的电脑或手机上随时随地学习，培训内容涵盖了职业道德、幼儿心理学、教育教学法等领域，可以帮助教师全面了解幼儿园教育的重要性、方法和策略，提高他们的专业素养和教学能力。

（2）线下研讨会

线下研讨会是一种以会议为平台，传播幼儿园教育信息和分享教学方法的交流方式，这种方式可以促进教师们的学习和讨论，让教师们通过课程的分享和交流，汲取知识并不断提升自己的教育教学质量。

（3）教学实践

教学实践是一种非常有效的培训方式，教师可以通过教学实践交流和分享教学经验，改善教学方法和策略，这种方式可以让教师们更加深入地了解幼儿的成长和发展情况，更好地为幼儿服务。

2. 推广教育教学新理念和新方法

幼儿园教育是目前我国教育改革中的重要领域，教育教学新理念和新方法的推广是提高幼儿园教育质量和创新能力的具体体现。幼儿园教育是以游戏为主导的，因此教师应该更加注重学生的发展和成长，在学生发生问题时要及时解决，同时要鼓励学生积极参与到课堂教学中，提高其学习动力和兴趣。

（1）推广游戏化教学

"游戏化教学"是一个新兴的概念，它集合了游戏的乐趣和教授的内容，旨在通过核心游戏机制来促进学习，提高幼儿的学习者积极性和主动性。采用游戏化教学方法能够激励幼儿参与，为幼儿园教学注入活力和趣味。

（2）推广个性化教育

个性化教育是一种以学生为中心，满足其差异化需求的教育方式，因此教师应该注重每个学生的个性化需求。个性化教育应该包括几个方面的因素，如性格特征、学习习惯、弱区域及专业爱好等，教师可以通过教育教学方法的变换，不断进一步强化幼儿园教育的个性化。

3. 提升教师综合素质和教育技能

教师的综合素质和教育技能是影响教育教学质量的关键因素，因此，提升教师综合素质和教育技能是提高幼儿园教育质量的关键。幼儿园教师应该注重自身素质和专业技能的提升，加强自身的学习和培训，努力提高教育教学水平。

（1）提高教师的语言表达能力

幼儿园教育教师应该具备良好的语言表达能力，因为这关系到学生的理解和接受能力。教育教学语言应该准确、简明、生动、合理，并且要适合幼儿的年龄和认知水平。

（2）增强教师的心理素质

教育教学是一项需要强大心理素质的工作，因此，教师应该注重提升自己的心理素质，不断加强自身的情感管理能力和人际交往能力，以更好地面对各种教育教学问题。

（3）增强教师的动手能力

在幼儿园教育中，教师的动手能力也很重要，因为他们要负责很多学生活动的计划和组织，如水上救生、手工制作、运动会等。只有教师具备良好的动手能力，才能更好地为学生服务。

4. 推进教育改革

教育改革是许多国家的重要议题，教育机构应该紧跟时代的步伐，不断进行教育改革，以适应未来的教育发展。教育改革应该主要针对如下几个方面：

（1）建立和完善幼儿园教育科研机制。

（2）建立教研领导小组：教研工作需要有一个组织领导，负责制定整体性的教研规划和方案，建立教研领导小组是必备的。

（3）制定教研计划：制定教研计划需要根据幼儿园教育的实际情况和需要，将教研活动分为季节性计划、月度计划、周计划和日活动计划等。

（4）工作分工明确：教研工作分为教师研讨和对类别，工作分工需要明确，制定具体化的任务清单。

（5）安排教育讲座：教育讲座是教研工作中常用的方法之一，可邀请有特殊经验的教师或从事幼儿教育的专家进行教育讲座，提高教师的教育水平。

（6）举办教学研讨活动：在教学研讨活动中，教师可以相互交流教学经验、分享有效的教学方法等，相互促进，获得提高。

（五）借助现代信息技术，建立网络教研平台，建立教研数据分析体系，为教研工作提供服务和支持。

随着信息技术的快速发展，教育行业也开始逐渐拥抱数字化教学。在这个数字化时代，我们的园本教研工作也需要适应新的教育趋势。

1.网络教研平台

网络教研平台可以为幼儿园教育提供一个数字化的交流平台，帮助教师更好地进行教研工作，以提高教学质量。使用网络教研平台，教师可以随时随地获得信息、分享教学经验，并与其他幼儿园的教师进行互动。

网络教研平台的建设需要以下步骤：

（1）确定平台的目标和功能

网络教研平台应该具有哪些功能？包括教师信息管理、教学资源管理、课程设计、学习内容推荐、在线培训、学生学习效果评估等。在平台建设前，我们需要根据教育需求和教师需求，明确平台的目标和功能。

（2）选择适合的平台服务商

现在有很多平台服务商提供个性化、专业化的网络教研平台建设和服务，我们需要选择一个适合自己园所需的平台服务商。在选择平台服务商时，需要考虑以下几个方面：

①平台的稳定性、安全性

教研平台是教师交流和合作的重要平台，其稳定性和安全性是关键因素。因此需要选择一个能够保证平台流畅稳定运行的服务商，并保证用户隐私信息不被泄露。

②平台定制化程度

不同幼儿园的教育需求和教师需求是不同的，因此需要选择一个能够根据自身需求进行定制化的平台。

（3）平台的实施、使用和管理

平台建设完成后，需要推广和使用。需要举办线上/线下培训和推广，培训教师平台的操作和使用技巧，并加强对平台的维护、使用和管理。

2. 教研数据分析体系

随着数字化教学的普及，教育数据也会越来越多。现在有很多工具能够助力我们对数据的分析和利用。通过收集、分析、利用教研数据，可以更好地为教学方案提供支持。

教研数据分析体系的建设需要以下步骤：

（1）确定数据范畴

教研数据包括学生成绩、学生表现、教学资源、教师表现等。在建设教研数据分析体系前，我们需要明确数据范畴和要收集的数据。

（2）选择适合的数据分析工具

现在有很多数据分析工具和平台，如 Excel、SPSS、Tableau 等，我们需要选择一个适合自己使用的工具，并学会如何使用这些工具。

（3）设置数据分析目标

在使用数据分析工具前，我们需要明确分析的目标，即想要从数据中获得什么信息或结论。目标明确后，我们就可以选择适合的分析方式，并利用图表等方式呈现数据分析结果。

3. 教研工作的管理

教研工作的管理也是教研工作的重要组成部分。建立教研领导小组和教研工作组，明确职责、细化工作目标，实现信息共享和协同合作，制定和执行教研计划，有效管理教研工作。

在教研工作的管理中，教研领导小组负责制定教研计划和指导教研工作，教研工作组负责实施教研计划、开展教研活动，组织各种教研讲座、交流会，推广教研成果等。

教研工作的管理需要注意以下几个方面：

（1）教研工作要有明确的目标和计划

建立教研领导小组，明确教研的目标和计划，并根据目标和计划有针对性地组织教研活动，同时注重教研活动的反思和总结。

（2）激发教师的教研热情和能动性

教研工作需要教师的参与和支持，教研工作组应该激发教师的教研热情和能动性，引导他们自主开展教研活动，为教学改进提供建议和方案。

（3）建立正常的教研机制

教研工作不应该是一时的、零散的活动，而应该建立正常的、系统的教研机制，使教研工作不断发展，才能不断取得成效。

总之，教研工作的科学化、数字化是数字时代的必然趋势。园本教研工作需要适应这个趋势，借助现代信息技术，建立网络教研平台和教研数据分析体系，并加强教研工作的管理和指导，以提高教育质量和教学效果，推进教育改革。

园本教研的区域规划是幼儿园教育教研工作的关键内容之一。只有实现教研目标和任务，才能提升学前教育的质量和效益，推动学前教育发展的步伐。

第二节　园本教研的典型培育

园本教研是指通过实践研究和理论探究推进教育教学的改革和发展，以达到提高幼儿园教育质量和水平的目的。为了加强幼儿园教育教学的实践研究，不断创新教学方法，增强教育教学的科学性和有效性，开展园本教研活动成为幼儿园教育教学中不可或缺的环节。而对于幼儿园教师来说，进行园本教研的典型培养需要从以下五个方面进行：

一、提高理论素养和研究能力

开展园本教研要求教师具备一定的理论素养和研究能力，建立内外部学习和交流机制，利用网络、图书馆等资源，充分利用探究活动、研讨会、交流讲座等形式，提高理论素养和研究能力。教师需要了解幼儿的心理、行为、习惯等特点，积极探索、深入研究本园教育教学的问题，开展幼儿园教育问题的研究，加强理论研究和教育实践相结合的能力，并且能够充分利用学科知识和教育学理论指导幼儿园教育教学实践。

（一）背景分析

随着社会的不断发展，幼儿园教育也日新月异，教育理论不断更新，我们应该更加注重幼儿园教研，不断提升自己的理论素养和研究能力，将理论与实践相结合，推进教育改革和发展，提高教育教学质量。

1.幼儿园教研培训需要提高理论素养和研究能力的必要性

（1）适应时代发展

时代不断发展，社会经济和科技文明瞬息万变，这就要求幼儿教育采用新的教育及教学理念方法，以更好地适应时代发展的需求。这就需要幼儿园教师有着更好的理论素养，在教学过程中能够全面了解幼儿的学习需求和发展情况，从而灵活应对。而提高教研人员的研究能力，则是保障幼儿教育能够更好地适应时代发展的重要措施。

（2）提高教育质量

提高教研人员的理论素养和研究能力，可以促进幼儿园教育的全面发展，提高幼儿教育质量，有助于幼儿在学习中更好地成长，为其未来生活和学习打下基础。

（3）推进幼儿园教育改革

幼儿园教研需要不断探索和创新，以推进幼儿园教育的改革进程。这就需要教研人员具备独立思考和创新能力，发现问题并加以解决。并且，通过对幼儿的学习情况进行深入研究，更好地挖掘幼儿的天赋和潜力，优化幼儿园教育的管理模式和教学方法，实现幼儿教育与时俱进的发展。

2. 提高幼儿园教研人员的理论素养的措施

（1）提供与幼儿教育相关的各种学术论文，让教师们深入学习，并进行相关讨论。

（2）建立教师群体知识分享的机制，通过分享教育教学经验，不断填补教育上的空白。

（3）翻译信息科技与教育学的学术论文，使学术界的优质教育资源渗透到教育实践。

（4）建立专题研讨制度，组织幼儿园内部的讲座与论坛，邀请教育领域的专家，为幼儿园提供教育教学方面的精彩分享，并为园本教研提供实践案例。

3. 提高幼儿园教研人员的研究能力的措施

（1）科研项目

幼儿园教研人员能够主动申请开展一系列科研课题，例如研究幼儿的心理发展、阅读能力、语言表达能力等等，并将取得的研究成果上报教育管理部门，为幼儿园的教育改革提供有力支撑。

（2）邀请专家

幼儿园教研人员还可以邀请教育领域的专家到校进行教学观察，并给予相关指导，收集专业意见，整理出专家意见及建议，并由教育管理部门制定相关研究方案。

（3）协同研究

幼儿园教研人员还可以与其他幼儿园教师和教研人员进行协同研究，开展情境化实验和课题研究。

以上均是提高幼儿园教研人员理论素养和研究能力的重要措施，同时可以结合实际情况进行有针对性的补充。

（二）提高幼儿园教研人员理论素养和研究能力的好处

1. 提高教学质量

提高幼儿园教研人员的理论素养和研究能力，有利于开展更全面、更深入、更科学的幼儿园教学工作，让教学更加贴近幼儿的需求和发展。

2. 推动教育改革

幼儿园教研人员通过加强理论学习和研究实践，不断优化和调整教学内容和方法，创新教育理念和科技手段，有利于推动幼儿教育的改革进程。

3. 科研成果的提升

幼儿园教研人员在理论素养和研究能力的提升下，能够更好地开展科技项目研究活动，深入挖掘幼儿的深层次需求，为幼儿园教学改革、教学创新提供科研支持。

4. 注重团队合作

理论素养和研究能力的提升，更需要注重团队合作，幼儿园教研人员在教研工作过程中，需要协同合作、互相交流，共同为幼儿园教学提升贡献力量。

在现代社会快速变革和多元化的大背景下，幼儿园教师需要不断提升自我修养，增强自身知识体系，不断深化对教育教学的理解与认识。只有增强理论素养和研究能力，不断学习成长，才能为幼儿教育事业贡献更为深入和创新的力量。

（三）案例分析

1. 充分利用微信群、QQ群等社交工具，开展幼儿园园本教研。

在社交媒体逐渐普及的今天，微信群、QQ群等社交工具可以成为幼儿园教师传播教育理念和教学经验的重要平台。教师可以在群里分享教育教学经验，传递教育理念，分享幼儿园教研成果，引导教师进行教研，促进教学研究的交流和合作。同时，还可以在群里通过相互问答、讨论的方式，推动教研的深入和扩展，更好地提高教学效率。

深圳市龙岗区的某所幼儿园就通过微信群方式，维系了园内教师关系和教研情况。微信群所有教师共享，每日教研幼儿园安排在群里公布，还可进行教育教学及其他方面资源的共享。园长在群里指导、安排教师们加强园本教研，提高教育教学水平，推动幼儿园教学改革。

2. 利用微课堂进行幼儿园教学资源共享。

利用现代科技手段，可以建立专门针对幼儿园的微课堂，通过对案例、教材教案、课件等教学资源的共享，加强教师之间的信息交流和共享，方便教师寻找优质的教育资源和学习理念，培养和提高教师教育教学素质。

深圳市某幼儿园利用微课堂平台进行教研成果共享，通过摄像、上传、多种分享方式等，丰富老师的思想，加深学科内部的交流，还有一个好处就是，方便对教育课程的同步监控，提升教研的信息化、科技化水平，大大提升了在"微课堂"收看的幼儿园教育教学质量。

3.幼儿园可以建立教育教学资源库，整合各种高质量的教育资源。

幼儿园可以将学科进程和教学内容进行分解和整合，建立高质量教育教学资源库，让老师轻松获取和利用优质教育资源，帮助幼儿园教师掌握流行的教学理念和新型教学方法，提升幼儿园教育教学质量。

二、提高教学组织和实施能力

借助园本教研，教师需要提高教学组织和实施能力，充分利用先进的教育理念和方法，开展教育教学实践活动。教师要充分利用各种音频、视频、图像等多种媒体平台，探究教育教学的多样化方法和形式，开展幼儿园教学活动，提高幼儿的学习兴趣、积极性和创新能力。同时，教师需要注意教学组织的各个环节，如制定教学计划、准备教具材料、组织教学活动、评价教学效果等，这些都是教师提高教学组织和实施能力的关键。

（一）教师需要提高教学组织和实施能力

教师需要注意教学组织的各个环节，如制定教学计划、准备教具材料、组织教学活动、评价教学效果等，这些都是教师提高教学组织和实施能力的关键。教师应该根据幼儿的实际情况，制定个性化的教学计划，合理选配教具材料，设计丰富多彩的教学活动，从而形成系统、完整、科学的教育教学体系，从而提高幼儿的学习兴趣和积极性。

以下是一个幼儿园教师提高教学组织和实施能力的具体案例：

1.案例背景

甲老师是一名三年的幼儿园教师，教过多个班级，教学经验丰富，但是在教育理论与方法创新方面相对落后。在一次教研活动中，甲老师意识到自己的教学方法需要改进，需要提高教学组织和实施能力。因此，她开始研究并尝试采用一些新的教育理念和教学方法，以提高幼儿学习效果。

2. 具体做法

（1）学习教育理论知识

甲老师开始积极学习新的教育理论知识，比如儿童心理学、认知发展理论、情感教育等，并通过网络、教研会议和教育研讨班等方式不断深入学习，不断提升自己的理论素养。同时，在学习的过程中，她总结并归纳了自己的教学经验，为今后的教学实践积累了宝贵的经验。

（2）探索教育教学的多样化方法和形式

甲老师逐渐意识到，幼儿喜欢多样化的学习方式，并从中找到适合自己班级教学的方法。她采用了多媒体教学、情境教学、问答式教学，游戏式教学等方式来进行教学。这些方法和形式非常适合幼儿的学习特点，可以提高幼儿的学习兴趣和参与度。

（3）制定教学计划和组织教学活动

为了更好地组织和实施教学，甲老师开始制定教学计划，并根据幼儿的学习特点和需求，选择教具材料，精心组织教学活动，确保每位幼儿能够有效参与到教学中来。同时，在教学过程中，她还注意引导幼儿自主思考和探究，鼓励幼儿认真思考问题、发表自己的观点。

（4）联系家长，积极推进家园共育

甲老师认为，教育不应只是在学校里进行，家庭、父母在幼儿教育中的作用也越来越重要。因此，甲老师积极与家长联系，邀请他们参加活动、组织互动等，加强家园沟通，推进家园共育，从而更好地促进幼儿的全面发展。

3. 结果分析

采用上述方法后，甲老师的教学效果有了明显提高。幼儿的学习兴趣和学习积极性得到了显著提高，班级的学习氛围更加轻松愉悦、融洽，幼儿之间相互交流、互动的情况也得到了很好的改善。同时，家长们对幼儿的进步和班级的教学工作都给予了极高的评价，支持力度和配合度也得到了提升。

4. 结论

从甲老师的案例中我们可以看到，幼儿园教师提高教学组织和实施能力的具体做法，包括学习教育理论知识、探索教育教学的多样化方法和形式、制定教学计划和组织教学活动、联系家长，积极推进家园共育等。这些做法可以帮助幼儿园教师更好地开展教学工作，提高幼儿的学习兴趣和积极性，促进幼儿全面发展。

（二）教师需要充分利用各种多媒体平台

教师需要充分利用各种音频、视频，图像等多种媒体平台，探究教育教学的多样化方法和形式。这样可以开展更加丰富多彩的幼儿园教学活动，使幼儿在学习中更加感兴趣。例如，在教学某个知识点时，教师可以使用视频或图像等多媒体资料，呈现更加生动形象的教学场景，从而更好地吸引孩子的注意力、提高教学效果。

（三）教师需要探究先进的教育理念和方法

教师需要不断探究先进的教育理念和方法，并将其应用到教学实践中。例如，在幼儿园教育中，教师推动"以孩子为中心"的教育理念发展，采用探究式、体验式、情境式的教学方法，让教学变得更加生动、有趣、多样化，能够更好地激发幼儿的学习兴趣和创新能力，提高幼儿园的教育教学质量。

（四）教师需要开展教育教学实践活动

教师需要积极参与教育教学实践活动，如幼儿园活动、社会实践等。这些活动可以为幼儿提供更多有助于发展的实际学习机会，同时也可以帮助教师更好地了解和掌握幼儿的学习和成长情况，从而更好地制定教学计划。

（五）教师需要注重教育教学的质量和效果评价

教师需要注重教育教学的质量和效果评价。教师们需要时刻关注教育教学的质量和效果，及时调整教学策略，从而在教学过程中不断提升幼儿学习效果，让幼儿以更快的速度进步。

以下是一个幼儿园教师注重教学质量和效果评价的具体案例：

王老师是某幼儿园聘用的一名资深教师，她一直将提高教育教学质量、评价教学效果视为自己工作的重要目标。在她的教学工作中，她注重对幼儿的个性化引导和评价，不断探索适合幼儿发展的教学方法，积极推广新的课程体系，得到了家长和管理层的高度评价。

为了进一步提高自己的教学水平，王老师主动与其他幼儿园进行交流，不断学习先进的教育理念和方法，从而提高自身的教学质量。她定期参加学习培训，了解最新的教育教学理论，并应用于自己的工作中。

同时，王老师注重对幼儿的评价，不仅仅看重幼儿的学习成绩，更注重从幼儿的学习态度、兴趣爱好，创新能力等方面进行评估。她使用多种评价方式，如观察记录、学习活动总结、反思讨论等，定期制定幼儿的成长档案，并及时与家长进行沟通，力求全面了解幼儿的成长情况，以更好地开展个性化的教育引导。

除了以学生为中心的评价，王老师也非常重视教学质量和教育效果的评价。她认为评价是一个不断改进的过程，要始终围绕着教学目标进行反思和评估。王老师充分利用评价的数据分析，不断改进自己的教育教学方法，以更好地满足幼儿的需求。

在课程的规划和实施中，王老师也十分注重教育教学质量的评价效果。她在编写教案时，考虑到每一个细节，在每堂课的准备工作中，细心对待教具、材料的准备，从而确保教学质量。在课堂上，她通过多种教学方法，让每位幼儿都有参与的机会，让每一堂课都能够激发幼儿的学习兴趣和创新能力。充分发挥幼儿的主动性和创造性，让知识在快乐中掌握。

总之，王老师在教学中注重教育教学质量和效果评价的重要性，通过不断自我反思和学习，提高自身的教学水平，同时注重对幼儿的评价，全面了解幼儿的学习状况，实现个性化教育引导的最终目标。她的教学效果得到了家长和幼儿的认可和信赖，成了在幼儿园内备受尊重和关注的优秀教师。

通过园本教研的方法和手段，教师们可以有效地提高教学组织和实施能力，并充分利用先进的教育理念和方法，开展多样化的教育教学实践活动，推动教育改革，并提高幼儿园的教育教学质量。同时，教师们也需要密切关注幼儿园教育需求，实时收集幼儿园的教育情况和需求，并了解幼儿的发展情况，为制定教研规划区提供依据。

三、提高引导幼儿发展的能力

幼儿园教育中关注引导幼儿发展的过程，需要关注幼儿身体和心理的特点，并针对不同年龄段的幼儿制定相应的教育方案。在幼儿园园本教研中，教师需深入了解幼儿的发展状况，不断引导幼儿在各个方面的全面发展，包括智力、情感、社交、语言等方面。教师要充分利用幼儿园自然环境和各类资源，为幼儿提供可穿戴的游戏、各类游戏和实践活动，培养幼儿的学习和观察能力，同时要注意幼儿的身心安全，提高引导幼儿发展的能力。

通过教育和引导，幼儿可以更好地发展自己的智力、情感、社交等方面的能力。下面将结合一个幼儿园的案例，分析该园如何注重提高引导幼儿发展能力。

案例：某幼儿园注重发展幼儿的个性化特长

该幼儿园招收的是3~6岁的儿童，幼儿园的老师们发现，每个孩子都有自己独特的个性和特长，但是一些孩子或许由于自身的原因或者其他方面的原因，尚未真正地展现出来。为了让每个孩子都能充分发挥自己的潜能，幼儿园注重发现幼儿的个性化特长，明确每个幼儿的发展方向，制定个性化发展方案，迅速提高幼儿的发展能力。

幼儿园采用了多种方法，通过观察、了解家庭背景，交流等方式搜集幼儿信息，并针对不同情况制定相应的发展方案。以下是几个典型案例分析：

1. 音乐天才的开发

该幼儿园发现了一对双胞胎姐妹的音乐天赋，但是由于园区内没有专门针对音乐的课程，为了让这对双胞胎能够更好地发展自己的特长，幼儿园为她们安排了单独的音乐课程和表演机会。在幼儿园的努力下，这对双胞胎姐妹在幼儿园的音乐比赛中获得了好成绩，同时也展现出了自己的个性和独特风采。

2. 动手能力的培养

该园发现一些幼儿有很强的动手能力，喜欢搭积木、拼图等手工艺术活动，因此，幼儿园为他们提供了更多的动手活动和材料，搭建渐进式的教育活动流程。在幼儿园的引导下，这些幼儿的动手能力逐步得到了提高，同时也增强了他们的自信和提高了探索精神。

3. 语言表达能力的开发

该园为了培养幼儿的语言表达能力，开设了口语表达培训课程。教师们通过游戏、剧目演出等方式，激发幼儿的兴趣，提高幼儿对语言表达的敏感性和反应能力。同时，教师们还通过每日语言学习分享，为幼儿开阔知识视野，增强幼儿的语言表达能力。

综上所述，该园采用了多种方式，注重发掘和引导幼儿的个性化特长，让每个幼儿都能够得到全面发展。这既符合幼儿的个性化需求，也有利于提高幼儿的发展能力和充实学业成就。其中，该园的成功经验在于注重针对性地开发和引导幼儿的特长，以及针对不同的幼儿制定个性化发展方案，并且开展与幼儿的沟通和家长的协作，将教育形成一个完整的闭环，从而有效地提高幼儿的发展能力和整体素质。

四、提高教育教学创新能力

教育教学创新能力是现代教育发展的一个重要方面，而幼儿园教育教学中教师的创新能力对幼儿的发展至关重要。教师需要根据幼儿的身心发展需求，探索能够满足幼儿园教育的实现，增加教育教学活动的丰富性和多样性，从而提高综合素质、自我探索能力和获取丰富的经验。在教学过程中，教师应充分挖掘幼儿自身的天性和兴趣，鼓励幼儿自己探索和思考问题，创造出有趣的教育教学方法。

（一）案例介绍

某幼儿园通过与教育局合作，开展了一项园本教研工作，主要针对教学资源和教师发展方面进行探究和改进。本研究主要目的是提高教师的教育教学创新能力，促进教育教学改革。

在此基础上，该幼儿园实施了一系列措施，主要包括：

1. 搭建教学管理平台

该幼儿园搭建了一套教学管理平台，将学校内所有的课程设计、教学计划，教学资源等资料集中管理，并针对不同年龄段的儿童进行分类整理。同时，该平台还提供教师在线授课、互动交流、课后反馈等功能。

2. 加强师资队伍建设

通过开展内部培训等形式，该幼儿园加强了教师师资队伍建设，提高了教师的教育教学水平，并且还建立了一套评价体系，对教师的师德、教育教学水平等进行全方位评估。

3. 开展教育教学研究

该幼儿园强化对教学理念与方法创新的研究,通过多次教研活动,深入挖掘不同年龄段儿童的发展特点,针对性地制定了教学方案,取得了显著的效果。

(二)园本教研提高教育教学创新能力的分析

1. 搭建教学管理平台,提高教育教学资源使用效率

在教学管理平台的帮助下,该幼儿园取得了显著的成效。教学资源的整合、收集和查询方便,教师可以随时随地查阅和利用,提高了教育教学资源的利用效率。

同时,平台的在线授课、互动交流,课后反馈等功能,使教育教学变得更为智能化,师生交流更加顺畅。并且,该平台还是能力评估、师德考核等方面的支撑,可以通过数据对教学流程、教学资源等进行分析,对于提高教师的教育教学创新能力具有重要意义。

2. 加强师资队伍建设,提高教育教学水平

师资队伍建设是园本教研工作最重要的一环,教育教学人才队伍的建立和培养是实施教育教学创新、贯彻新课程标准的基础。该幼儿园开展了形式多样的师资培训活动,给予教师更丰富的学术支持,不仅满足了教师的职业成长需求,也有效地提高了教育教学水平。

通过建立一套评价体系,该幼儿园可以对教师的各项能力水平进行评估,并可根据评估结果对教师进行培训、考核,晋升等方面的支撑。这不仅有利于提高教师的职业素质,还有助于建设更加专业化、高效化的教育教学团队。

3. 开展教育教学研究,为教学改进提供支持

教育教学研究是园本教研工作的核心内容之一,也是推动教育教学创新的重要手段。该幼儿园通过教育教学研究,深入挖掘不同年龄段儿童的发展特点,针对性地制定了科学合理的教学方案,有效地提高了幼儿的学习兴趣、积极性和创新能力。

此外,该幼儿园还将数据的分析应用到研究过程中,通过对幼儿的学习行为、反应速度、兴趣点等方面的分析,为教学改进提供了依据和支持。

这种利用数据指导教育教学的做法，可以让教师更加精准地了解幼儿发展的情况和需求，从而实现教学个性化和目标化。

通过该例子的分析可以看出，园本教研作为提高教师教育教学水平、推动教育教学创新的有效途径，具有重要而积极的意义。

五、增强团队协作和交流能力

进行园本教研需要教师协作和交流能力，教师要建立密切的团队协作机制，开展协作研究，提高教学效果。通过交流来了解彼此对于教育教学的想法、方法，经验方面等差异，进而相互补充、借鉴，提高整个园区的整体水平。园本教研是教师协作学习和共同成长的道路，能够促进教师之间的感情和团队凝聚力，加强师资力量和教育教学实践的质量，因此这也是非常重要的一环。

（一）幼儿园教研现状分析

幼儿园教研是提高教师教学水平、推动学校发展的重要手段。通过教研活动，可以促进教师个人和集体的专业发展，拓宽教育教学的视野，推动课堂教学不断创新。然而，当前我国许多幼儿园存在教研不规范、成果不突出，交流不充分等问题。部分幼儿园缺乏教研意识，教师教学经验不够丰富，教研活动被简单化、固定化，缺乏对教育教学的深入思考，缺乏创新精神。

（二）如何增强团队协作和交流能力

1. 提高教研质量

教研质量是教研工作的重要指标。提高教研质量需要依托师资力量，加强师资培训，提升教师教学水平，增强教师的教育教学理论基础和实践操作能力。此外，开展多样化的教研活动和方法，如团队上课观摩、互动交流和研讨会等，可以促进教师对教学实践的深入了解和总结，有效推进教育教学持续发展。

2. 营造良好环境

营造良好的环境是提高教研质量的重要保障。学校应该加强教研室的管理，提供良好的教研设备、文献资源和信息技术支持。在组织教研活动的过程中，学校要注重教师的主体性，避免贯彻上级安排、随意牵引互相影响、成果不显著等问题。在选题、设计、实施和论证环节中，注重数据支持和理论研究，避免普及性讨论，实现教学提高。

3. 建设专业平台

建设专业平台是增强团队协作和交流能力的关键因素。这个平台应该包括教研网络、学院、论坛、研究生教育、旧书库等项目，有多样的信息资源和服务，可以实现教师的自我学习、研究和交流，提升团队的专业素养和协作能力。此外，学生可以参加教研活动，提高教师与学生之间的互动性，提高教学质量。我们可以将这个平台上的研究与现有的研究结合起来，建立专门的研究小组，以实际问题、实验和实践为基础进行研究，提高研究水平，也为幼儿园的教育教学质量提供更加可靠和有效的理论支持。

（三）案例分析

在某幼儿园，提高团队协作和交流能力是教育教学推进的重要任务。在学校的领导与教师的共同努力下，该幼儿园模式逐渐得以建立：

1. 增加教研据点

学校增加了教研据点，不仅为外省市的专家教师所用，也为本校教研与教学教改活动提供了便利。

2. 举办教学研究会

学校举办了大型学术研究会，邀请来自全国各大学和专家教授，推进幼儿教育教学的理论研究和实践探索。

3. 师资队伍培养

学校加强师资队伍培养，建立教研课程。并着重针对实操进行实践。例如让低年级明星教师教对别年级的教授并且在对老师的看法做出讲解的过程中，将其当作案例，让其他老师来听课并分享教学经验。在每周的教研活动中，教师们积极分享自己的教学案例、思路和方法，互相交流，形成了良好的教学氛围和教学活力。

4. 增加信息化教学力量

学校加强信息技术建设，同步推进信息化教学。在全国其他幼儿园先试后推广的，进行了有效的实践探索，探索了新的教学方法和教学理念，来进一步推动学校的发展和改革。

5.课程破桐魔方

学校引入破桐魔方课程，作为学校新一轮教改的重要内容，破桐魔方课程将智慧教室、绿色教育、感性启蒙等多个课程及节点有机结合，以幼儿的生活体验为出发点，开发多形式教学模式，增强幼儿的综合素质，培养有爱、有责任心、善于思考和团队合作的优秀幼儿。

通过以上的实例和分析，可以得出结论：增强团队协作和交流能力是幼儿园教育提高教育教学质量的关键之一。学校应该加强对教师团队建设和管理，提高教师的教育教学素质和研究能力，建立完整的教研体系，提供良好的教研环境和平台，为教育教学持续发展提供有力的支持和保障。幼儿园教育在未来将面临更加激烈的竞争，实现优质教育需要教师和学校不断创新。因此，推进幼儿园教育团队协作和交流能力的提升，将会掀起一轮新的教育教学革命。

这就是园本教研的典型培养，不同的培养方向会使教师在不同的方面都有相应的增长与提高。不过无论学什么方面的，最主要的是还是要坚持从幼儿园教育教学的实操入手，不断锤炼实战能力，才能更好地从中获益。

第三节　园本教研的疑难指导

园本教研的疑难问题可以从以下五个角度进行探讨：

一、理论角度

园本教研是园所工作中一个重要的环节，旨在通过交流学习、共同研究，提升教师的专业素养，改进教学方法，提高园所发展质量。然而，在园本教研中，教师们也遇到了许多疑难问题，需要从理论角度进行指导和解决。比如教育学、心理学等方面的理论支持和指导，理论角度可以帮助教师了解疑难问题的本质，并有针对性地制定教育教学方案。

（一）明确园本教研的定义

园本教研，顾名思义，就是园所内部的教学研究活动。它是指在同一园所内，由该园所的教师、园长、管理人员等共同参与，针对教育教学中的难点、疑点和重点问题进行研讨、探讨的一种教育教学研究活动。园本教研是基于对园所实际情况的分析和认识，制定符合园所发展需要和教师发展需要的教研计划，结合教育教学实践和经验，以提升园所教育教学质量为目的。可以说，园本教研是园所内部的专业化交流和学术研究的一个缩影，它承载着教师个人和整个园所的发展。

（二）明确园本教研的目的和内容

园本教研的最终目的是提高园所的教育教学质量，促进教师的专业成长和发展，推动整个园所的发展。它是园所内部最重要的专业交流和学术研究平台，也是教育教学质量的核心因素。它能够通过教师的共同研究和交流，调动教师的创造性思维和积极性，形成合力去推动园所的教育教学研究活动。因此，园本教研的目标是提高园所教育教学质量，促进教师专业成长和园所发展。

园本教研的内容包括以下几个方面：

1. 研究教育教学的实际问题，针对教育教学中的难点、疑点和重点问题进行研究、探讨。

2. 学习先进的教育教学理念和方法，了解最新的教育教学理论和研究成果。

3. 对教育教学活动进行规划和制定教研计划，设计课程和教学方案。

4. 通过教学观摩、教态展示，教育技术展示等多种形式展示和交流自己的教学成果，获得同行的反馈和评价。

5. 制定教育教学研究报告，向同行分享自己的研究成果，扩大教育教学交流的领域和范围。

（三）园本教研中常见的理论疑难问题及其解决方法

在园本教研中，教师们会遇到各种各样的理论指导疑难问题，这些问题的解决，对于推进园所的教育事业，提高教师的专业素养，具有重要的意义。下面，将列举出一些园本教研中常见的疑难问题，并提出了一些解决方法。

1. 教研计划制定不合理

教研计划制定是园本教研中的重要环节，但是很多时候，教师们制定的教研计划不够具体、实用，不符合园所的实际情况，也缺乏针对性。这样一来，就会影响教研活动的质量和效果。

解决方法：

（1）教师们应该对园所的实际情况有足够的了解和认识，明确教研活动的目标和意义，理性制定教研计划。

（2）教师们应该参考园所教研计划的目标和要求，制定符合实际情况和需求的教研计划，以确保教研计划具有针对性和实用性。

（3）教师们要密切关注教育教学的创新和变革，关注新的教育政策和教育教学资源，及时调整教研计划，使之符合最新的要求和需求。

2. 教研主题选择不合适

教研主题是教研活动的核心，是园本教研的重要组成部分。但是，在选择教研主题时，往往会存在主题不够具体、过于简单，与园所实际情况不符等问题，影响教研活动的成效。

解决方法：

（1）教师们应该结合园所的实际情况和教育教学的热点问题，制定具体、实用的教研主题，同时要注意主题的针对性和实用性。

（2）教师们可以参考前人的教研成果和研究报告，查找相关的文献资料，进行深入的研究和探讨，选择合适的教研主题。

（3）教师们可以开展教学观摩、教育技术研究等多种形式的实践活动，积累自己的教育教学经验，寻找合适的教研主题。

3. 形式化的教研交流

在园本教研中，往往存在形式化的教研交流，教师们只是单纯地将教学经验和教学成果展示出来，缺乏具体的针对性和深入的探讨。这样一来，教研活动就会变得混乱和无效。

解决方法：

（1）教师们应该在教研活动中注重深入交流和探讨，针对教学中的难点和疑点提出问题，通过团队合作的形式寻找解决办法。

（2）教师们可以通过小组探究、合作研究、互动交流等多种方式，促进教研活动的深入展开，确保教研交流具有具体的针对性和深度。

（3）教师们应该在教研交流中多提问题、多讨论，并通过具体的案例和实例来解决问题，确保教研交流的具体性和实效性。

4.缺乏教研成果的转化

很多教师在教研中会获得许多有价值的经验和成果，但是却缺乏将这些成果转化为教学实践的有效手段。这样一来，教师们在教学实践中往往难以将教研成果真正地体现出来，教研活动也就失去了应有的意义。

解决方法：

（1）教师们应该重视教研成果的及时转化和实践，将教研成果转化为实际的教学手段和方法，以提升教学的质量和效果。

（2）教师们可以通过教研成果的展示和交流来推广和推进具体的教学实践，让更多的教师和学生受益。

（3）教师们还可以结合教学需要和园所的实际情况，将教研成果转化为课程和教学方案，为教育教学工作提供具体的指导和帮助。

园本教研作为园所内部的交流研究平台，与教育教学事业的推进和发展息息相关。因此，在园本教研中，教师们应该注重实践、实用和针对性，不断拓展教育教学的领域和范围，以提高园所的教育教学质量和教师的专业素养。同时，在教研过程中，教师们还要注意疑难问题的解决，保证教研活动的顺利进行和成效的显著提高。

二、实践角度

园本教研的疑难问题可以从实践层面进行探讨，从实际操作中找到问题的根源和解决方案。教师可以通过实践角度深入了解学生的实际情况，并参照先进的教学经验进行优化和调整。

（一）教学计划的制定

园本教研的实践问题首先要解决的问题是教学计划的制定。在日常教学工作中，教师们需要根据国家课程标准和幼儿的实际情况，制定有针对性的教学计划。然而，有些教师在制定教学计划时，缺乏系统性、科学性和实效性，导致计划制定不合理，实施效果不佳。另外，有些教师为了迎合管理者和家长的期望，过分强调孩子的成绩和表现，忽视了幼儿发展的整体性和多元性，从而影响了幼儿的身心健康和全面发展。

针对这些问题，我们提出以下解决方案：

制订教学计划前要进行课程分析和教学需求分析。

教师应该先了解幼儿的实际情况和学习需求，结合课程标准和教材，合理制定教学目标和教学内容。

教学计划要科学、系统、实效，要注重课程整合和贯通性。

教师可以采用PBL（问题式学习）教学法，通过情境引导和问题解决，使幼儿在实际情境中学习，提高知识的实际运用能力。

教师要强调幼儿的全面发展，不要太过强调成绩和表现。

教师应该尊重幼儿的发展差异，注重幼儿的个性化发展，注重实践、探究和创造等方面的能力培养。

（二）教学设计的实施

教学设计的实施是园本教研实践中的另一个难题。教师们有时制定了合理的教学计划，但在实施过程中遇到了困难。例如，过于死板的教学方式导致幼儿不感兴趣；教师的教学用语难以被幼儿理解；班级管理不当导致学习秩序混乱等。这些问题的存在，使教师的教学质量和效率大打折扣。

以下是几种解决方案：

1. 教师要多采用情境引导和问题探究的教学方法，针对幼儿的兴趣和发展需求进行有针对性的教学设计，让幼儿在学习中感受成功的积极情绪。

2. 教师要注重语言表达和语境创设，运用丰富多彩的手势和表情，让幼儿理解教学内容的内涵和意义。

3. 教师要对班级管理有意识地进行培训和提高，了解幼儿行为心理学和个性化教育的相关知识，使班级管理更加科学、系统、实效。

（三）幼儿的学习行为诊断

幼儿的学习行为是园本教研中实践的又一个疑难问题。幼儿学习能力的差异非常大，一些幼儿存在认知障碍、情绪困扰等问题，这就需要教师们进行针对性的干预和辅导。但是，由于幼儿的语言表达受限，不能完全表达自己的想法和感受，教师往往难以了解幼儿的学习行为，更难以对其实施科学有效的干预。

教师们可以采取以下几种解决方案：

1. 引导幼儿进行自我评价和学习总结。让幼儿表达自己的学习体验和观察结果，并帮助幼儿进行分析和总结，从而激发幼儿的自我调控能力。

2. 建立良好的教育环境，注重幼儿学习行为的观察和分析。例如，记录幼儿学习行为和反应，分析幼儿学习习惯和心理状况等，从而有针对性地制定干预措施。

3. 建立与家长和其他幼儿教师的良好联系和合作，共同关注幼儿的学习行为和心理状况，及时进行及早干预。

（四）个性化教育

个性化教育是当前国家学前教育中的热点问题之一。个性化教育的实施，首要问题是识别幼儿的个性差异，但幼儿的心理特点和行为习惯比较难以把握，教师在个性化教育过程中很容易出现"一刀切"的现象。例如，一些教师为了提高教学效率，常常采取统一的教学方案，忽略了幼儿的学习兴趣和个性化需求，对于学习成绩较低的幼儿，也很难给予及时、有效的帮助和扶持。

教师们可以采取以下几种解决方案：

1. 更加注重幼儿的兴趣和特长，采用灵活多变的教学方式，满足幼儿的多样性需求。

2. 在教学过程中，建立良好的沟通机制，了解幼儿的情感、态度和信念。例如，采用自由讨论、小组讨论等方式，让幼儿展示自己的思维能力和创造能力，让教师更好地了解幼儿的个性特点。

3. 进行个性化评估和辅导，及时发现和解决幼儿的学习困难。例如，采用专门的评估工具，对幼儿的学习和行为进行评估，制定个性化的辅导计划，促进幼儿的全面发展。

园本教研是学前教育中提高教学质量和教学水平的重要路径，通过实践和理论相结合的方式，可以探讨教学过程中的疑难问题，并提出相应的解决方案。教师们在实践园本教研的同时，应该注重教学实践的可操作性和实效性，切实提高幼儿的学习品质和幼儿园的教育教学质量。

三、经验角度

园本教研的疑难问题可以从教学经验角度进行探讨，通过教学实践的积累和总结发掘解决问题的有效方法。教师可以分享自己在教学中积累的经验，并从其他教师的经验中获得灵感和启示。

下面将分享如何通过教研提升幼儿园教育教学质量，结合幼儿园实际，分析教研活动的意义和价值，介绍教研的具体流程和方法，以及通过教研活动提高教育教学质量的案例。

（一）教研活动的意义和价值

教研活动是一种教师专业发展的方式，其意义和价值在于：

1. 提高教师专业素养

教研活动通过思考和交流，增加了教师对教育教学的认识和理解，增强了教师教育教学的能力和水平，提高了教师的专业素养。

2. 促进教师专业成长

教研活动强调教师间的相互学习和交流，通过对比研究，帮助教师发现自己的不足和问题，并有针对性地解决这些问题，促进了教师的专业成长。

3. 提升教育教学质量

教研活动通过研究和改进教育教学方法，优化教育教学内容，提高了教育教学质量，使幼儿得到了更好的教育和培养。

（二）教研的具体流程和方法

教研活动的具体流程和方法如下：

1. 确定研究主题和问题

教育教学的问题和需求是指导教研活动的出发点。教师可以确立主题和问题，并在研究过程中不断完善和调整。

确定一个好的研究主题和问题是幼儿园教研的关键。考虑到孩子们在幼儿园生活的特殊环境，教研应该着重关注以下几个方面：

（1）孩子们的兴趣和需求，教师要根据孩子们的兴趣和需求来确定教研主题和问题，可以保证教研的实效性。

（2）幼儿园课程结构和目标，教师可以根据幼儿园的课程结构和目标来确定教研主题，分析幼儿园课程设计的合理性、教学难点和重点等问题。

（3）教师的教学能力和质量，确定教研主题还应考虑到教师的教学能力和质量，分析教师的优势和不足，从而有针对性地制定教育改革措施。

在确定教研主题和问题时，教师需要进行充分的讨论和研究，同时还应考虑到幼儿园的整体发展和未来发展方向。在确定教研主题和问题之后，教师还应制定相应的教研方案，明确研究的目的、方法和步骤，以确保教研的实效性和实用性。

下面以一个具体案例来说明如何确定一个好的研究主题和问题：

一所幼儿园教师经小组讨论后，决定确定教研主题为《如何提高孩子们的阅读兴趣和能力》。他们发现孩子们在阅读方面存在多种问题，比如阅读量不足、阅读集中度不高等。通过讨论，他们将问题定为"如何创设适合孩子们阅读的环境和活动"。

于是，他们参照幼儿教育的有关理论，综合考虑教育教学实际情况，制订了一份较为详细的教研方案。该方案分别确定以下几个方面：研究目的、研究主题和问题、研究方法、教研步骤、教研成果、教研总结等。

总之，幼儿园教研是很有必要的，而如何确定好研究主题和问题，直接关系到教研的实效性和实用性。教师在确定教研主题和问题时可以从孩子们的兴趣和需求、幼儿园课程结构和目标、教师的教学能力和质量等几个方面着手，以便有的放矢，确保教研取得良好的效果。

2. 收集相关资料和信息

对于研究的问题，教师应该从相关的教育教学参考资料、文献和案例等渠道中进行收集，以便在后续研究工作中更加有针对性地展开。

3. 制订研究计划和安排时间

研究计划要考虑到时间安排、教师配合、资源利用和研究成果的转化等方面的问题,以确保教研活动顺利进行,并能够有具体成果和价值。

4.开展研究和经验分享活动

教师要在教研小组中相互讨论和交流,并进一步分析、比较和推广工作,建立反思机制,对研究工作进行总结和评估。

在幼儿园教研活动中,教师们会不断探索新的教学方法和策略,积累教学经验和教育智慧。然而,这些研究和经验只有得到有效的分享和应用,才能发挥最大的作用,从而促进教师的专业成长和教学水平的提高。以下是几个关键步骤,可以帮助教师有效分享幼儿园教研经验:

(1)确定分享的目的和受众

在分享之前,必须明确分享的目的和受众。分享的目的可以是为了帮助其他教师或园长了解新的教学方法、策略或课程,每次分享都要设定目标,确定要在分享中提供什么样的信息,何种形式去呈现,以及分享的对象是哪些教师、哪些年级或园长。只有明确了目的和受众,才能更有针对性和有效性地进行分享。

(2)选取适合的分享方式

分享方式非常多样,包括演示、讲解、展示等等。教师们要选取适合自己的分享方式,以及适合分享内容的方式。例如,如果分享的是课程设计,教师可以采用课程展示的方式,让其他教师现场观摩;如果是讲解某种教学方法,教师可以选择PPT演示的方式,让同事们更直观地了解并掌握新的方法。

(3)准备详尽的分享材料

在分享之前,教师需要准备详细的分享材料,包括教学笔记、学生作品、教学影片等等。同时,还要准备分享手册或PPT等,以便同事们更好地理解分享的内容并自主地学习、研究、实践。

(4)注意语言和表达方式

教师们在分享时要注意语言和表达方式。分享内容和实验方式都要尽可能地清晰,易于理解,并提供足够的背景知识和案例。教师们还要注重措辞,不要使用过于专业化、难懂的语言,让受众态度友善、冷静听取,听完后能获取知识和启示,激发学习热情。

（5）建立反馈机制，了解分享的效果

教师们可以建立反馈机制，了解同事们对分享内容的反应和回应，可以设立留言板，或者通过会议、微信等方式，听取同事的评价和建议，并根据反馈改进分享的方式，提高其重视度和效果。相互分享树立起了团队合作的地位，并且支持教师在教育和教学领域发挥其专业影响、较高发展，从而为我们的幼儿提供高品质的教育服务。

最后，教师们要意识到，有效分享教研经验不仅帮助他们之间的个人和专业成长，也可以通过团队合作提高幼儿园教学质量，达到更高的绩效目标。分享不仅有益于个人，也有益于整个团队和幼儿园的发展。

（三）通过教研活动提高教育教学质量的实践案例分享

以下是一些幼儿园通过教研活动提高教育教学质量的具体实践案例：

1. 关于幼儿中文语言能力的教研活动

通过教研活动，幼儿园的老师们发现，幼儿学习中文语言的兴趣和积极性不足，同时也存在着中文语言表达不清晰等问题。针对这些问题，老师们针对幼儿园年龄段学生的认知特点和语言能力，制定了不同主题的活动，如古诗词、故事会、卡通课堂等等，以增强幼儿的中文语言表达能力，增加幼儿学习中文语言的兴趣和积极性，并取得了显著的效果。

2. 关于幼儿环保意识的教研活动

通过教研活动，老师们发现幼儿环保意识方面有待提高。于是他们在生活、游戏、手工等各方面设计了许多具体的活动，如环保集市、废物利用、环保剪纸、生态防病等等，帮助幼儿于生活中领略大自然的美丽，感受世间的奇妙，提高幼儿的环保意识，为未来的世界提供不懈的努力。

3. 关于幼儿园中数学教育的教研活动

通过教研活动，老师们发现幼儿在数学学习方面存在着"公式式"学习、死记硬背等问题。于是，老师们组织了多个小组，共同制定了具有针对性和趣味性的教学方案和教材，如数学游戏盘、人类计算器、识数美编、百战百胜等等，以轻松愉悦的方式，帮助幼儿们更好地理解和掌握数学的基础知识，培养了幼儿们对数学的兴趣和体验了发现美的感受，从而使幼儿的学习更加有益、更有趣、更有意义。

四、评估角度

幼儿园教研评估是幼儿教育质量保障的重要环节，目的在于促进幼儿园教师的专业发展，提升教学质量、效果，以达到提高幼儿教育质量的最终目的。如何对幼儿园教研进行评估，对于每一位教师和园长来说都是一个必修课程。

园本教研的疑难问题可以从评估角度进行探讨，通过科学的评估方法对教育教学质量进行评价。评估可以帮助教师及时发现教育教学中存在的问题，并采取相应的措施进行优化。

（一）幼儿园教研评估的定义

幼儿园教研评估是通过对教师教学过程、教学效果的定性和定量分析，对幼儿园教育质量进行检测、监控、反馈、提升的重要手段。教师在教育过程中，通过对教育质量的自我感觉或直观看法来评估自己的工作，往往不够全面、真实、准确；而教研评估则能够从多个角度，对幼儿园教育质量的各个方面进行准确评价，为教师的工作提供有力的支撑和指导。

（二）幼儿园教研评估的方法

幼儿园教研评估方法主要包括两个方面：定性评估和定量评估。其中，定性评估注重通过描述事物、现象特征，内部关系等方式，帮助教师深入理解所评估对象的本质和特点，从而更好地为幼儿园教育工作提供决策依据；而定量评估则主要通过数字化的数据对幼儿园教育工作进行评估，获取更客观、准确的结果，提升决策的科学性和实效性。

1. 定性评估

（1）访谈法：采用半结构化的问答形式，对教师进行座谈或个别谈话，了解教师对教学情况的见解、感受和建议，为教育工作提供全面、深入的参考。

（2）观察法：通过对幼儿学习、生活、游戏等各个环节的观察，了解幼儿的综合发展情况，为幼儿园后续的教学工作开展提供依据。

（3）案例法：依托典型案例，对教学成果、多样化服务等方面进行分析对比，为幼儿园的工作提供反思和改进的思路。

2. 定量评估

（1）问卷调查法：在教育工作中制定问卷，对幼儿园教师、家长、幼儿等多维参与方的意见、需求进行统计和分析，为幼儿园教育工作提供针对性和实效性的改进方案。

（2）测试法：对幼儿园幼儿的能力、兴趣、个性差异和认知水平等进行测试和测评，为教师制定更科学、有效的评价体系，并提供数据化的评估结果。

（3）记录法：采用以往标准化的方式，将幼儿园教育工作的历程、效果、形成过程等内容记录下来，为幼儿园教育工作的高效、可持续发展提供保障。

（三）幼儿园教研评估的步骤

幼儿园教研评估的步骤主要包括：

1. 确定评估对象和目标

评估对象主要包括教学工作（教师教学、教室环境、教育设施）、幼儿园管理和服务、幼儿及其家长等。确定评估目标，主要是明确评估的研究要点、重点及目的，确保评估的科学性和实效性。

2. 确立评估指标和标准

选取反映幼儿园教育质量的指标或者标准，对教育工作进行评判。指标的选取要符合具体情况，必须是幼儿园工作的实际需要，客观、公正、科学。

3. 设计评估方案

依据评估目标和评估指标，设计出评估方案。方案中需包括评估对象、评估方法、对象的描述、评估标准等。

4. 采集评估信息

采用相应的方法，如问卷调查、走访座谈、记录、测试等，对幼儿园教育工作进行信息采集。

5. 评价信息分析和结果的归纳

这一步是对采集来的信息进行定性或定量分析，并得出结论，以便为幼儿园后续的工作提供依据。

6.形成评估报告

将信息进行综合整理,形成评估报告,向相关人员进行汇报。

7.改进措施的执行监测

根据评估报告提出的改进措施制定实施方案,并对改进措施执行情况进行监测和评价。

(四)具体实例分析

以上海黄浦区一所幼儿园为例,介绍幼儿园教研评估的具体实例。

1.评估对象和目标

评估对象:这所幼儿园的教学管理工作。

评估目标:评估这所幼儿园的保教质量,认真总结模式,为改进工作提供参考。

2.评估指标和标准

评估指标:教师教学水平,学生表现质量,教学质量,环境设施等等。

评估标准:人员简历,学生反馈,教学质量反馈等等。

3.评估方案设计

此次评估总共采用了多种评估方法,包括问卷调查法、观察法、讲座法、课堂培训法,学生作品展示法等。

4.采集评估信息

通过调查、询问、观察,对这所幼儿园的教学管理工作进行了检查、分析和评估。

5.信息分析和结果的归纳

分别对各种评估方法采取信息分析和归纳,分别得出本所幼儿园的教学管理工作优劣势及其原因。

6.形成评估报告

根据信息分析和归纳,形成了一份详细的评估报告,包括问题概述、问题分析、问题解决方案等,为这所幼儿园的改革提供立即可行性的建议。

7.改进措施的执行监测

根据评估报告提出的建议,以及幼儿园行业最新潮流和经验,制定了改进方案,并对改进措施执行情况进行了监测和评价。

总之，任何行业都需要进行不断地学习、反思和总结，幼儿园行业也不例外。幼儿园教研评估是一个高效、科学、可持续发展的教育系统的核心部分，只有通过科学的评估体系、规范的评估方法、科学的评估过程，才能实现幼儿园教育的可持续发展和科学评估。

五、与家长沟通角度

园本教研的疑难问题可以从与家长沟通的角度进行探讨，了解学生在家庭环境中的表现和问题，并寻求家长的合作和支持。与家长沟通可以促进学校和家庭的密切合作，共同推动学生的全面发展。

幼儿园教研与家长的有效沟通对幼儿园的发展和幼儿的成长至关重要，其为双方提供了一个互相交流、共同进步的平台。而如何建立有效的沟通渠道，促进家长与教师之间的良好关系，是幼儿园教育中不可缺少的一环。下面从以下几个方面详细谈谈如何与家长有效沟通。

（一）确立沟通的目的和方式

与家长沟通首先需要明确沟通的目的和方式。幼儿园教研与家长的沟通，目的主要是促进学生的学习成长和家长的参与度，加强教育共同体的建设，使教育成果最大化，而沟通方式可以通过班级群、家长会、座谈会、亲子活动等方式进行。

要求教师在使用各种沟通方式时要尊重家长的意见，有意识地调动家长的积极性，提高家长与幼儿园的沟通信任度。比如，班级群里，教师能够及时发布园区通知及考核等信息，同时吸引广大家长对教学的重视程度，并方便持续地跟踪家长的反馈，促进家长的参与和沟通，增强教育成果。

（二）做好策划和组织工作

幼儿园教育与家长沟通不是一次性的交流活动，而是一个长期而持久的过程，具有连续性和系统性。因此，为了保证家长与幼儿园之间的沟通效果，教育工作者必须做好策划和组织工作。

1.要制订详细的计划和目标。

幼儿园应该及时制订季度或年度计划，计划内明确各项教学活动和家长沟通的具体内容和形式。同时教师要制订明确的目标，即通过与家长的沟通，达到什么样的效果或目标。季度或年度计划及具体目标一旦制订，就要一项项分解和落实到每个具体人员。

2.要及时宣传预热。

通过班级群、微信公众号、校内广播、电子屏幕等途径，广泛宣传沟通活动的内容、时间、地点、流程等，提高家长、教师的参与度，确保活动在开展之前预先得到家长的关注和认可。

3.要组织好相关的师资力量。

一般情况下，沟通活动涉及很多教育教学方面的知识和技能，需要组织好能够胜任这些工作的师资力量，包括园长、教师、业务骨干和志愿者等。

4.要留足准备时间。

沟通活动的成功与否，主要取决于活动前期的策划和组织工作。因此，在活动前期，教育工作者必须认真制定策划方案，留出并充分时间，保证每项工作都能够顺利实现。

（三）建立"双向"的沟通机制

在日常沟通中，教师不仅要及时向家长传达学校的重要信息，也要听取家长的反馈和意见，建立"双向"的沟通机制，促进教育共同体的真正实现。建立"双向"的沟通机制可以从以下几个方面入手。

1.加强师生家庭网站建设，及时发布教育教学的信息和活动信息，并设立异议反馈板块，为家长提供反馈和意见提交的渠道。

2.教师要始终保持开放的心态，积极倾听家长的意见和建议，并根据家长的反馈及时调整、改进工作。

3.建立家庭学习档案，详细记录幼儿学习的情况，包括学习成果、评价等方面的信息。家长可以通过家庭学习档案了解幼儿的学习情况，及时与教师进行交流，从而反馈意见和建议。

4.建立家访制度，通过家访了解家长对幼儿园教育的意见和建议，进一步推动家长与学校之间的沟通。

(四)灵活运用沟通技巧

幼儿园教研与家长的沟通,需要教师具备一定的沟通技巧。如何灵活运用这些技巧,让家长真正地参与到教育教学过程中,是关键。

1. 尊重和理解家长的需求和情感。

在与家长沟通时,教师要切实尊重和理解他们的需求和情感,做到耐心倾听、客观分析问题。通过及时解决家长的问题,提高家长的信任度和满意度。

2. 确保沟通内容简练、易懂。

幼儿园教研与家长沟通内容应当准确、易懂,不要使用专业术语、概念,避免引起家长的疑惑和反感。

3. 注意语言表达的姿态和语气。

教师在沟通过程中,不仅要以客观、公正、平衡的态度表达自己的看法和意见,而且要把握好表达的语气和姿态,要经常营造和谐、愉悦的沟通氛围。

4. 注重可操作性和可实施性。

在沟通过程中,教师要注重传达出实际的、可操作性强的建议和措施,让家长更容易接受并能够立即行动。

(五)落实教育观念

幼儿园教育是家长和教师共同肩负的任务,因此,落实正确的教育观念对于家长与教师之间的沟通起到了至关重要的作用。教师必须明确教育的本质和目的,正确处理好家长的期望与幼儿的需要,同时提高家长对教育的认识和理解。

1. 教师要坚持积极的教育观念,注重幼儿的身心全面发展。

2. 教师要树立具有时代气息和国际先进水平,树立现代思维的教育理念,注重课程内容的整合、教材内容的更新、教学方式的创新。

3. 教育观念要符合本园的具体情况。幼儿园教育的特性是各分园之间有足够的差异性,如幼儿的文化背景、经济条件、家庭教育状况,幼儿自身的特点等。因此在教育观念的更新和提升过程中,教师要结合园区所处的具体情况和幼儿的实际需要。

(六)丰富多样的活动

丰富多样的活动是与家长沟通的重要内容之一,一系列亲子活动,让家长和幼儿更深入地参与到幼儿教育中来。同时,也是宣传幼儿园特色的重要途径,能够增进家长的理解和认可。

1.组织亲子活动。

如夏令营、家长开放日、科技嘉年华等,通过亲子活动,家长更深入地参与到幼儿园教育中来,了解教育教学内容,与教师直接沟通,提高教育的质量和效果。

2.组织互动交流活动。

如亲子讲座、家庭观察和记录等,丰富的活动和互动,让家长、教师和幼儿之间的关系更加紧密,提高相互的信任度和参与度。

3.组织文化活动。

如亲子书画展、家庭阅读活动等,文化活动,让孩子们更好地了解传统文化,培养他们的情趣和人文素养。

总之,幼儿园教研与家长沟通是幼儿园教育管理中不可缺少的一项工作。教师要能够建立有效的沟通渠道,做好策划和组织工作,建立"双向"的沟通机制,灵活运用沟通技巧,落实正确的教育观念,丰富多样的活动,这些工作都能够提高和评估幼儿园的教育水平和社会效益。

第四节 园本教研的经验传播

随着教育技术的不断更新与发展,教育教学已逐渐走向智能化和信息化的道路,而园本教研作为一种深入挖掘幼儿特点的教育教学模式,被越来越多的幼儿园所认可和推行。在教研活动中,教师将教育教学实践与理论研究紧密结合,通过调研与实验、讨论与分享等方式,不断提升自身教学水平,以达到优化教学效果的目的。教研活动一方面可以提升教师的水平,另一方面也要关注如何把所得经验传播出去,让更多的教师能够得到共享和借鉴。下面将从五个角度谈论园本教研经验的传播。

一、通过教研成果的展示和发表

任何一项教研活动都不可能只依赖于一两个人完成,需要多人合作完成。缺乏传播意识,一项研究成果可能只在小范围内得以传播。因此,我们需要把教研成果展示和发表机会扩大到更大范围内。幼儿园可以利用职业发表渠道发布论文,或者在地区性或者行业性教研活动中去展示教研成果,从而让更多的教师得以看到和借鉴。同时,通过分享优秀案例或者教学设计,更多教师在教学实践中体会到了教研成果的重要价值。

作为幼儿园教师,我们不断探索教育教学的有效性和实效性,而教研就是我们不断探索的重要细节。教研是一种系统性活动,它不仅能提高幼儿园教师的教学水平和教学质量,还能促进教学科研的深入开展,提高幼儿园的教学管理能力和幼儿园的整体教育教学水平。

如何将教研成果进行展示和发表呢?下面将针对幼儿园教研成果的展示和发表做一个简单的介绍,并且分享具体案例,供大家参考。

(一)定位目标

展示和发表教研成果,需要对目标进行定位。教研目标需要清晰、具体、明确,包括研究的内容、时间、地点、参与人员、方法、形式,预期效果等。目标明确有利于教研者早期规划和后期调整。

(二)确定研究内容和方法

目标清晰后,需要着手确定研究内容和方法。在确定教研内容和方法的同时,教师还需要考虑什么样的表达方式更能让人理解和接受,比如文字、图片、视频等,还要考虑更加鲜明有力的内容角度如何突出,研究方法如何具有可操作性和可评估性,以此来获取更好的评价和反馈。

(三)收集和整理数据

收集数据是建立于目标和内容上的活动,对数据的收集格式、方法、数据精度与数据可靠性进行规划和修订,可以让教研者真实、准确地了解教学的持续发展。数据收集方面可以考虑问卷、观察、实验、访谈等方法,通过这些方法能更直观和具体地反映教学情况，进而从数据中发现教学存在的问题，并积极寻求解决良方。

（四）分析教研数据

在数据收集后，还需要对数据进行仔细分析，从收集到的数据中挖掘出实际存在的问题，例如，我们收集到幼儿园教育教研数据，对收集到的教师的评价进行了分析，计算出每位教师的评分，然后进一步清晰了解了教师教学水平高低，抓住问题，进行有重点的改进。

分析出教研数据后，需要将数据化为文字或其他表达形式，以更加详细、直观的方式呈现对教学方法、教育质量等主题的分析结果和结论。在呈现和分享阶段，我们可以借助相关的工具和平台，如报告书、技术报告、演示、PPT、视频等，来推广和分享我们的教研成果，例如，我们利用PPT电子文档，展示幼儿园实用积木床铺的设计方案，并与家长进行交流，大大提升了家长对我们的信任和认可程度。

（五）讲解与分享

在展示和分享活动当中，需要对教研成果进行讲解与分享，从中选择同行或业内专家或熟悉的家长、幼儿等人相互了解重点，从而进一步增强质量评价和相互交流的作用，例如，我们针对小班幼儿语言基础的储备情况做了一次主题教研，我们先是在和家长交流的过程中，发现家长的一个共同心愿，就是希望孩子能更好地学习音乐，因此我们专门研究了此问题，并分别将研究结论在老师内部交流中及家长会上进行分享，以此提高幼儿园整体教学水平。

案例分享

为了使教师创造性地应用教育方法解决实际问题，提升幼儿园的整体教育质量，在某幼儿园开展了一项教研活动。下面就该幼儿园教研成果展示和发表的案例进行探讨。

（一）教研的主题及方法

在幼儿园开展教研活动时，我们规定了一些主题，包括幼儿园教育的改进、园本课程的研究，幼儿思维发展等。本次教研活动的主题是"如何提高教师的教学能力，以提升幼儿园教育质量"。

为了完成这个主题，我们采取了以下方法：

1. 交流方法——团队教育反馈和讨论，以了解教育计划的优点和缺点，以及如何改进。这些讨论通常在团队会议上进行。

2. 参观活动——教师可以在其他组织中参观教室，并观察其他教师如何教学。

3. 个人学习——教师可以自学提高自己的教学能力，比如阅读教育相关书籍、参加培训等。

4. 研究活动——教师可以研究学生发展的需求，以及如何继续呈现良好的教育成果。

（二）教研成果展示的实例

1. 经验分享

教师就如何提高教学能力进行了讨论。他们的意见包括：多听学生的意见、不要抱有偏见，采用适当的教育工具等。此外，教师还提到了很多自己的经验和教学技巧，以及如何运用幼儿成长发展的特点来创造性地解决教学问题。

2. 园本课程的研究

教师们讨论了园本课程的设计，包括课程计划和教学机会。然后，他们根据对幼儿学习的研究和对幼儿需要的了解，提出了改进园本课程的方法。

3. 观摩和反思

教师们研究和观察了一些幼儿园的课堂，并进行了反思。他们通过分析学生在教室中表现的特征，进一步理解了学生的需求，并加强了他们的教学技能。

4. 教学与生活接轨

教师们设计了一些活动，将教学与生活紧密相连。例如，教师们设计了一个"家庭作业"项目，鼓励家长与孩子一起完成任务，以便更好地与学生互动，了解学生的需求并帮助他们更好地去学习。

5. 采用幼儿教育研究方法

教师们采用了幼儿教育研究方法（如行动研究），以了解学生成长的过程。他们为学生制订年度计划，并采用学生成长轨迹来衡量学生的成功度。

(三)教研成果的评估

为了衡量教研成果,幼儿园采用了下列方式进行评估:

1. 观察——教育行政部门和外部评估员进入教室,观察教师教学实践和学生学习过程。

2. 反馈——服务于幼儿园的招生宣传部反馈学生和家长的反馈信息。

3. 考试成绩——根据课堂练习、测验,考试等评估学生成绩。

4. 成长轨迹——教师对学生成长轨迹进行评估,并使用该评估方法对学生的成长进行记录。

通过本次教研活动,教师们掌握了许多教育教学优化的方法。他们通过个人学习、主题交流和实地观察等方式,提高了自己的技能和教学能力。在教研成果展示中,教师们分享了他们的经验和心得,这让其他教师学习到了各种有用的技能和知识。

此外,幼儿园的教育质量得以提高,这对家长和学生都大有裨益。我们相信,通过不断地实践和探索,我们可以让更多学生获得更好的教育,实现人生的梦想。

教研不仅是提升教师教学质量的必要手段,也是提高幼儿园整体教育教学水平的必要手段,而对于教研成果的展示和发表,更是可以促进教师的相互了解和共同进步。如何更好地展示和发表教研成果这一问题,对于幼儿园教育的提升,有着举足轻重的作用。

二、建立平台,实现教师间互动和交流

在教育教学行业中,教师以个人为主导,在教研中也是如此。但是,在实践中我们发现,如果没有形成一种平台,很难形成教师间的交流,导致教研成果无法得到有效传播。因此,幼儿园可以建立园本教研平台,让教师在平台上完成教研行动计划的共同实施,让教师在平台上分享教学中的问题和心得,从而帮助教育教学中的新教师提升专业水平。

随着教育信息化的发展,越来越多的幼儿园开始注重教师间的教研交流,以提高教学质量和创新能力。而针对幼儿园教师间互动和交流,搭建

教研平台成为越来越受欢迎的方式。那么，如何建立有效的教研平台，来实现幼儿园教师的高效沟通和交流这一课题，成了研究的重点。本文将从以下几个角度来讲述幼儿园教师间互动和交流的平台建设以及具体实例。

（一）平台的建设管理

平台的建设管理是教研平台建设的第一步，其目的是确保平台的安全、稳定和可靠，保证用户的信息不被泄露或非法篡改。在平台的建设过程中，需要注意以下几点：

1. 服务器的选购和建设：选择稳定可靠的服务器，并安装完备的防火墙和数据备份系统。

2. 建立合适的权限体系：给不同类型的用户分配不同的权限，比如管理员、普通教师和家长，要分别对应不同的功能和操作范围。

3. 数据的备份和保护：建立合适的数据备份制度，定期备份数据，防止数据丢失。同时，加强对数据的保护和管理，在平台上建立数据监管制度，避免敏感数据的泄露。平台管理员要及时进行审查和监督，并对违规操作进行惩罚。

4. 建立有效的反馈机制：提供便捷的用户反馈渠道，收集用户的建议和意见，及时处理用户的问题和反馈。

在具体的平台建设中，可以使用开源、免费的软件，比如 Moodle、Dokeos 等平台，也可以选择一些商业化的平台软件，比如"华图在线课堂"和"升学 e 网通"等。

例如，小树幼儿园建立了自己的教研平台。平台可以实现登录账号管理、在线交流、文件下载、课程分享、教研成果展示等功能。管理员可以设置教师管理权限，并对上传的内容进行审核，确保内容的质量和可靠性。

（二）平台上的互动交流

平台上的互动交流是教研平台的核心，它可以帮助幼儿园教师之间更好地分享资源、交流经验、解决问题。下面是一些实际的交流方式：

1. 在线论坛：建立在线论坛，让教师之间进行交流和讨论。可以设立不同板块，如教育教学、教研成果和家园合作等。在该板块中，教师可以发布问题、发表意见及观点以及发布交流学习的公告等。

2.在线课程：建立在线课程，让教师可以随时随地地学习和分享。可以定期上传优秀案例，让其他教师进行学习和借鉴。

3.直播互动：使用网络直播技术，教师可以在特定的时间或场合进行教学演示或教学研讨，其他教师可以进行互动评价。

例如，北京市某师范学院附属幼儿园建立了自己的教研平台，其重要组成部分是在线视频区，这个区域提供了许多优秀的教学视频，供教师们学习和借鉴。

（三）教研成果展示

平台上除了交流和讨论外，更应该有一个成果的展示区域，教师们可以将自己的教研成果进行展示，让更多的人看到并借鉴。例如，可以设置成果展示学案、实践报告、课程设计、教学视频等板块，提供丰富多彩的教研成果分享。教研成果展示区也可以引导其他教师进行创新思维，激励教育者创新。此外，教师成果的展示区也可以鼓励教师尝试新的教育方法和技术工具，以及运用新思维教育幼儿。

例如，天空幼儿园建立了自己的教研平台，其中成果展示板块将每年幼儿园教研成果进行整理和展示，陈列了不同种类的作品，包括活动计划、课程设计和优秀学生作品等。

（四）教研主题研讨

平台上的研讨会也可以是教师们进行教研活动所必需的环节。在研讨会上，教师可以就某一个特定的主题展开研究和讨论，之后就分析讨论结果这一环节，进一步探讨教学方法和策略。此外，研讨会也可以邀请外部专家为教育者讲座分享前沿教育经验和思维。

例如，上海新民幼儿园建立了教研平台，其中定期举行会议研讨和专家论坛，旨在为幼儿园教育者提供前沿的教育思想和经验。

（五）教研成果的评价

教研成果的评价可以帮助幼儿园教师们了解自己的教学质量和改进的方向。所以，在教研平台上，教师的教育成果需要进行相关的评价，能够量化并反馈教师们的教学效果，促进教学质量不断提高。

例如，福州市福州一中附属幼儿园建立了教研平台，其中还包括了统计模块。历时数据录入之后，教育者就可以访问系统，查看自己的记录，并且进行有意义的数据分析和比较，以及找到自己教育过程中的优点和需要改进的方面。

建立教研平台，是一次全面自学的过程。它需要幼儿园领导层对于教育主张、管理方针和运营思维的深度认识。同时，教师也需要逐步提高自己的学术素养，打破学科板块间的传统固化、分化，教育领导机构和管理机构应该通过教研平台的建设去实现信息共享，也有助于创立幼儿园单位内部的知识共享环境，以便培养出高素质的教育团队和人才。建立幼儿园教研平台，需要教育者不断探索和积累经验，调查实践的建设显示，要不断创新试验新的策略和方法。

三、利用现代信息技术共享教研成果

随着现代化信息技术的发展和普及，其在教育领域的应用越来越多地受到关注。在幼儿园教育领域，教研是促进教师专业化、提高教学质量的重要方式之一，而如何利用现代化信息技术共享研究成果，进一步提高教研的效率和水平，则成了当前需要解决的问题。

在现代信息化时代，各种数字化的平台和工具可以用来扩大教研成果的传播范围。通过网络、App 等数字渠道，课堂观看者、毕业班家长、亲友圈等人群被纳入到教育教研的范畴中，提升了传播效果。通过建立社交网络平台，更多的教师在该平台上分享他们的教学经验，并将集体的研究成果作为利用这一网络实现共享的纽带。

（一）教师博客

教师博客是一种比较常见的互联网分享方式。幼儿园教师可以开设个人博客，将自己的教研成果、教育心得等内容发表在博客上，通过互联网与其他教育工作者进行交流与分享。此外，幼儿园也可以建设组博客，组织幼儿园内部教研成果互相分享。教师博客作为一个自由的分享平台，可以有效地促进幼儿园教师之间的交流和互动。

以某幼儿园为例，该园通过举办教研分享会，督促教师开设自己的教师博客，鼓励他们在博客上分享自己的教学心得、案例和教学资料。教师通过个人博客发布的内容，不仅让其他教师了解到了他们的教育理念、教学方法和教学成果，还吸引了公众的关注和参与，提高了幼儿园的社会影响力。同时，组织幼儿园内部的组博客，实现资源共享、教育互动。

（二）教研网站

像教师博客这样的个人分享平台，主要强调的是个人的经验与感悟，但并不一定能够满足幼儿园的整体教研需求。为了更好地统筹、管理和分享教研成果，幼儿园可以建立专业的教研网站。网站可以进行定制化开发，将各类教研成果和教育资源集中化，打通教研信息的壁垒。在建设教研网站前，幼儿园可以先确定网站的主题、目标、样式等因素，选择一个有些基础的网站模板，并考虑网站的制作者、维护人员，管理规则等相关问题。

例如，某个幼儿园依托一家教研机构建立了自己的教研网站，《幼儿康复》《幼儿身心健康》《幼儿心理》等专题栏目有着丰富的教育资料、教育课件和教研成果，教师们可以随时进行查找，获得最新的教育资源和最新的观点和思路。同时，网站的建设也大大提升了幼儿园的规模和影响力。

（三）微信公众号

微信公众号是一种新鲜、实用的社交媒体，在教育行业得到了广泛的应用。幼儿园可通过建立微信公众号，与家长、教育工作者进行沟通和互动，同时将教研成果分享给公众，扩大教育资源的覆盖率。因为现代人都愿意在手机上进行学习和阅读，微信公众号成为了幼儿园与家长交流的重要平台，能够从提醒家长注意幼儿园最新通知到教育资讯推送、亲子活动发布等，方便快捷。

以深圳市的医思教育幼儿园为例，这是一所有着5年以上幼儿园教研经验的园所，园内不断采用着先进的教育理念，以及优秀的教师团队，深耕在幼儿教育领域。通过微信公众号，医思教育幼儿园管理员可以发布答疑、经验分享、优秀作品等信息，方便家长了解幼儿园的育儿资讯。

（四）在线培训平台

幼儿园教师的培训和提升是一个永恒的话题。针对教师长期以来存在的时间、地点限制的问题，幼儿园可以采用在线教育平台等方式进行教师培训。通过在线培训，幼儿园教师只需要在有网络的地方就可以进行学习，节约了时间和成本。教师还可以随时随地访问教育资料，方便了自己的教学工作，同时也能够提升幼儿园的教研质量。

例如，某幼儿园的教师采用慕课网进行教研学习。该幼儿园向其正式教师发送慕课平台的账号和密码，鼓励教师自主学习，同时按照规定的学习计划进行考核，有效提升了教师的学习热情和学习效率。

（五）在线交流平台

幼儿园为了更好地交流分享，除了上述介绍的这些方式外，还可以开设教师互动交流平台，例如微信群、QQ群、专业论坛、在线研讨会等。这些渠道会让幼儿园内部教师之间交流更加方便，也会让教师能够接触到更多的外部资源和先进的教育方法。同时，这些在线交流平台反过来，同时也能够让幼儿园向外输出更多的优秀教育资源和经验。

例如，某幼儿园建设了自己的教师群，教师可在群内发布各种信息，分享体会并展开热烈讨论。同时，教师也会定期在群内进行研讨和交流活动，探讨现代教育的相关知识、幼儿园的教育经营等方面的话题。

综上所述，幼儿园教研如何利用现代化信息技术共享研究成果的方式很多。但是无论采用哪种方式，都需要考虑到幼儿园自身的实际情况和需求。此外，坚持规范、实事求是的原则也是关键所在，对于教学成果的评估和反馈也需要进行深入的思考。幼儿园教研的重要性是不言而喻的，选择合适的方式进行具体实践、传播将有助于提高幼儿园教育的质量和水平。

四、通过产学研结合达到共同进步

幼儿园教研活动需要不断提高效率，同时也需要保证研究的深度。为了实现这一目标，幼儿园可以寻求产学研结合合作的机会，集结教育教学理论和实践的双重力量，以达成更好的教研成果。以实践为基础，教师要将教学实践和应用研究相结合,以提高教育教学研究质量。在这个过程中,教育教学活动、教研成果和学生之间的相互关系得到了进一步深入的研究和探讨,从而为幼儿教育教学提供了全新的思路。

(一)幼儿园产学研结合的意义

1. 实践与理论相结合

幼儿园教育是一项实践性极强的事业,幼儿园生活场景及幼儿的身心发展、行为表现等都是实践需要的。结合实践与理论,可实现更加符合实际情况、适合幼儿的教学设计和方法;同时,对于理论知识可以通过实践验证其科学性和适用性。

2. 优势互补,提升教育质量

产学研结合可以充分发挥各自的优势,从而实现互补;比如教育场景与学校教育学理论结合,制定适合幼儿的教学方案,充分发挥学生的潜能,提高他们的学习成绩。

3. 推动教育变革,促进可持续发展

产学研结合模式的应用,能将最新的科研成果和教育需求实现两者紧密结合,从而不断推动教育变革,开创新的教育解决方案,给未来教育发展带来新的思路和方向。

(二)实现幼儿园产学研结合的关键问题

1. 分清研究领域,找到双方合作点

产业界和学术界的知识面不同,其中到幼教教师研究行业,最好先分析他们需要了解的问题以及产业界的实际需求,然后选取研究领域。确定研究领域后,还需要双方寻找合作点,共同探讨问题,合作研究和解决方案和确保持续发展。

2. 完善保障机制,促进合作稳定性

促进产学研结合不仅要靠单纯的实践合作,还要注重机制上的保障。机制上的保障包括双方要建立信任、高效的沟通渠道和合理的利益分配方式等因素,以保证合作稳定性,推进联合研究。

3. 合理规范知识产权，促进技术转移

合作必须明确知识产权与技术转移，通过制定合理性的申请、规范性的审批机制，保障知识产权交流的合法性，同时要保护合作双方的利益，促进技术转移。

（三）幼儿园产学研——实践案例分析

案例一：产——幼儿园家长

幼儿园教研人员通过与企业合作，了解了一些生产场景，结合幼儿园实践，设计了一个主题活动展示课程，与家长一同参与。通过这种活动模式，幼儿园教研人员不仅能够将生产场景、工业知识融入幼儿的实践中实现幼儿科学教育引导，同时也增强了家长参与感，让家长与幼儿园变得亲密密切，并且增进家长和幼儿园的信任。

案例二：产——学——幼儿园学生

一所幼儿园教研人员和一所大学的教师采用产学研结合的方式，开展教育教学的研究。通过对幼儿的情感表达、互动行为、游戏玩具等进行的实证研究，发现幼儿具有天生的创新潜能，但在现实园中研究单位的空间、工具资源有限，此时未来的幼儿学习环境的搭建，应该更多考虑创新元素。同时，幼儿园教研人员、学者共同制定了具体行动计划，包括加大资金投入，引进新教学理念，优化幼儿园教师培训等举措，从而不断提升幼儿园环境，促进幼儿教育创新。

通过产学研结合，实现幼儿园教研创新和实践，从而提升教学质量，提高教育发展水平，在这个过程中，需要双方的通力配合，合理规范知识产权，分清领域特点，离不开合理的沟通和保障机制。只有通过此种方式，才能有效地传播幼儿园教研的研究成果和发现，促进可持续发展，不断为幼儿的成长打造更好的教育环境与教育体系。

五、通过邀请专家指导，挖掘专业视角

幼儿园的教研是提高教学质量和教学效果的重要手段之一，通过教研可以不断提升教师的教学能力和专业素养。然而，单一的教研难以得到更

广泛的视角和更深入的探讨。因此，邀请专家指导，挖掘专业视角是实现幼儿园教研的一种重要方法。

园本教研一般还需要院校的支持和帮助。获得专家的指导，园本教研就能够更加符合教育教学规律和理论，更好地适应幼儿园教育教学的发展趋势。幼儿园应邀请区内外的专业人士进行组织，为幼儿教育教学和教研提供更加专业和深入的指导。在邀请专家的过程中，园方不仅需要考虑专家的资质，还要考虑专家的教育理念是否与自己的教育理念相同，以确保教学方法的合理性和有效性。

（一）具体步骤

1. 确定专家对象

首先，幼儿园需要在业内寻找到具有丰富经验、专业技能和教学水平较高的专家。要根据自己的实际需求确定专家领域，例如，如果需要指导孩子的营养饮食问题，就要邀请专门从事营养学研究的专家；如果需要提高幼儿阅读能力，就要邀请从事幼儿阅读教学研究的专家。

2. 邀请专家

一般来说，邀请专家要提前准备，可以通过电话、邮件或者书信等途径发出邀请。在邀请专家时，要尽可能让专家了解所需解决的问题，让他们有充分的准备时间和知情权。可以为专家提供场所、材料等必要的资源，确保宾至如归。

3. 深度交流

在专家指导中，要充分发挥专家的优势，及时了解专家的建议和想法，同时教师也要提出自己对于问题的理解和看法，进行深入的交流和探讨。加强与专家之间的沟通交流，尤其要细致入微地了解专家的建议和意见，学习专家的专业知识，为以后的工作奠定更加坚实的基础。

4. 问题解决

在专家指导过程中，要将对问题的认识逐步清晰，通过分析、研究、讨论等一系列方式来解决问题。解决问题有时需要不断地尝试和实践，通过理论的教学方法和实践经验的积累，才能够达到更好的效果。

（二）实践效果

1. 提高教学水平

邀请专家指导，可以使学习者充分掌握相关知识和技能，从而提高整个教师团队的教育教学水平。通过深度交流，了解专家的教学理念、教学方法、实践经验等，将这些经验和方法运用到自己的工作中，从而取长补短，不断提高自己的教学水平。

2. 优化教学流程

邀请专家，无疑对幼儿园的教学流程进行了优化。专家能够深入到教学现场来观察，了解教学过程，指导教师进行整体规划和设计。这些指导性意见以及失败经验教训，能够帮助教师更好地管理班级，同时也切实提升了幼儿园的教学质量。

3. 凝聚师资力量

通过邀请专家指导，教师们能够更充分地了解自己在园本研究中存在的问题，并且能够有针对性地解决这些问题。更重要的是，大家在专家指导下一起努力，通过不断地交流和探讨，形成了一种凝聚力和向心力，极大地提升了团队的凝聚力和推进力。

4. 开阔视野

邀请专家指导不仅可以提高教师的教学水平，还可以拓宽教师的认知范围和视野，使教师深刻认识到教育改革发展的趋势和特点，加强对教育行业的理解和把握，最终实现幼儿园教育的持续发展。

邀请专家指导是幼儿园教研的常见方式之一，通过这种方式可以从专业领域的角度挖掘问题，使教学工作更具有前瞻性和可持续性，进而提高教师团队的整体水平。同时，邀请专家也有助于学校拓展和提高学校的影响力，树立学校的品牌形象。然而，在邀请专家指导过程中，学校也需要注意，在专家指导后，并不是可以立即解决问题，应该在实际工作中加以实践和总结，同时要巩固学习成果，不断提高自己。

总的来说，园本教研在教育教学实践中起着不可忽视的作用，但是如果这种经验不能及时得到传播，教研成果就会被水淹掉。针对这种情况，教师应该注意将它们展示、发表，并建立平台提高传播效率，利用现代信息技术扩大传播渠道,加强园校联动,推动教育教学的全面发展,为研究院校专家提供专业和理论的支持和指导,让园本教研工作不断推向深入,为幼儿园教育做出更多的贡献。

第七章　学前教研的发展前瞻

第一节　教育高质量发展背景的教研再出发

经济高质量发展离不开教育高质量发展。为建设强国、实现中华民族伟大复兴，就必须牢牢把握住教育高质量发展这个首要任务，加快实施创新驱动发展战略，进一步落实好立德树人的根本任务，做到为党育人、为国育才，以高质量教育支撑高质量经济发展。

一、何谓教育高质量发展

作为一种创新的政策概念，高质量发展是发展经济学的核心概念。"教育高质量发展"越来越受到社会的关注。

从表面来看，教育高质量发展是经济社会发展的新模式、新理念在教育领域的渗透与延伸。

从逻辑层面上来看，教育高质量发展是整体社会高质量发展的一个重要组成部分。但教育事业发展有其自身的内在逻辑，追求质量始终是教育发展的核心主线，教育质量一向是家长、学校、社会热烈关心的话题。我国已转向高质量发展阶段，这是我国经济社会发展的国情。教育高质量发展，既是高质量发展的时代精神在教育系统的创新概念表征，又是教育系统对于社会所要求的优质教育和更多教育获得感的现实回应。这一政策话语，并非固定的、单一的表达，而是在多种政策文本和语境下，集聚教育高质量发展的话语，譬如"教育高质量发展""高质量教育体系""高质量教育需求"等，客观上构成了一系列有关教育高质量发展的政策概念。

从发生学意义上来看，我们可以考察教育高质量发展这一术语是如何在国家政策文本中出现和演变的。它较早时在《国家中长期教育改革和发展规划纲要（2010—2020年）》（以下简称"《纲要》"）中，其表述是"高质量教育"。《纲要》前后共51处提到"质量"，并明确提出要"更好满足人民群众接受高质量教育的需求"。在2019年发布的《中国教育现代化2035》中，出现的是"高质量发展"，强调在教育现代化实施路径上，要"形成充满活力、富有效率、更加开放、有利于高质量发展的教育体制机制"。"教育高质量发展"这一概念，第一次完整出现在国家重要政策文件中，是于2020年5月印发的《中共中央国务院关于新时代推进西部大开发形成新格局的指导意见》。该指导意见提出了"支持教育高质量发展"的系列举措。2020年11月《中共中央关于制定国民经济和社会发展第十四个五年规划和二〇三五年远景目标的建议》（以下简称"《建议》"）出台，对教育高质量发展的定位用了更为精准的概念——建设高质量教育体系，强调全面贯彻党的教育方针，坚持立德树人，加强师德师风建设，健全学校家庭社会协同育人机制，提升教师教书育人能力素质，坚持教育公益性原则，深化教育改革，促进教育公平，推动义务教育均衡发展和城乡一体化，等等。由此可见，高质量教育旨在满足人民群众的高质量教育需求，最终形成彼此关联、相互贯通的宏观教育体系，既包括基础教育，也囊括高等教育；既包括普通教育，也包括职业技术教育；既涉及正规教育，也包括继续教育与非正规教育等。

教育高质量发展政策概念的形成，具有重要的现实意义。

一是超越性价值。作为一种转型或升级的发展模式，它极大超越了数量补差与规模扩张的外延式发展模式，体现了贯彻创新、协调、绿色、开放、共享等新发展理念的新教育发展观。二是系统性价值。它在走向优质均衡的基础教育发展基础上，向全学段、全领域、全系统循序拓展，是一个厚积薄发、逐步拓展、不断深化的系统过程，遵从教育变革与发展的一般规律。三是包容性价值。教育高质量发展政策概念谱系所指向的质量意涵基于过程性的包容概念，不同于传统意义上指向数量、规模的单数质量概念，是一种突破视域局限的复合立体式质量概念，构成复数意义的大质量观。四是现代化价值。在迈向中国教育现代化2035征程中，教育高质量发展是新时代教育现代化发展的阶段性落地表征，教育高质量发展为推进教育现代化提供了坚实的路径保障。

教育高质量发展作为一种新的发展模式,在行动上是一套落实"人民中心"发展思想的务实举措。坚持以人民为中心的发展思想,不断促进人的全面发展,乃是习近平新时代中国特色社会主义思想的要点之一。"人民中心"也是"十四五"时期经济社会发展必须遵循的一个原则。《建议》强调,坚持人民主体地位,坚持共同富裕方向,始终做到发展为了人民、发展依靠人民、发展成果由人民共享,维护人民根本利益,激发全体人民积极性、主动性、创造性,促进社会公平,增进民生福祉,不断实现人民对美好生活的向往。

首先,教育高质量发展为了人民。我国社会主要矛盾已经转化为人民日益增长的美好生活需要和不平衡不充分的发展之间的矛盾。就教育场域而言,人民日益增长的教育美好生活需要,成为教育变革与发展的立足点,在发展方式上具形化为高质量发展势态。教育高质量发展的根本评价尺度,在于是否真正满足和服务于人民的高质量教育需求,是否持续提升人民群众的教育获得感、教育满足感和教育幸福感。

其次,教育高质量发展依靠人民。教育事业关系千家万户,教育变革与发展关乎每一个人的教育权益。不仅如此,教育高质量发展作为社会整体行动,有赖于教育网络中全体成员的积极卷入。教育活动过程中的创新与智慧很大程度上依赖于社会公众成员的探索与实践,需要尊重人民群众的主体地位和首创精神。在思想上,使每一个具体个人真正认识到高质量发展与每一个"我"息息相关。在行动上,使每一个具体个人真正走向积极参与的内在自觉,教育高质量发展才有望形成共建共治的可持续发展局面。

再次,教育高质量发展成果由人民共享。教育高质量发展不仅表现为过程上的共建共治,每一个具体个人直接或间接地参与高质量教育发展过程,而且每一个具体个人都将是教育高质量发展成果的共同分享者、受惠者。同时,这也彰显了教育公平的价值立场。教育高质量发展中的"质量"并非单一的发展维度,而是与教育公平紧密相关,教育质量与教育公平走向相互构建、相互交叠融合,最终实现每个孩子都能享有公平而有质量的教育。

最后,教育高质量发展在教育场域中具体表现为"双学中心",即"学生中心"和"学习中心"。一方面,"学生中心"是"学习中心"的具体表征。教育高质量发展,不论何种区域、何种层面、何种类型,最后都要落实到人的高质量发展上来，归根结底是学生的持续成长，而学生的发展则有赖于高质量教师队伍的建设。学生是所有教育体系与部门的"中轴"，是一切高质量教育政策制定与实施的原点。另一方面，教育高质量发展推进"教育中心"向"学习中心"跃迁。《纲要》明确提出，"发挥在线教育优势，完善终身学习体系，建设学习型社会"。学习不仅是教育活动的中心，更与全社会每一个人息息相关。《论语》开篇即讲学习。孔子说，"学而时习之，不亦说乎"。学习将是高质量发展时代社会公众日常生活的存在方式。建设高质量教育体系的同时，学习型社会正在形塑。

二、教育高质量发展的特点

教育高质量发展作为我国教育发展改革中新的发展模式，人的全面发展是教育高质量发展的核心和重要议题。

（一）教育高质量发展以人的全面发展为核心

"教育高质量发展是落实'人民中心'的务实举措。"以人的全面发展的为核心，是我国教育高质量发展的重要议题。自中华人民共和国成立以来，有关"人的全面发展"这一议题的内涵也是随着时代在不断变化。从1949年至1957年这段时期，我国教育事业的工作重点是对教育体制的创建和重塑，教育高质量发展主要围绕学生"德智体美劳"的全面发展。随着教育规模与办学效益不断受到关注，"人的全面发展"的关注度在社会上有所下降。但在2010年之后，由于社会发展与深化改革对社会经济高质量的依赖性逐渐增加，"人的全面发展"又重新回归到了教育高质量发展的主阵地，受到了社会的重视。而此时"人的全面发展"的内涵除了关注学生的全面发展以外，还开始重视对全体国民的素质的养成，创新型、高层次人才培养的关怀。这与中华人民共和国成立初期围绕学生"德智体美劳"的发展内涵有所不同。同时这也是我国社会经济高质量发展下，教育事业发展的必然结果。因此，"人的全面发展"是教育高质量发展的核心，是教育高质量发展的基础。

（二）教育高质量发展以教育创新为动力

创新为社会经济的高质量发展提供了源源不断的动力，是社会发展的基础。教育创新既是教育高质量发展的核心动力，也是教育高质量发展的重要的一部分。当前阶段，教育创新仍是教育高质量发展的重要议题。从教育高质量发展的视角来看，教育创新包含：

1. 教育思想的创新，是教育创新的根本

"制度创新，观念先行"，教育思想的创新指的是在改变原有的、落后的教育价值观的基础上，树立符合当下社会发展需求的新的教育价值观，为教育高质量发展提供指导与服务。

2. 教育管理机制的创新

教育管理机制的创新需要以社会经济发展规律、教育发展规律为基础，进行进一步落实，加快推进教育部门的服务意识、服务能力，为教育高质量发展提供坚实的平台和基础。

3. 学校管理体制机制的创新

学校是教育的主要场所，是人才培养的根本基地。通过学校管理体制机制的创新，激发学校、教师、学生的活力，是促进教育创新能力提升的重要途径。

4. 课程与教学创新

教育的本质是对人的培养，将创新思维、创新能力、创新行为纳入课程与教学改革之中，能够改变人才的培养模式，推进教育创新的发展，从而有助于提升国家创新能力和水平。

（三）教育高质量发展以教育规模为效率体现。

教育高质量发展是在教育规模满足社会发展的基本需求后，所要达到的更高水平的教育发展状态。改革开放以来，我国全面实现了九年义务教育，高中毛入学率从 20.3% 提升到了 91.1%，高等教育毛入学率从 4.3% 提高到了 54.4%。正是由于教育规模的不断扩大，我国才得以实现从人口大国转向人力资源大国，较为全面地提升了我国国民素质，为社会经济发展提供了人才支撑。教育规模的扩大是教育高质量发展的重要组成部分。新中国成立初期，教育规模这一话题就受到了高度重视。但当时对教育规模的重视主要表现在对普及教育和扫盲工作的重视。1985年我国开始将教育规模的扩大列为教育事业工作的重点之一，同年颁布的《中共中央关于教育体制改革的决定》中提出了"多出人才、出好人才"的教育改革目标，体现出了当时教育高质量发展内涵的特征主要表现是为社会培养各级各类合格人才，扩大教育规模与办学效率。

教育规模的扩大，一方面体现了教育普及化程度的提高，它对人们素养的提升和人的全面发展起到了关键的、不可替代的作用；另一方面，教育规模的扩大在很大程度上改变了教育高质量发展的发展趋势。过度强调教育规模和办学效益的发展模式，在一定程度上取了些许成效，但同时也展露了一些教育发展的弊端，这一发展模式为我们重新定义教育高质量发展的精神内涵提供了基础与契机。

（四）教育高质量发展以教育公平为均衡体现。

教育高质量发展与我国全民素养的提升有着密切的关联，素质的提升涉及全民，而不是只关联到一部分人的提升。因此教育公平是教育高质量发展的重要特点之一。由于我国区域经济发展水平存在差异，进而导致区域之间发展不均衡，使教育发展的水平在区域之间也存在一定的差异。由于各个区域之间存在经济发展和教育资源分配不均衡的现象，进而呈现出了区域教育发展不均衡、城乡教育发展不均衡、省内教育发展不均衡等问题。2017年颁发的《关于深化教育体制机制改革的意见》（以下简称"《意见》"）中提出要"切实改变农村和贫困、边远地区教育薄弱现状，全力提升乡村教育高质量发展"，《意见》的提出，使通过教育高质量发展促进教育公平这一话题受到了人们广泛的关注并被给予希望。

在教育高质量发展的进程中，教育公平备受人们关注，这说明教育高质量发展包含了公平的精神内涵，并且高质量发展的教育必然是公平的。因此，我们国家教育高质量发展必然是公平的、有质量的发展。

三、促进教育高质量发展，离不开教育现代化

对教育现代化内涵的理解，通常包括目标意义和进程意义两个维度。目标意义指教育现代化是现代教育发展的一种理想标准，包括教育理念、制度、

体系、方法、内容、治理等。同时，这一理想标准又是一个历史性的范畴，不同时期有不同的理想标准；进程意义指达成教育现代化理想目标的过程与途径。不论从哪一个维度看，中国教育现代化一定是具有中国特色的教育现代化。实现中国教育现代化，加快推进教育高质量发展，建设高质量教育体系，需牢牢把握以下五个特征。

（一）本土性特征

中国式现代化既有各个国家现代化的共同特征，也有基于本国国情的中国特色特征，中国教育现代化不能脱离中国特色，是基于本国国情的中国式现代化。在教育领域，从推进义务教育基本均衡上升到实现义务教育优质、均衡、高质量发展，是中国式现代化的一个重要体现。与乡村振兴、共同富裕等发展战略的内涵、精神相辅相成，既彰显出了教育现代化追求教育公平的共同特征，也与中国共产党以人民为中心的发展思想保持了高度一致。可见，中国教育现代化必须重视中国特色，并努力寻求教育现代化的中国特色与各个国家教育现代化特征的一致性，以中国特色为基础，促进教育高质量发展，以中国特色成就教育高质量发展。

（二）时代性特征

教育发展的时代性特征，主要体现在"教育是国之大计、党之大计"的时代高度和"为党育人、为国育才"的时代使命上。改革开放以来，教育在我国社会主义现代化建设中逐步确立了重要的战略地位，坚持教育优先发展也已经成为各级党委政府的高度共识和重要遵循。如今，教育被置于"国之大计、党之大计"的重要战略地位。教育不仅是作为"最大的民生"给予优先发展，而且是全面建设社会主义现代化国家的基础性、战略性的支撑。近年来党和国家高度重视创新人才培养、发展交叉学科、建设新兴学科、加强基础学科、实施"强基计划"、推进"双一流"建设等各项重大举措，从新的战略高度充分彰显了坚持教育优先发展的时代特征。

（三）发展性特征

党的二十大报告中强调"发展素质教育"，进一步表明了素质教育在我国教育体系中的重要地位。可以说，素质教育是最具中国特色、中国方案、中国智慧和中国力量的中国教育现代化的重要体现。我国在20世纪80年代末就提出了素质教育，党的十八大报告中提出了"全面实施素质教育"，党的十九大、二十大报告中均提出了"发展素质教育"，从"全面实施"到"发展"，体现了素质教育的发展性的特征。一方面表明了素质教育是与时俱进的，并没有固定的模式，不同时代的素质教育有不同的时代特征。从20世纪80年代对掌握学科知识的强调，到90年代对学生能力发展的要求，再到现在对学生社会文明素养、责任意识、创新能力、实践能力等综合素质的培养，越来越趋向于德智体美劳的全面发展。另一方面也反映了当前素质教育仍然存在一些问题和缺陷，需要不断地加以改进和完善。因此，基于问题为导向强化发展，是当前改进和完善素质教育的重要趋势。同时，发展素质教育必须做到大中小幼有机衔接，并促使实施科教兴国战略与办好人民满意的教育高度融合。

（四）公平性特征

教育公平是教育现代化的基本目标之一，也是世界各个国家教育现代化的一个共同的特征。中国在实现教育现代化的过程中，始终把促进教育公平放在重要的位置上。在基础教育领域，坚持人民至上，接应脱贫攻坚成果的巩固与拓展、乡村振兴的全面推进等战略部署，缩小城乡教育资源差距，统筹推进城乡义务教育一体化，促进教育公平，推动义务教育优质均衡发展，使教育公平真正成为社会公平的重要基石，切实助推全体人民共同富裕。在幼儿园教育领域，为了让每个学生都有学可上，都能充分发挥自身特点，成为社会的有用之才，着力建立普惠性幼儿园体系，选拔推举示范园、一类园，并对每个层级给予应有的制度支持和教研指导，让幼儿能公平地接受教育，进而拥有每个人精彩的人生。

（五）教育、科技、人才、创新的一致性特征

从宏观层面看，教育、人才、科技、创新的一致性特征是与科教兴国战略、人才强国战略、创新驱动发展战略的一致性，以及教育强国、科技强国、人才强国的一致性高度关联的。具体来说，四者的一致性特征主要体现在：教育通过培养人才，尤其是培养创新型人才，推动科技的发展，尤其是科技创新的发展。

对于幼儿园教育而言，幼儿园阶段是培养创新型、科技型人才的基础，幼儿园教育在教育强国、科技强国、人才强国方面承担着最基础的重要职能。同时，科技发展与创新也将带来教育的发展与创新。由此可见，教育在教育、科技、人才、创新四者的一致性中处于基础性地位。党的二十大报告中明确指出"人才是第一资源、科学技术是第一生产力、创新是第一动力"，科技、人才、创新能否真正成为这三个"第一"，归根结底取决于教育。没有教育的优先发展，就很难实现三个"第一"。如果说教育、科技、人才是全面建设社会主义现代化国家的基础性、战略性的支撑，那么，教育又是科技、人才、创新三个"第一"的基础性、战略性的支撑，是基础中的基础、战略中的战略。教育、科技、人才、创新四者一致性的关键在于创新，即通过教育的创新培养创新型人才，推动科技创新，建设创新型国家。当前，着力自主培养和造就创新型人才是我国科学技术自立自强的关键环节，应当用系统性的思维加强有关工作，把创新型人才培养作为教育体系的一个整体目标，大中小幼各个学段协同完成。这就要求大中小幼各个学段需摒弃过于狭隘和功利化的目标取向，着眼于学生的长远发展，特别是学生创新素质的养成、提升。如果说人的成长对教育而言是一个接力和合力的系统化过程，那么，培养创新型人才使得教育体系的系统性、协同性更为凸显。因此，亟须推动纵向教育体系建立协同育人机制，尤其需要加强高等教育与基础教育的多方面联系与合作，增进彼此了解，使教育链与创新型人才的成长链有机衔接，从而增强创新型人才的选拔和培养的有效性。

四、教研与学前教研

纵观我国教育高质量发展的本质，是社会经济发展在教育领域中的映射，在我国社会经济发展进入全面深化改革的时期，教育高质量发展将为社会经济的高质量发展提供人才支持，对教育高质量发展的讨论也将成为教育各界关注的热门话题。

实现高质量发展是当前教育发展的主旋律。教研工作担任着提升教学质量、促进教师专业发展的重要任务，尤其是在当前深入贯彻落实教育高质量发展的进程中，能否科学设计、扎实推进教研工作，在一定程度上影响着教育教学质量的高质量发展。

"教"即教育、教导、教学。"研"即研究、研发、研讨、研判、调研、研习。教研即教育教学的研究，是对学生课程建设、教学方法等的改革。中小学教研是针对单一学科的教研，而目前学前教研则是面向幼儿园各项活动的综合研究。幼儿园生活不同于中小学的生活日常，课程构成体系之间存在较大差异，中小学主要以学科课程为主，而幼儿园则是由集体教学、区角游戏、户外游戏等构成的一日生活为主要教研对象。

学前教研的主要特点是全面性，立足于幼儿园的保教实践，既要研究教育，也要研究保育。可以说幼儿园的研究对象是保教结合。狭义的学前教研指园本教研，园本教研又称为幼儿园教研。园本教研是依据校本教研而提出的。指从幼儿园的实际情况出发，依据幼儿园自身的资源优势、特点以及所面临的问题，以每一所幼儿园为主体进行的教研活动。广义的学前教研，是指在学前领域促进学前教育发展的一切教育研究活动，不仅包括园本教研，也包括片区教研。

当前时期，学前教研工作要坚持以习近平新时代中国特色社会主义思想为指导，全面贯彻党的教育方针，落实立德树人根本任务，在探索中求发展，在发展中求提升，谋划新征程、实现新发展，助力教育高质量发展。结合上述教育高质量发展的内涵和特点，学前教研工作者在教育高质量发展中应顺应时代要求，以教育高质量发展背景为前提，助力教育高质量发展。

（一）深度研修，加强自身队伍建设

"十四五"开局之年，教研要深入贯彻落实教育新发展理念，加速构建教育新发展格局。围绕《教育部关于加强和改进新时代基础教育教研工作的意见》的精神内涵，培养出一支政治素质过硬、教育观念正确、职业道德良好、教研能力突出、事业心责任感强的专业教研队伍。

教研员要围绕党对教育工作的要求，加强学习、提高思想站位，深入贯彻落实教育新发展理念，认真贯彻党的教育方针；坚持党对教育事业发展的全面领导，明确认识到是为谁培养人、培养什么人、怎样培养人等问题；要落实立德树人根本任务，推进教育高质量发展，办好符合教育规律、具有特色、人民满意的教育。

教研员要不断提升自身专业能力、理论素养，促进教研精神内涵的发

展；注重日常学习的常态化、不断更新专业知识，注重理论学习，提高自身专业素质、不断积累教育教学相关的理论、专业知识；立足于教学实效、加强教研的实践与反思，促进教研专业可持续发展；认真学习先进理论知识，掌握当前幼儿园教育发展动向，加强对"安吉游戏"理念的认知并进行深入了解，真正做到掌握"发现儿童、放手儿童"的科学性内涵与特征；深入贯彻落实《幼儿园教育指导纲要》《3~6岁儿童学习与发展指南》，以先进的实践经验为引领，促进教研员专业化水平的发展；深入推进幼儿园与小学科学衔接，在认真开展试点、强化实践探索的基础上，全面建构幼小衔接机制，加强幼儿园和小学的深度交流合作，切实提高入学准备和入学适应教育的科学性和有效性的统一，坚决纠正超前学习、拔苗助长等违反幼儿身心发展规律的行为。

（二）推陈出新，促进教研创新转型

教研工作是保障教育高质量发展的重要支撑，教研工作要从关键环节进行研究、从创新教研工作方式出发，依托新时代对于教育高质量发展的要求，推进教研的创新转型。

教研不是一成不变的，要根据时代的要求，与时俱进，教研员也要不断对教研进行创新、转型，不能故步自封。

在教育高质量发展的背景下，教研人员要认真解读党的十九大、二十大报告中关于教育高质量发展的有关内容，坚持教研为幼儿园教育实践服务，为教师专业发展服务，为教育管理决策服务。从实际出发，力争为社会培养创新型人才打下基础。

坚持教研人员要深入了解本土特征，因地制宜开展具有本土化特征的教学、游戏。可利用地区文化优势、地理位置优势、气候优势等指导教师开展符合区域特征的教学及相关活动，让幼儿园教学趋近本土化、个性化；深入幼儿园保教实践，了解教师专业成长的需求，分类按需制定教研计划、确定教研内容，及时研究解决教师保教实践中的困惑和问题；充分发挥城镇优质园和乡镇中心园的辐射带动作用，促进区域保教质量整体提升。为更好推进区域教研，缩短教育发展差距，需要秉持"理念先行、名园先行、示范园先行"的思路构建区域教研机制推进幼儿园优质均衡发展研究组以

"重实效、促双赢"为基本原则，以实践为基础，坚持"以人为本、协同共赢、资源共享、合作创新"，形成"二三四区域教研机制"，即：行政教研二协同，名园引领三带动、层级教研四联动。通过区域教研机制，使教科研机构和优质园结对帮扶基层、农村、边远和欠发达地区的幼儿园。以构建教研、教学新模式，推进区域内教学高质量发展，促进教育的公平发展；现如今，信息技术已经走入人们身边，数字化教育应运而生，教研员应积极顺应时代发展的特点，学习数字化教育技术，运用数字化教育，开展线上线下相结合的教研活动，促进区域联合教研，增强区域之间的沟通交流与合作，利用数字化平台参与教研，指导教师，评价指导，展示优秀成果等，通过数字化的应用，使教研更加便利，惠及全体幼儿园教师。

（三）足履实地，促进高质量教研活动

以教研为导向，发挥教研服务教育教学的机制，建立交流、协同解决问题的常态化教研工作机制。聚焦学前教育教学中的重难点等棘手问题，推进协同研讨，打破不同园所之间的壁垒、不同区域之间的壁垒，加强不同园所、不同区域教研之间的合作研讨，秉持知行合一，促教师专业成长的发展理念，打造成长性、互助性、示范性、分享性研讨共同体。

发挥教研以点带面的辐射功能。秉持教研活动全程策划、整体安排的原则，以项目化、系列化的"名师引领""名园带动""区域联合教研"工程，以点带面，发挥教研引领辐射带动的功能，促进教师专业成长、推广优秀教学成果、助力教育高质量发展。

充分发挥教研引领作用，针对培训质量不高的问题，制定符合各地区幼儿园教师的培训规划，有目标有计划地针对本地区幼儿园的特点，实施全员培训，针对集体教学活动、幼小衔接、安吉游戏等主题，突出实践导向，提高培训实效。

五、真教研引领真教学

教研不是走过场，不是摆样子，而是真真切切对教育教学的研究。"真教学催生真教研，真教研引领真教学"。

教育部《关于加强和改进新时代基础教育教研工作的意见》明确指出：

教研工作是保障基础教育质量的重要支撑；教研部门的职能是服务于教师的专业成长，指导教师改进教学方式，提高教师教书育人的能力；并且要求教研机构要重心下移，深入幼儿园、深入教学课堂、走入教师、学生之中，紧密联系教育教学的实际情况，开展教育教学研究。教育部的这些顶层设计的精神内涵，强化了真教研这一理念。所谓真教研，就是依托一线教育教学的实际情况，以求真务实的态度、精神，加强对幼儿园课程、游戏、环境建设等育人的关键环节的研究，引领幼儿园教师队伍在保教结合的道路上越走越好，越走越远。

第二节　为幼儿园发展赋能的教研新定位

在当今的世界上，唯独中国有一支专门研究教育教学的教研队伍。教育教学研究机构是我国的一个创举，是我国基础教育发展的一大特色，也是促进教育高质量发展的重要保障。在国家课程改革落地、实施、促进学校和教师更好地发展、提高基础教育向高质量发展等方面发挥着重要的、不可替代的作用。

上海在2009年和2012年的PISA（国际学生评估项目的缩写）测试评估中均取得了第一的成绩，引发了包括欧美在内的世界上的各个国家对于中国基础教育的高度关注。对于上海PISA测试评估连续两届夺冠，国内外教育界普遍意识到中国教研工作和教育高质量发展的关联性。正因为有了教研机构，我国的教师可以经常性地、有组织、有目的地进行专业的研究讨论，促进教师的理论的提升、专业的成长。长期以来，教研工作的宗旨是研究、指导和服务。那么如何有效地研究、指导、服务呢？在当前积极发展高质量教育的背景之下，为更好地为幼儿园发展赋能，关键的是教研人员要找准"三个定位"。

一、工作定位

（一）工作地点在幼儿园

教研员的主要工作场所应当在幼儿园、在课堂。教研员也决不能老是坐在办公室里搞研究，教研员应当走出办公室，走进幼儿园，走进课堂。教研员去幼儿园、进课堂，不是可去可不去，也不是可多去可少去的事情，而应该是一种常态、一种习惯。"问渠那得清如许，绝知此事要躬行"，不进入幼儿园，就无法了解幼儿园的环境创设情况，不走近课堂，就无法掌握、了解课堂教学的实情，不了解课堂教学实情，就如同盲人摸象，那么，"研究、指导、服务"也就无从谈起了。

走进幼儿园的目的应该有三个：第一是了解教师日常教育教学的情况，掌握教师日常教学中最真实的情况。为此，教研员可以不预先告知、随机地进行听课；二是指导教师完善教学，特别是对教龄小的教师，需要进行经常听课、深入指导；三是通过听课，及时、准确地发现教师在课堂教学中存在的典型性问题，并对此进行深入研究，组织研讨，以点带面，解决问题。

（二）工作内容为辅导、培训

幼儿园教研员是辅导者、培训者。教研员将掌握、了解的专业理论知识、政策法规和实践经验，进行转化，以具体的、可供教师、园长直接学习的形式服务于各个园所。因此，教研员应该是一位全面而专业的辅导者、培训者。

教研员首先要运用有效的方式内化幼儿园课程的精神并落实相关文件要求，其次将幼儿园课程推进过程中频繁出现的、典型的问题进行梳理与提炼，开展研讨活动，再次进行引领式的讲解和示范，引领一线教师理解幼儿园课程的精神与实质，掌握实际开展教学活动的技巧和方法。

教研员的辅导、培训的形式可以多种多样，但唯一的标准就是要有效地为幼儿园的课程开展服务，做到指导性、引领性、有效性。

（三）工作对象是全体教师

教研员工作与教育教学有相似之处，那就是要以人为本，面向全体。教研员的职责在于服务教学，服务教师。教研员需服务的是"全体教师"，而不是少数、个别的教师。所以，我们必须关注到全体教师的发展。既要注重名园教师、骨干教师、一线教师的培训提升，也要关注其他园所村镇教师、边远地区教师的专业成长。力求教师队伍的均衡发展。

二、研究定位

（一）做学习的探索者

幼教教研员要做学习的探索者。在幼儿园课程建设中，教研员首先要成为一个学习者，了解国家及地方的政策，掌握先进的教育教学理念，这是必备的能力。通过对教学情形的掌握，对教学技术前沿信息的了解，不断地补充新能量，充实新理念，拥有更多的话语权。

在推进幼儿园课程建设的过程中，《幼儿园教育指导纲要》《3~6岁儿童学习与发展指南》《幼儿园入学准备教育指导要点》等指导性文件都是教研员需要掌握的，掌握不是简简单单地看一遍，而是要清楚地了解文件上的每句话的目的，能够做到结合文件内容，提出自己的思考和见解。教研员应结合文件精神，主动学习和探索幼儿园课程的内涵和精神，如：什么是幼儿园课程？什么是课程游戏化？如何在教学活动中提升幼儿五大领域的发展？什么是真正的"放手儿童"？幼儿园课程应该如何实施？幼儿园入学准备要怎么做？等问题。思考幼儿园课程应如何更贴近生活、更生动、更有趣、更多样。探索学习的过程也就是自我提升的过程，能够让自己在指导教研时有话说，有理念可讲。

（二）做教研的组织者

组织教师开展"听、评课"活动永远都是教研活动的重要载体。而近几年，教师队伍中经常有这样的想法，认为"听、评课"的教研活动形式已经落伍了，这种观点显然是错误的。作为幼儿园教研员，研究的内容不只在课堂，而是包括课堂教学、集体游戏、区角游戏、环境创设等一系列有关幼儿日常的活动，都在教研范围内。由此可见，幼教教研员不仅要组织听评课，还要组织幼儿一日生活的研讨，当然，课堂教学的听评课是教研的核心内容。

组织"听、评课"不是简单的"课例研究"，教研员要把"听、评课"活动组织得更认真、更具体一些，让"研究"的成分更多一些。组织"听、评课"的教研活动不能只在乎表面，流于形式、没有目的、不讲求质量与效果，敷衍了事。教学活动案例要经过策划、准备，教研员也要预先听课，准备工作要有学校教研团队的参与，教学活动案例需融入集体人员的智慧，要让案例相对成熟才具有研究讨论的价值，才能通过讨论发现问题、解决问题，才能促进教师专业化成长，促进幼儿园教育教学活动的发展。

然而，实践中，有些教师没有真正理解幼儿园课程的内涵，认为幼儿园课程就是做游戏，这会使付出的努力适得其反。幼儿园课程，不是一味地用游戏去替代其他学习途径，也不是把幼儿园所有活动都变成游戏，而是应该以园本课程为基础，使幼儿园课程具有游戏精神。作为教研员，要会观察、勤探索、多研讨。用实际观察到的、思考到的，与教师进行探讨：这样的课程存在哪些不足？应如何改进？等等。探讨的过程，就是发现问题，并寻找解决办法以及梳理、总结、提升与改进的过程。教研员应通过主动学习，积极探索，制定切实可行的方案，组织好听评课活动，并给予教师指导、支持与帮助。

（三）做实践的研究者

幼教教研员是实践的研究者。实践研究是教研员的本职工作，遇到问题或困惑时，要主动寻找解决方法，给出有效的策略并指导实际工作的开展。

第一步：以"七大流程"为抓手，开展幼儿园课程专题研讨活动。以"理念学习""环境规划""一日生活安排""材料投放""课程实施""资源建立""机会给予"这"七大流程"作为幼儿园课程实施的抓手，层层推进和落实。

例如：在实际教学研究中带领核心教研组成员以"专题研讨"的方式，通过线上、线下的形式，研究幼儿园课程的组织形式以及指导策略，并在线下走进幼儿园，开展现场教学示范活动，将幼儿园课程的教学策略及技巧以直观、形象的方式进行展示，并针对教学中存在的典型性的问题进行集中研讨，给出解决方法，研讨出更优化的教学思路，并形成研讨笔记。

第二步：以教研区域为单位，创设研讨氛围。

针对本地区内的幼儿园，按照地域进行区域划分，同时组织区域内核心园所围绕幼儿园课程的内容有针对性地面向区域内其他园所开放，实现交流互动，以点带面，为推动幼儿园课程建设做出示范，起到引领作用，促进区域内所有园所共同发展。

第三步：以本区域为单位，开展评比与交流活动。教育教学是一个互相学习的过程，既要发展优势，也要取长补短。这样区域间的交流与学习就显得尤为重要。在推进幼儿园课程发展过程中，优化一日活动组织、优化集体教学活动，每学期有针对性地进行分类评比，如环境创设的专项评比、区域材料投放专项评比、户外自主游戏专项评比，等等，以评比促进园所交流、促其内涵提升。

三、发展定位

（一）教研员应该带领教研团队共同进步

教研员不应该孤军奋战，应该作为教研团队引领者。教研员的角色和所承担的任务决定了他必须带领广大教师共同进步。

在开展教研工作时，教研员尤其需要有团队意识，要懂得凝聚团队的力量，发挥团队集体的智慧。因此，教研员组织教研活动，要着眼于宏观，考虑到全局，处理好点和面的关系。

教研员为了探寻解决幼儿园教学活动的相关问题、课程游戏化的相关问题、有效进行环境创设的相关问题等的解决办法，为了获得某种假设的实际验证情况，为了尝试某种创新方法、理念的落实，除了组织研讨之外，还要做课题。

教研员做课题的意义通常不只在研究课题内容的本身，而在于起到示范带动作用，带动园所教师，促进教师专业化发展、促进教育的高质量发展；在于通过课题研究来激起教师的教研积极性，培养教师的教、科研能力；在于让教师在研究过程中获得成功的喜悦和切实的体验；还在于通过课题研究来营造学术研讨氛围，不断扩大课题研究带来的影响，最大限度地发挥研讨的辐射带动作用。

（二）教研员应该有创新精神

随着我国教育政策着重点的不断改变，教研工作也应该紧跟时代脚步，与时俱进。作为教研人员，不能马马虎虎、庸庸碌碌，要绝对摒弃南郭先生的"滥竽充数"，要勤勤恳恳，兢兢业业，做一名有使命担当、有责任意识的教研人员。

当前我国幼儿教育事业蓬勃发展，社会对幼儿的关注度逐渐提升，人们不再认为幼儿园是没有用的了，而是逐步意识到幼儿园阶段是为幼儿的身心健康、学习品质、创新能力打下坚实基础的关键时期。国家要培养创新型人才，离不开幼儿园的教育，国家要求教育高质量发展，离不开幼儿园教育的基石。这就要求教研人员随时掌握国家对于教育的顶层设计，不断创新教研方式、教研内容，紧跟时代步伐，组织幼儿园教师对热门话题"幼小衔接、集体教学游戏化、促进五大领域均衡发展"等问题进行研讨、教研指导，并结合数字化教育，建立教研平台，线上线下相结合，更好地为幼儿园教研服务，为幼儿园发展赋能。

第三节 以教学成果推广为主线的教研新路径

"开展优秀教学成果推广"活动是着力深化教育教学改革、提升教育高质量发展的重要举措。当前，我国主要的教学成果推广的具体形式可根据推广对象分为直接推广和间接推广两大类，直接推广包括：成果推广交流会、专题讨论会、成果展览会等，间接推广包括录音、录像播放等形式。为教学成果更优质、更广泛地进行推广，教研员应积极探寻推广新路径，寻求更好的方法推广教学成果，提升幼儿园办学质量，促进教育高质量发展。

一、明确教学成果推广引领与服务的定位

优秀教学成果推广为不同幼儿园的教师同名园、名师、专家直接建立起了联系。教学成果推广作为连接各个幼儿园、教师的"绿色通道"，促进了园所、教师间的交流沟通，为教师们在理念引领与实践行为跟进之间，拓宽了路径，开辟、开拓了教育改革创新的广阔空间，营造了教育优质均衡发展的良好态势。

（一）认清教学成果推广的功能

教学成果推广正逐渐成为提升教育改革、促进教育高质量发展的有效载体，为优化教育环境、激活优质教育资源、促进成果推广交流注入了新的活力和生机。

1. 优化区域教育环境

教学成果的持有者，通过教学成果的推广，向更多的幼儿园、教师展示，供各区域教师学习借鉴，能够辐射带动区域内更广泛的幼儿园、教师直接或间接地参与其中，从而促进教育变革，使教学成果形成长效机制。通过优秀教学成果展示，实现各区域之间的资源互通，促进区域教育环境的整体优化与高质量发展。

2. 激活优质教育资源

通过优秀教学成果推广，有效发挥优质资源的辐射、示范带动作用，让更广泛的教师学习到先进的教育理念、有效的教学模式以及科学有效的管理方式，进而可以不断地扩大优质教育资源的规模和质量。同时，还能够促进新资源的不断再生，促进优秀教学成果的创新创造。

（二）明确成果推广的多方定位

成果推广不是短暂的一项任务，而是应该将教学成果推广作为一项长期的工作来看待，要认识到"优秀教学成果推广是一项长期的、系统性的工程"。在教学成果推广的过程中，要形成全区域统筹、上下联动、多方协调的工作推进机制。教研部门需要敏锐地找到教学成果推广的重点、难点，发挥研究、指导、服务的功能；教学成果持有方发挥辐射示范带动的功能；成果应用方基于对成果的充分了解和本园的实际情况，找到教学成果，落实本园的出发点，并做到理性地精准地发力，将教学成果有效地应用于本园中来。

二、健全教育教学研究制度，促进教研工作科学规范地发展

（一）建立教研统筹制度，促进教研工作的优化。

一是调查研究。根据不同区域、不同园所的实际情况，有目的地开展专项调研工作，了解不同区域、不同性质、不同等级的幼儿园教研工作情况，并对调研数据进行理性分析。

二是因地制宜。根据本区域、本园教研工作的实际情况，因地制宜开展教研制度建设，制定教研改进方案，围绕幼儿园发展目标、教研目的。制定教研方向，探索区域教研、园所教研及组别教研的可行性。

三是专家引领。建立专家、名师资源库，组织教研人员、科研人员、教师和高校学前专业工作者等专业研究人员参与到教研活动中来，参与到教学成果推广活动中来，参与到成果推广研讨中来，对教学成果提出可行性的、科学的指导意见，提升教学成果的适用性与科学性，促进幼儿园教育改革向高质量发展。

（二）建立问题解决制度，促进教研质量的推进。

一是做有效果的教研活动。教育部发布的《关于开展幼儿园"小学化"专项治理工作的通知》（以下简称"《通知》"）中提到：严禁幼儿园期间教授小学课程内容，防止和纠正"小学化""学科化"的现象，规范幼儿园保育教育工作，为幼儿园保教活动有效实施提供科学的帮助。教研人员要根据《通知》的指导意见，响应教育部号召，积极贯彻落实，积极宣传文件精神与内涵，力求幼儿园成果展示有助于推进去"小学化"现象。

二是做有效率的教研活动。根据学前教育改革发展的需要，教研人员需研究幼儿园教研工作中急需解决的问题，找出解决问题的方法、对策，进行针对性的研究和科学规范的指导，定期提供和更新指导意见，并将指导成果形成可供各区域幼儿园教师参考学习的材料，进行推广，确保区域、园所教研质量水平不断提高。

三是做有效益的教研活动。在组织各类教学成果推广教研活动时，努力践行并满足教师专业发展的需求，满足园所保教品质提升的需求，满足广大人民群众对教育的需求，做人民满意的教育教学研究。与此同时，稳步提升不同性质、不同等级幼儿园的教研质量，扩大其社会影响力，取得良好的社会效益。

（三）建立日常管理制度，促进教研工作的落实。

一是落实日常下园指导的制度。建立健全幼儿园分类、分级指导与管理制度，教研员要深入各级各类幼儿园，了解各个幼儿园的实际发展情况，掌握园内教师的实际教学、教研情况，并参与、指导区域内幼儿园的教研工作，为幼儿园教师的保育工作提供可行性的意见，帮助其解决保育工作中的问题，提升教育教学成效，促进教学成果的生成。在下园过程中，围绕幼儿园每一个阶段、每一个时期的研讨话题，根据各个幼儿园的实际发展需求，采取"一个教研制度建设经验分享、一次现场园所教研活动、一节现场教学活动课例"的跨区域协作教研模式，有针对性地开展教育服务。

二是抓实结对帮扶与专题研究。充分发挥城镇优质园和乡镇中心园的辐射带动作用，组织"走进农村园、走入边远园、帮扶薄弱园"等送教下园的活动，通过教学示范课、名师讲座、联合教研等形式，形成帮扶模式，推动区域教研质量的整体提升。并根据各个园所的实际需求情况，采取针对性的帮扶措施，开展科学、有效的专题性研讨和教学指导，不断缩小边远、欠发达地区幼儿园与城镇园的差距，促进学前教育优质均衡发展，形成双赢局面。

三是做实学术分享与梯队培养。幼儿园教育形式多种多样，幼儿园内部的环境创设、游戏材料投放、区角游戏类别、集体教学活动、幼儿行为分析等，都对幼儿的教育产生着显著的影响。教研员需定期遴选出有代表性的教育形式在区域内进行展示，供全区域幼儿园观看、学习，并通过线上线下结合的形式，面向全体幼儿园教师召开分析研讨会，通过组织教师集体研讨、交流分享学术经验，并及时推广优秀教师、一线教师的先进经验，采取有效、科学的形式开展学术分享和梯队培养，促进幼儿园教师在研讨中反思，在反思中提升，促进教师专业素养的提高，促进幼儿园教育形式向着更高质量发展。

三、促进成果推广有效性与长效性

优秀教学成果推广应用的工作对促进全区域教育优质、均衡发展起到了重要作用，既有利于促进全区域已有优秀教学成果的更新迭代，又有利于催生新的优秀教学成果的创造产生。基于这样的观点，在幼儿园教学成果推广应用中应确定"三个结合"和"三个同步"的工作思路。

（一）三个结合

一是确定与开放相结合。在进行教学成果推广过程中，不仅要对名列前茅的固定数量的优秀教学成果进行推广，而且还要对全区域内全部优秀教学成果进行展示、推广，并且对外省市的国家级优秀成果均持开放态度，鼓励各个幼儿园学习、借鉴、融合、应用。

二是专项与日常相结合。成果推广作为一项专项工作，推广的各个环节得到了很大的保障。同时，教学成果推广是为了更好地发展幼儿园教育教学，因此，这一专项工作要与教育教学日常工作有机结合，将教学成果推广融入日常教育教学管理工作之中。

三是阶段性与长远性相结合。从工作方案来看，教学成果推广专项工作是有时间节点的，属于一项阶段性的推广工作，但是，要发挥优秀教学成果的有效性、科学性、适用性，那么教学成果的推广必定是一项长远性的工作，需要对推广的教学成果进行有效应用，需要制定教学成果推广的目标和预期效果，需要建立长效机制，着眼于未来。

（二）三个同步

"三个同步"指的是同步推广、同步研究、同步培训。同步推广指将教学成果推广融入区域整体教育教学改革之中，促进教育的高质量发展；同步研究指不断探索优化教学成果推广的途径，不断积累经验，形成更优质的教学成果推广方案；同步培训指积极开展针对不同区域幼儿园、不同群体、不同实际需求的培训课程，丰富培训模式。

四、构建成果推广驱动与转化机制

教学成果反映了教育教学的规律，对提高教学水平和教育质量、培养目标产生了显著效果。教学成果要为教师所掌握，需经过深度理解、再造，进而转化为教学实践，促进教学质量的发展。

"橘生淮南则为橘，生于淮北则为枳"。优秀教学成果的推广应用绝对不是简单的复制粘贴的过程，而是包含着再理解、再加工、再创造的过程，要避免"拿来主义"，出现"水土不服"的情况。

（一）以问题为导向探索教学成果

每一个教学成果都有其自身产生的条件、背景，正是由于教学成果持有者在教育教学过程中产生了问题，才会出现以此问题为导向的教学成果的研究。教学成果的研究过程要以问题为导向提炼主题，以主题生成任务，

以任务解决形成教研成果,以教研成果推广促进全区域教育教学共同发展。以幼小衔接背景下主题联合教研为例:

1. 以问题为导向提炼主题

教学成果主题的提炼源于幼儿园教育教学实践中的问题。通过调查问卷、实地访谈等形式了解幼儿园教育教学的实践现状,基于现状通过现场观察等方式分析原因,提炼出主题。

主题教研活动通常关注的是教师在教学中所遇到的典型性问题与重点难点问题,教研成果的主题不宜空泛,也不能过于具体,要具有一定的研究意义和参考价值。此外,在教学成果教研中,生成的新的问题,也可作为新的研讨话题,形成新的教学成果。

2. 围绕任务开展活动

任务是主题联合教研实施过程中的有力抓手,主题生成任务,任务产生话题,话题分解为一系列问题串,通过问题引导教师多角度进行思考与研讨。逐个问题研究,可以避免教师避重就轻地交流。以任务为中心、以问题为导向是深度教研的重要条件,问题解决的过程就是教研成果生成的过程。

3. 突破主题分享成果

教研成果是深度教研活动的有力证据,有形成果的分享有利于教师将感悟、观点转化为可实施的行动路径,凝练和分享成果的过程有助于教师复盘教研过程中的重点,在信息共享中提高教研质量。

总而言之,我们要以主题撬动幼儿园教育教学活动中的真实问题,以任务驱动教学成果分享教研的真实发生,以成果辐射全区域幼儿园教育教学均衡发展,从而让教研力量推动全区域幼儿园教育教学工作更科学、更有效。

(二)以课例研修模式促进成果应用

现代学习方式理论的研究成果中显示:学习者采用不同的学习方式,在14天以后所记住的内容比率有很大的差异。对于教学成果的学习、应用也是如此,教学成果推广的学习、应用是贯穿成果推广始终的、长期的过程。

教学成果持有人的成果内容、培训研讨等,只是教学成果学习的入门阶段,想要让教学成果真正进入教师的专业生活,运用于实际的教育教学中,成为支撑其专业能力的一部分,唯有通过实践才可以实现。定期通过举办"教师观课、园本教研改课、区域共同体磨课、教研展课"的研修活动，将优秀教学成果融入本园教育教学活动中，将教学成果与本园实际有机结合。

（三）开展研修模式推进成果落地

如何能够将抽象化的教学成果转化为教师在实际教育教学中能用的、好用的、具体的成果，开展研修活动是重要的方式方法。

教研员在成果推广有效应用中扮演着主力军和先头部队。为促进教学成果有效、科学地得到应用，可利用团队建设、示范研修、层级联动等模式。团队建设就是团队成员之间组件教学成果研讨会，对成果应用进行研讨，形成方案，这种方式有利于成果推广应用形成合力；示范研修，就是针对教学成果所提及的内容，依据实际情况，将成果推广应用于创新研修实践中，以便寻找最佳实践路径。层级联动指开展多轮教研研讨活动，首先由核心组教研员凝聚共识和顶层设计，再由全体教研员对核心议题进行研讨，辐射带动推进议题，最后面向全区域教师，旨在研究下移，推动成果推广应用落实到教学活动中。

四、教学研究成果的推广策略

要通过公开成果、公开教学交流活动、开展示范性教学、开展教学研究相关指导工作等途径让教学成果扩散，使其能够被广泛接受，并转化为教学实践；使其能够在教学中得到广泛应用，从而解决教学中存在的实际问题。对于教学成果推广的策略主要包括以下几方面：

（一）公开教学成果

要通过期刊、报纸、网络等多种途径、多种形式对成果进行推广，要将教学成果中关于问题的提出、研究方案的形成、具体工作的实施、结论的获取等过程全部公开。成果的公开既能够使得他人了解、接受、应用和完善相关的成果，又能使得教学成果得到改进和完善，从而促进教学成果更有效地传播和应用，从而能够更好地实现其作用和价值。在公开教学成果时，要依照期刊、报纸、出版物、网络等相关的规定和要求。体现出清晰明确的背景和意义，叙述过程要详尽，研究结果要准确，具体原因要进行分析，不足之处要明确指出，研究价值要揭示出来。

（二）公开教学交流活动

要通过参加会议、发表演讲、举办讲座等方式进行介绍、展示、宣传、推介所取得的教学成果，从而达到推广的目的，让他人广泛接受、了解。为了更好、更有效、更科学地推广相关的教学成果，在举行公开的教学交流活动时，要明确推广的目的在于帮助广大教师解决教学中存在的问题，进而改进教学方式，提高教学质量。在公开的教学交流活动中，要根据不同的需求或者实际的情况，对教学成果进行精细加工、反复研磨，通过公开的教学成果交流活动，让大家感受到该研究成果与教学实践是有关联性的，通过成果交流，可以使教师了解、掌握成果在实际教育教学实践中的指导性作用和借鉴价值，能够有效地将教学成果应用到实际教育教学实践中去。公开的教学交流活动要强调互动性，切忌简单说教，活动中要有沟通、有交流，允许他人发问和质疑。公开的教学交流活动还要明确地说明教学成果在实际教学实践中的应用方式，特别是应用时需要的注意事项，以便有效地应用教学成果，解决教学中的实际问题，从而改进教学，提高教学质量。

（三）开展示范性教学

要将取得的教学成果以实践的方式进行展示，以达到推广的目的。教学研究成果来源于教师的教学实践，也必将回归到实践中去，因此，取得的教学成果，不能只局限于发表了怎样的著作，获得了怎样的荣誉、奖励，而是要将取得的教学成果应用到具体的教学实践中去，可以是观摩课、示范课、公开课等多种形式，广泛开展教学示范，只有这样才能够准确把握不同园所之间幼儿的差异、设定合理的符合实际情况的教学目标、选取适当的，适用于园所幼儿的教学内容、科学整合教学资源、有效选择教学方法、全面优化教学环节，才能够引起学习兴趣、激发学习动机、促使幼儿能够积极参与到教学实践中去。

（四）开展教学研究相关指导工作

教学成果的推广不能只局限在以上叙述的三个方面的内容，还应该包括相关教研指导工作的开展。

教研指导工作的开展，就是要通过取得的经验和技巧，指导他人相关的教学研究工作，提高其相关研究水平。这里所说的指导，既要有一般性指导，也要有特殊性指导；既要有规范性指导，也要有应用性指导；既要有整体性指导，也要有特定性指导；既要有实践性指导，也要有推广性指导；既要有个别性指导，也要有群体性指导；既要有理论性指导，也要有操作性的指导。

综上所述，不论教学成果的应用还有推广，都是为了能够更好地服务于教学实践工作，从而提高教学研究水平，解决教学实践中存在的问题，改进教学方法和手段。所以，在开展教学研究的过程中，就必须要运用适当的应用和推广策略。

第四节　探求学前教研数字化转型的新范式

一、什么是教育数字化

2013年，从五门慕课、上百名注册用户起步，中国慕课，迄今已走过近10年。慕课正是教育数字化的缩影。"从前，一位教师穷其一生，学生不过千人；现在，一门慕课就能惠及百万学习者，慕课教师称得上是桃李满天下。"

当今世界，科技进步日新月异，互联网、云计算、大数据等现代化信息技术深刻改变着人类的思维、生产、生活、学习方式，深刻展示了世界发展的前景、信息技术的发展，推动着教育变革和创新，构建网络化、数字化、个性化、终身化的教育体系，建设"人人皆学、处处能学、时时可学"的学习型社会，培养大批创新人才，是人类共同面临的重大课题。

当今社会，科学技术是第一生产力，生产力决定生产关系。现代信息技术带来了知识传播媒介的变革，由此带给教育的最大变化也许是对知识的重构，对人的再造。知识是什么？知识就是到过的地方、接触过的人、读过的书、看过的广播、看到的视频、浏览过的网页、参与过的互动等。当下，"百度一下，你就知道""万能的朋友圈，一呼百应"，学习知识变得无比便捷。作为教研员，必须与时俱进，积极拥抱现代信息技术，加快提升数字素养，引领推动教育变革和创新，为党育人，为国育才。

教育数字化就是指利用现代信息技术支持教育在育人方式、管理体制、办学模式、保障机制等方面的创新，推动教育流程再造、结构重组和文化重构，改变教育发展动力结构，促进教育研究和实践范式变革，最终实现人的全面、自由、个性化发展。

我国经过教育信息化1.0和2.0的建设，数字技术与教育经历了起步、应用、融合、创新四个阶段，目前正处于融合与创新并存的时期。教育数字化要实现从起步、应用和融合数字技术，转向树立教育数字化思维，培养教育数字化方法与能力，构建数字化教育发展新环境，形成数字化教育治理体系和机制，实现数字化支持教学法的变革，推动教育范式的变革从"供给驱动"向"需求驱动"的转型。

二、数字化教研的机遇与挑战

新时代教研范式必须适应"教育数字化"发展需求，依托环境智联、数字融通、资源共享、定制服务，实现教研理念重塑、流程再造、内容重构、结构重组、模式重建。依托数字化通过有效教研活动设计可预测结果，对教育教学系统施加前置性"干预"，促进教育教学高质量的发展。

应该说教育迎来了前所未有的机遇和挑战，那么，推进教育数字化，教研的机遇和挑战在哪里？

首先新时代教研工作面临四大变化：一是互联网、云计算、大数据等技术带来了新思维，在新思维下引领教研数字化变为可能和现实；二是智能终端VR、AR、元宇宙等科技手段的进步，必然推动教师知识和能力的重构，必然要求教研员引领课程教学改革，推动教学方式、学习方式的变革；三是数字化带来了教研评价的变化，从过去注重结果转变为注重过程，从静态数据转变为动态数据，从结果性数据转变为伴随性的数据，这些变化使得教研变得更加精细准确，具有科学性；四是互联网带来的教研主体的变化，网络环境会带来更多"关系"，原有的教研结构、教研形式、教研资源变得前所未有的丰富，每个教师都拥有非常多的教研机会，"众筹教研"时有发生，思想更容易碰撞出火花。

三、如何促进教研数字化？

《关于加强和改进新时代基础教育教研工作的意见》（以下简称"《意见》"）明确强调要立足三个"着眼点"，坚持"四个服务"，由此可见，教研员应做到"三个转变"。一是从提升信息技术应用能力向提升信息科技素养转变，应用信息技术创设更多场景，引领课程教学改革，改进教师教学方式和学生学习方式。二是从实现专用资源向大资源、好资源转变，教研要带领广大教师树立系统观念，以思维引领行动，从学习走向生产资源，通过扩大优质资源覆盖面缩小教育质量差距；三是从应用融合向创新融合转变。教研工作应有大格局，要有高要求，教研员要深入研究影响教育教学质量提升的问题，要知行合一，应用新技术开展创新实践，要有教学主张，要出教育家。

（一）精进信息素养

1. 提升教研员信息素养

《意见》明确指出，"信息技术应用能力是新时代高素质教师的核心素养"。信息素养关系到人的思维方式，也影响到人对于工具的使用，信息素养在教研员素养结构中处于非常重要的位置。教研员信息素养高，就可以用更便捷的手段获取优质学习资源，从而发展自身的各种素养。它也是教研员发挥引领示范作用的前提。教研员如果想对教师产生深刻的教学影响，必须影响和引导教师将信息技术更好地应用于教学，优化教师的教和学生的学。信息素养是教研员专业能力建设的关键所在。

2. 创建民主化教研群体

传统的教研活动大多是以某个教师作为主要讲解员，其他教师参与教研讨论，或者是以倾听的方式展开，使得虚假教研情况屡见不鲜。网络教研平台的建设，则能够有效打破此种情况，赋予部分教师讲解或参与教研活动讨论的权利。在网络教研活动中，每位教师都可以定期参与到教学问题的讨论中，通过表达自己的言论和见解，与其他教师交流，明白一线的教学需求和变化。同时，一线教师可以借助网络教研平台，分享一些教研实例，供其他教师进行讨论。在讨论的过程中，骨干教师和普通教师可以在这个平台展开真实化和民主化的交流，使教研活动更加有效。基于数字和网络的教研活动的构建，教师要从教研网络中寻找优质信息，通过调整教研组织、活动、内容和网络资源的方式，建设数字化的教研活动体系。同时，教育部门可以鼓励进修学院和研究院牵头，在区域内建设数字网络教研中心，以带动更多的教师参与到教研活动中，打破传统教研活动在时间、空间和环境上的限制，真正实现"师师互动"，在保证教研群体更加民主化的同时，提高教学资源利用的灵活性。

（二）教研结构数字化

1. 加强区域交流合作

实施区域数字化教研十分重要。在社会的发展和信息技术的飞速进步的同时，区域内少数人参与的、长间隔的、面对面的教学研究活动，逐渐显现出其小范围、高消耗、低效率的弊端。教育教学改革的现实迫切需要一种利用网络技术开展的广域的、无时空限制的、泛在的教学研究的机制。这一机制就是以区域网络教研平台为载体，以教学研究组织机构为纽带，以主题研究为要点，以教学观察、分析为手段，以泛在教学研究为基础，以共建、共研、共享为特征的区域化教研机制。现实中区域数字化教研"在教研管理模式、组织形式、软硬件环境建设、资源建设、保障机制等方面还存在一系列的问题，这些问题不仅严重地影响着教学研究的质量和效益，还直接制约了基础教育服务体系的运转"。这些都充分说明，实施区域数字化教研已经是当前基础教育发展的一个重要任务。因此，开展《区域数字化教研平台建设的研究》具有非常突出的重要性和十分迫切的必要性。

2. 积极开展实践互动

幼儿园需要严格围绕促进教育高质量发展的指导理念进行教研方式的创新。在创新教研方式时，教研员应当以幼儿园为单位，在充分利用网络平台优势的基础上，依据各级各类幼儿园的实际，建立与本园教师相对接的教研平台，通过该平台，举办相应的教研活动，鼓励区域内教师积极参与活动，形成教师集体研讨的局面，并给予点评和指导。各学校在日常教育教学中也应定期与其他数字化平台幼儿园进行联动，总结网络教研活动举办的方式和经验，分析当前教研活动存在的典型性问题，探索问题的解决方法，提升教研方式的实用性与实效性。

此外，幼儿园负责人可以组织和发动教师，通过幼儿园教育教学研究的切入方式，以新课程改革对幼儿园提出的教学要求，借助优秀的教学案例和课例，帮助教师反思，研究引发这些问题的诱因，结合网络教研提出改革方案，推动教研方式的创新。

3. 做好网站和教研活动的融合

数字教学环境下，教研活动的构建不是简单地将网站资源和教研活动进行叠加，而是在充分了解幼儿园教学活动现状的基础上，借助资源库的作用，对教研服务模式进行调整，提高幼儿园的教学水平。对教研活动来讲，不仅对硬件条件要求较高，还需要教师熟练地掌握网络技术，逐步更新教研方式，改变教学理念、状态和教研结构。具体来讲，在创新幼儿园教研方式时，数学教师可以在权限范围内的网络平台中搜索相应的网上课程案例、其他教师的教学体会和反思，从中挑选点击率高、影响范围大的文章，详细阅读专家的指导意见和其他学校教师的讨论，对其进行归纳和总结，丰富教研经验，使自己在教学中能够更好地发挥网络教研方式的作用，提高教学质量。

（三）教研方式数字化

1. 着力推进优质化教育资源共享

通过自主开发建设的有关教研的网站，为全区域所有幼儿教师搭建经济、有效的教师专业发展平台。网站设立活动课件、活动实录、优秀教案、课后反思，以及有关户外游戏、区角游戏的教师观察记录、教师环境创设经验分享等板块，教育教学资源丰富，实时性强，给教师自主学习、交流了提供丰富的"资源库"，在此基础上，努力构建基于网络的"研修平台"。促进教师间的沟通交流，提升教师专业水平。

2. 着力推进信息技术与学前教育各领域整合

一是通过课题引领整合，确立课题研究要对课程、资源、网站、视频等多方面进行整合的思想，每所幼儿园均开展现代教育技术课题研究，通过"课题成果发布""微格教室使用""网上视频直播课堂"等研究活动，对网络环境下学与教进行研讨和推广。

二是通过竞赛促进科研成果与实践的整合，围绕"信息技术与教学领域整合"的主题，连续多年开展"新媒体新技术教学应用大赛""基于交互技术的教学观摩比赛""信息技术与学科教学整合课例大赛"等，推动教师的个人发展，培养适应现代教育的专业化人才。

参考文献

[1] 苏辉. 推进教研创新转型，助力教育高质量发展[J]. 基础教育论坛，2021（11）：19-20.

[2] 丁亚东，孟敬尧. 我国教育高质量发展的内涵演变、特征与展望[J]. 宁波大学学：教育科学版，2022，44（5）：40-47.

[3] 张忠萍，李辉. 做实三级教研：促进学校教育高质量发展[J]. 中小学管理，2022（8）：23-25.

[4] 方关军. 从"四个定位"谈教研员工作[J]. 教学月刊中学版(教学管理)，2014（5）：29-31.

[5] 李劲峰. 县级教研机构功能定位和教研能力的提升[J]. 课程教材教学研究（教育研究），2020（Z3）：11-12.

[6] 赖斯捷，王黛，唐炜逸. 学前教研的三大转型[J]. 湖南教育（A版），2022（11）：6-13.

[7] 杨九诠. 中国教研体系的定位与定性[J]. 教育发展研究，2022，42(08)：10-20. DOI：10.14121/j.cnki.1008-3855.2022.08.007.

[8] 准确定位教研，丰盈教师的职场生命[J]. 福建教育，2016（12）：10.

[9] 吴永才. 论新形势下教研员的角色定位[J]. 化学教育，2012，33（7）：6-8.

[10] 甘春梦. 高质量园本教研活动的路径探析[J]. 今日教育（幼教金刊），2022（9）：26-30.

[11] 庄旭美. 积极探寻更真教研路径，有效提升真教研境界[J]. 基础教育论坛，2021（34）：77-78.

[12] 张敏. 加强制度建设与机制保障，促进学前教研工作不断优化[J]. 成才，2018（9）：4-5.

[13] 付钰雯. 学前教研员队伍建设现状及路径研究[D]. 山西师范大学，

2020.DOI：10.27287/d.cnki.gsxsu.2020.000123.

[14] 陈冠亚.幼小衔接背景下主题联合教研路径初探[J].东方娃娃·保育与教育，2022（9）：52-53.

[15] 谭琳，熊斌，高春艳.5G时代高校教师信息化教研能力提升路径探析[J].广西广播电视大学学报，2022，33（2）：18-26.

[16] 胡小勇，徐欢云."互联网+教研"形态研究：内涵、特征与趋势[J].电化教育研究，2020，41（2）：10-16+31.DOI：10.13811/j.cnki.eer.2020.02.002.

[17] 岳维鹏，王春.数字化时代教研新路径与教研员的新作为[J].中小学数字化教学，2020（2）：79-81.

[18] 郭迪.数字化校园环境下小学数学教研方式创新实践研究[J].中小学电教，2020（11）：55-56.

[19] 赵春生.区域数字化教研平台建设研究[D].东北师范大学，2020.DOI：10.27011/d.cnki.gdbsu.2020.000072.

[20] 祝晓燕，糜荣华.学前教育：借助信息技术实现发展提升[J].中国信息技术教育，2013（10）：122-123.

[21] 徐贵亮，朱成东，王伟.课程改革视域下的联合教研：背景、路径及实践方略[J].课程.教材.教法，2022，42（9）：108-115.DOI：10.19877/j.cnki.kcjcjf.2022.09.009.

[22] 王骏飞，王亚辉，付明，曹景萍.浅谈高校教学研究成果的应用和推广策略[J].经济师，2015（9）：216-217.

[23] 车廷菲，郭冬红.区域推广应用教学成果的运行路径探析——以北京市房山示范区为例[J].中国教育学刊，2022（S1）：65-67.

[24] 优化与再生：优秀教学成果推广区域路径与策略[J].中国教育学刊，2022（S1）：81-84+88.

[25] 时萍.强化评价方式改革，引领幼儿园提高保教质量[J].上海托幼，2022（04）：17-18.